我的教学人生

主　编　陈时见
副主编　赵玉芳　吴能表　廖强

西南师范大学出版社
国家一级出版社　全国百佳图书出版单位

图书在版编目(CIP)数据

我的教学人生 / 陈时见主编. — 重庆 : 西南师范大学出版社, 2018.9
ISBN 978-7-5621-9616-7

Ⅰ. ①我… Ⅱ. ①陈… Ⅲ. ①教学经验 - 文集 Ⅳ. ①G424.1-53

中国版本图书馆CIP数据核字(2018)第211716号

我的教学人生

WO DE JIAOXUE RENSHENG

主　　编：陈时见
副 主 编：赵玉芳　吴能表　廖强

责任编辑：任志林
责任校对：郑先俐
装帧设计：观止堂_未　氓
排　　版：重庆大雅数码印刷有限公司•吴秀琴
出版发行：西南师范大学出版社
网址:http://www.xscbs.com
地址:重庆市北碚区天生路2号
市场营销部:023-68868624
邮编:400715
印　　刷：重庆市国丰印务有限责任公司
幅画尺寸：170mm×240mm
印　　张：21.75
字　　数：320千字
版　　次：2019年9月　第1版
印　　次：2019年9月　第1次印刷
书　　号：ISBN 978-7-5621-9616-7

定　　价：55.00元

前言

西南大学教师教学发展中心是国家级教师教学发展示范中心，长期致力于高校教师教学发展的模式构建和实践创新。中心早在2012年就与西南大学关心下一代工作委员会合作，开展《我的教学人生》教师征文活动，受到老师们的积极支持。西南大学教学资源丰富，有国家级教学名师、重庆市教学名师、西南大学教学名师、明德教师奖获得者等，西南大学附属中学更有大批中小学特级教师，这些教学资源是学校教学的源泉，是提高高等教育人才培养质量的动力所在。西南大学教师教学发展中心在总结近年来高校教师教学培训经验的基础上，发现了高校教师对名师成长成才的关注。很多青年教师对好教师应该教给学生什么，如何指导学生的学业和生活，如何处理教学与科研的关系，如何提高教学水平，如何带领学生开阔视野、触类旁通，如何解决教书育人中的困难等问题，都希望获得指导。老教师的人生经历、教学感悟、教学智慧都吸引着青年教师的极大兴趣。由此，西南大学教师教学发展中心组织编写了《我的教学人生》一书，这对于青年教师的教育教学将有极大的借鉴意义。

《我的教学人生》是一本教学经验汇编合集，收录的教师不以成就名望排名，而是以教学经历、教学理念、教学智慧分类，同一个教师的不同教学经验会分布在不同的篇章中。我们希望与读者分享的，是教学经验本身，是每一名教师不可复制的教学体会。每一名教师的成长都是一段挥洒汗水与付出艰辛的旅程，逆境中的坚忍不拔，顺境中的坚持自我，积极改进教学方法，时刻充实自我，提升专业素养，解决教学困难，致力于教学、科研，提高教学水平，探索更科学的教学方法，追求更加适合当代学生的教育理念，这些润物细无声的无私奉献，正是教师这个职业最荣光之所在。

全书由西南大学教师教学发展中心组织编写，感谢各位老师的通力合作，尤其感谢廖强老师对书稿的校正、编排。在编写过程中，我们根据体例统一和出版要求，对收录作者的原稿进行了修改处理。但由于能力和水平有限，一定还存在不少的疏漏和不足，敬请读者批评指正。

西南大学教师教学发展中心

目录

教学经历

教学理念

教学智慧

教　学　经　历

狄更斯在《双城记》中评价18世纪的法国时说道："这是一个最好的时代，也是一个最坏的时代。"这句话不仅适用于18世纪的法国，也适用于任一时代下的任一国度。恰似一枚硬币的两面，每个时代都有自己值得夸耀的"好"，同时也有无法掩饰的"坏"。况且，好、坏常常难以分辨，正如老子所说"祸兮，福之所倚；福兮，祸之所伏。"祸、福常互为转换，或者说祸、福本为一体。那么，如何判断何者为"好"，何者为"坏"呢？这一方面取决于某些客观现实，另一方面也取决于身处时代洪流中的主观个体本身。若个体能胸怀大志、常拥梦想，且能一以贯之，肯受饿肤劳形之苦，则"坏"亦可演变为"好"，"祸"亦可转化为"福"。

本篇中的诸位老师，无论是已有所成的学界前辈，还是意气风发的青年才俊，无不是从千辛万苦中脱胎而出，他们有的从战乱中来，有的从"文革"中走出，有的出生于穷乡僻壤之间。从客观上来说，他们中的大部分人所处的时代都不是最好的，甚至可以说很差，可是，他们心中却能长存一束不灭的火焰：以志向为火，以梦想为焰，以吃苦耐劳为燃料。于是，时代之艰非但没有成为他们的阻碍，反而成为考验他们的试金石，使他们炼就一身铜皮铁骨。因此，看过这些老师的经历，我们的大学生、研究生再也没有资格抱怨时代的不公了，因为比起诸位老师经历的时代，我们当下的社会又何止好了一两分呢？

心中有梦，凤凰涅槃

曹华清

凤凰涅槃，鱼跃龙门，难否？曹华清老师的经历表明：只要心中有梦，也许并不难。

我来自四川省雅安市汉元县，那里紧挨着横断山脉，是茶马古道的一个重要关口。曾经有人说我就是那大山里飞出来的金凤凰，我觉得挺有意思的。我确实是大山里出来的，可并不是什么金凤凰。我之所以来到西南大学学习和任教，是因为受了我中学历史老师的影响，他就是西南大学（原西南师范学院）历史系毕业的。印象中的他历史课教得特别好，就是那种上课不用带教材，也能把上下五千年、纵横几万里的东西讲得很透彻的老师。所以我在高中毕业的时候，所有的志愿都填了师范院校的历史专业，希望自己也能成为一名像他一样的历史老师。

我于1987年顺利地考入了西南师范大学历史系，然后就一直坚守着当初的理想。四年来我都非常认真、勤奋，学习成绩也很好，以为这样就能在毕业后分配去中学，成为一名我梦寐以求的历史老师。但未曾想到，1991年毕业之后，我被安排留校工作，当了学校的一名历史系辅导员，竟不知不觉地这样做了12年辅导员工作。我记得很清楚，我一共带了91、92、96、97、00、01六个年级。其实那些年的工作也很愉快，甚至到后来，学院还想把我提升为办公室主任。但我深知，这终究不是我内心一直追求的那个梦想，我仍然希望能够给大家讲历史，就像我中学历史老师那样在讲台上纵横上下五千年。

于是，我在2000年考取了刘电芝老师的发展与教育心理专业的研究生，于2003年毕业。毕业之后我就马上提出了转教学，因为当时学院正缺教学法的老师，我的申请很快获得了批准，我成了中学历史教学论这门课的专任教师。至此，虽然我在一线当一名中学历史老师的梦算是终结了，但我还可以教别人怎么去做一名中学历史老师，这仍然让我十分欣慰。从此，我便真正开始了自己的教学生涯。到目前为止，我教的课程包括“中学历史教学论”“中学历史教材分析”“中学历史教学策略”“中学历史课程改革”，同时还给研究生开了“教育心理学”，内容十分丰富。

脚踏实地,步步为营

曹廷华

凌云之志自然可贵,夯实之功亦不可少。曹廷华老师的经历告诉我们:只有脚踏实地,步步为营,志向才不会沦为纸上谈兵。

高中时期,我曾因为身体原因休学两年。这两年间,我在家乡一所小学做代课老师,教授语文、数学、历史、地理等科目,还当过班主任。这两年的小学教学生涯一方面使我感受到做教师的不易,另一方面也使我感受到做教师的乐趣。有鉴于此,我在内心树立了以后做个称职教师的志向。至于是做大学老师还是中学老师抑或是小学老师,我并未有所计较,因为教学,总体上都讲育人成才,是太阳底下最光辉的事业。1965年,怀着成为一名合格教师的目标,我考入了当时的西南师范学院中文系,非常自觉地把4年学生生涯当作当教师的准备期。大学学习期间,我除了认真听取老师的讲课外,更利用大学图书馆的优越条件,阅读了为数不少的文史哲乃至自然科学类书籍,并且做了自认为有用的笔记。可以说,这个准备期,为我奠定了做个大学教师应有的基础。缘于此,我总忘不了那段时间留给我的两大美好印象:一是早晨弥漫在校园内的琅琅书声,二是晚上图书馆阅览室里的通明灯光。因为,那琅琅书声中有我的一份声音,那通明的灯光中有我的一份身影。

1965年,我本科毕业得以留校在中文系文艺理论教研室工作,于是开始了上大学讲台的专业教学准备生活,这算是第二期。大学4年学习期间,那些给我留下深刻印象的老师对我产生了很大的影响。具体有这样三个方面:一是他们言传身教、育人以德、一丝不苟;二是他们学识渊博、专业精深、教而有方;三是他们爱护学生、严格要求、一视同仁。当年中文系的很多老师在师德、师才、师能上给我们起到表率作用。以他们为榜样,我从三个方面开始了上大学讲台的准备:一是加强阅读,储备专业理论知识、文学知识以及相关学科知识,做到理论阅读与文学阅读兼而顾之。二是口头语言表达能力的准备。课堂教学是一种以教师为主的有对话性质的独白,但是授课中教师的语言节奏、语言轻重、语气和语态实际上和学生的接受度相互影响。这种互动是可见与不可见结合在一起的,是有声与无声交融在一起的。所以教师的课堂语言表达非常重要,既要做到把每一堂课的基本知识点、重点、难点乃至疑点都提出来,又要做到语言精练,还要做到把相关问题化繁为简、化深为浅,这样才便于沟通,便于学生接受。教师自己要经常朗读教案,默诵教案,将朗读默诵变成演说性质的讲课。三是扎实的课前教案准备。当时准备一堂课至少是四千字的讲稿,一般都是三节课连上,故而每上一次课都得准备上万字的教案,并做到熟悉教案而不看讲稿,不照本宣科。这个准备就是自己练,练到自己无口误、无错误,流畅自如。这就是既要忠于教程又要超脱教程。当我上“文学概论”这门课的时候,除教学使用的教材外,参考教材通常在三本以上。以上就是我的早期准备和临近准备。

我1973年正式走上讲台上课，从那时开始，直到2001年退休，我总共经历了近三十年的上课时间。这近三十年的教学生涯大致可以分为三个阶段:第一阶段是从1973年至1975年给工农兵学员上课。这是恢复高考之前，大学教育的一部分。由于当时还在“文革”期间，文艺理论教学主要讲的是毛泽东文艺思想、马恩列斯文论。当时这部分教学任务主要的要求是忠实于原文，如《毛泽东在延安文艺座谈会上的讲话》，原则上是要采取逐字逐句、注释型地授课。马恩列斯文论也是如此。但是马恩列斯文论中各有经典，作为讲课教师来说，也需要一些自己的见解，对经典部分着力深挖，所以学生们都还听得津津有味。就文论文，实事求是而言，马、恩关于“典型问题”，莎士比亚、巴尔扎克等的论述，都可以大加阐释，充分发挥，今天也不失光华。

第二阶段与第三阶段有着包容关系。第二阶段大致是从1977年恢复高考过后，给大学各年级的本科生上课。这是一个大阶段，在这个阶段当中也包含了第三阶段，即从1988年开始的研究生教学工作。在本科生教学阶段，我曾先后为本科生讲授了“文学理论”“美学”“演讲学”；在研究生教学阶段教授的是“文艺美学”“电影批评理论”等课程。其间结合教学进行科研。20世纪80年代初，因思想解放，学术研究十分活跃。文艺领域曾是“文革”的重灾区，所以急待拨乱反正。1981年，我在《文艺研究》上发表了《“文艺从属于政治”是不科学的口号》一文。而此时，旧的文学理论教学课本已经不适合新的教学形势，故1980年在北京师范大学召开了“制订新文学理论教学大纲”的会议，我参与了这次会议，并提出了我的见解。后来教育部公布的大纲就是我们参与制订的。1987年，我主编的《文学概论》作为教材在高等教育出版社正式出版。此教材主要供大学本专科中文专业学生使用。1991年，我的个人专著《文艺美学》在西南师范大学出版社出版，被认为是影响中国文艺美学发展及学科建设的重要作品。到图书馆工作后，我又组织编写了关于图书馆工作与大学教育的相关书籍。在这个阶段的教学当中，无论是我给本科生上的文学理论课、美学课，还是给研究生上的课，都还比较受学生欢迎。受欢迎的原因主要是我讲课比较实在，也比较生动，不讲废话，也不带语病。

敬而有梦

董小玉

梦想与志向亦非凭空而来。董小玉老师告诉我们:常存敬畏之心,常怀敬爱之人,梦想便易于生发。

我从小在学校里长大,父母都是江津师范学校的数学老师,他们对教书的热爱深深地影响了我。为了随手画圆一个圆,母亲在小黑板上练习了成百上千次。母亲梳着长长的辫子,在讲台上挥洒勤奋与激情的身影,在我心中留下了深刻的印象。从那时起,我暗下决心:“长大后,我要成为你。”

高中阶段,我就读于江津聚奎中学,这是一所“川东名校”,也是重庆市重点中学。学校创办于1870年,陈独秀、梁漱溟、冯玉祥等老师曾去那里讲过学。我的语文老师是记者出身,文笔犀利,很有修养;数学老师毕业于复旦大学,非常有知识范儿,还能书写一手漂亮的毛笔字;外语老师有两位:一男一女,男老师也毕业于复旦大学,后来到外交部任职去了;女老师50多岁,极其有风韵,她讲课的声音就像清脆的鸟鸣,我们都很喜欢。

受父母与师长们的影响,我热爱教师这个职业。我本科就读于西南师范学院,毕业后留在学校任教,在这个园子里一待就是30多年。在我的成长经历中,我深深地记住孔子所说的一句话:“吾生也有涯,而知也无涯。”要时刻保持一颗勤勉之心,在研究中教学,在教学中探索,始终走在教育创新的路上。

永不停歇

段豫川

从农民到工人，从工人到大学生，再从大学生到教授，段豫川老师的经历告诉我们：人生之路很难一帆风顺，重要的是要有一颗永不停歇的前进之心。

我出生在重庆，1962年6岁的时候离开北碚，到了榨菜之乡涪陵。1965年因父亲工作调动，到了彭水。1970年，又到了秀山苗族自治县，高中在秀山念了两个星期后家又搬到了武隆。在武隆念了一年高中，然后又回到涪陵念完高中。高中毕业后在涪陵龙潭乡上山下乡当农民，插队落户。两年多以后进国营八一六厂一分厂当工人。在工厂干了一年零十个月后参加高考，考上了原西南农学院农业经济管理专业。接着又念了三年硕士研究生，硕士研究生期间研究的方向是企业管理。1985年6月硕士研究生毕业后留校任教。我喜欢教学，当初接到大学入学通知书时就树立了当教师的理想。研究生毕业两年后被评为讲师，然后正常晋升副教授，1997年10月被评为教授，2001年5月被评定为博士生导师。

精力充沛，意志坚强

何向东

充沛的精力是一个人意志力的体现。何向东老师在管理、研究、教学方面的贡献彰显了其充沛的精力和坚强的意志力。

我在重庆三中（南开中学）读中学时就胸怀远大抱负。在西南师范大学工作，1987年破格提拔为副教授，1992年晋升教授并开始招收硕士研究生时，我就梦想建立逻辑学专业博士点。

我曾担任原西南师范大学政治系副系主任2年多；1987年2月调入学校教务处，在这个岗位上工作了12年多；1998年9月至2005年7月，担任原西南师范大学副校长。多年来，分管本科教学、科研等工作，坚持“双肩挑”，在从事管理工作的同时，一直坚持利用晚上、节假日等休息时间给本科生、硕士生、博士生授课和指导。

我事业心强，思想活跃，有开拓精神。在逻辑学领域，我带领团队同仁探索创新，围绕素质教育，将逻辑学教学与素质教育紧密结合起来，着力从学习方法上引导学生，使教学收到事半功倍的效果。在教学管理中，我锐意改革进取，探索师范生职业素质的培养机制，其成果《全面提高师范大学生职业素质的探索与实践》于1993年获优秀教学成果国家级二等奖。作为第一主研的《发挥内地普通高校优势，培养高素质的民族人才》1997年获得优秀教学成果国家级二等奖。为了使高等师范教育适应经济建设和社会发展需要，我进行较大力度的改革，“突出师范，又突破师范”，构建新型高师教育模式，其成果《师范专业大学生素质教育教学体系的构建》2001年获重庆市人民政府优秀教学成果一等奖。2005年，我主持的《素质教育视域下逻辑教学改革理论与实践》获重庆市人民政府优秀教学成果一等奖。国家联合重庆大学、西南政法大学、原西南农业大学、重庆医科大学等高校建立了国家大学生文化素质教育基地，积极开展大学生文化素质教育。我领衔申报的成果《突出区域文化特色，融合人文与科学教育——创建国家大学生文化素质教育特色基地的理论与实践》于2005年获得优秀教学成果国家级二等奖。

不论是教学还是管理，我都坚持全面贯彻党的教育方针，全面推进素质教育，以人为本，教书育人，把思想政治教育渗透在课程教学过程与教学管理环节中；注重改革教学内容与教学方法，注意学习方法的传授，注意对学生思维的训练、能力的培养。凡是我的学生，无不为我对祖国与人民的拳拳之心、对事业的执着热爱、对教学效果的不懈追求所感动，无不为我教学的逻辑性和艺术性所折服。我多次参加学生的同学会，他们总是由衷地赞美我的为人为学，感慨我的高尚品质和丰富学识，交口称赞我的人格魅力。每当学生称赞我讲课富有逻辑性，“像剥笋子一样”，并在课堂上不时报以热烈的掌声时，教书育人的成就感在我心中油然而生。

我担任“逻辑学”“高等教育管理学”的教学工作，从事科研以及教育管理已经30多年。在担任本科基础课“逻辑学”教学的同时，也为思想政治教育专业本科和第二学士学位班讲授选修课“高等教育管理学”，为中文系本科生讲授选修课“语言逻辑基础”，为研究生讲授“数理逻辑”，给博士生讲授“逻辑哲学”，招收指导逻辑学专业的访问学者、硕士生、博士生、博士后共百余名。我的工作深受广大学生欢迎，并得到同行好评。

学生评价道：“在课堂上，何老师充分地运用他的理论知识、学习方法和思维方式把课本的内容形象地展现在我们的面前，用极其简单的语言将丰富的理论概括出极具内涵的规律、道理。而他丰富的社会经验和教学经验更是让我们能在极其轻松愉快的环境下懂得逻辑学的奥秘所在，也给了我们做人的启示，真的是素质教育的完美体现。他生动的例子和时尚的推理测试也把我们带进了现代社会，接受新兴文化的熏陶。何老师的教学可以说是我到目前为止遇到的最棒的之一。”“上‘逻辑学’这门课程简直就是一种享受。在这里，我们可以放飞思维的翅膀，尽情享受逻辑带给我们的快乐。在这里，我们的各方面能力都有了很大的提高。何老师凭借其渊博的学识，向我们展示了新奇的逻辑世界，对于我们各学科的学习都有很大的帮助。”（摘自西南大学精品课程网页）

大家公认我的教学态度认真，教学内容新颖、重点突出、条理性强，讲授生动活泼，富有吸引力，尤其注意把思想政治教育融入教学中，发挥了专业教学的德育功能。多年来，我对学生提出“立志、勤奋、自律、诚信、仁爱”的“五品”要求。当然，要培养“五品”学生，自己首先得做一个“五品”教师。以立志为例。常言说：“立志是事业的大门，人无志，非人也。”“志有多大，事业就有多大。”“立大志得中志，立中志得小志，立小志则不得志。”我深知，志向绝对不是凭空而立的，它总是与祖国的强盛、民族的振兴、集体的荣誉联系在一起的，总是和我们从事的工作、事业联系在一起的。

美好的志向时刻激励着我，我也常常教育学生要志存高远。再以诚信为例。诚信，即诚实守信，它是做人的基本道德标准和基本素质。“言而无信非君子。”在社会诚信度堪忧的情况下，教师应当率先垂范，大学师生应当做诚信的榜样，以引领社会风气。学生邓业浩由衷地说：“何老师总是把为人、励志方面的道理巧妙地贯穿在对逻辑理论的讲解中，启发我们具有对人生应有的逻辑态度，教给我们规划人生应有的理性。”

扬长避短，找准定位

黄大宏

人生而不同，各有其所善，亦各有其所不善，是以孔子难免老农之讥。关键是要能扬长避短，找准自身的定位，如此方能如鱼得水，悠然自得。

我生于教师之家，祖父、父亲和母亲都是做老师的。我的祖父毕业于北京师范大学，学的就是教育学专业。而我的父亲也是北京师范大学的学生，毕业后就教于汉中大学，在教育岗位上兢兢业业地坚守着，一晃就是四十年，到七十多岁才退休。父亲是新中国第一代研究生，师从陆宗达老师。我的古代汉语是父亲亲自教授的，我从小就对文科展现出了莫大的兴趣和天赋。父亲书房里的大量藏书，也都成了我成长过程中孜孜以求的精神食粮。

我是在 1987 年参加的高考。那时的高考与现在有所不同，正式考试之前还有一个预选，预选通过了才能参加高考。我们那年的高考录取率是 24%，但这是预选之后的通过率，因为预选的通过率不到 50%，所以真正的录取率其实只有10%左右。但幸运的是，我在预选中考取了文科第一名的优异成绩，因此避开了第二轮的激烈竞争，直接被保送到汉中大学中文系就读。

那是一个比较特殊的年代。因为改革开放乍始，新思想、新理论特别多，学校里面掀起了一股近乎疯狂的读书热潮。那时候一本新书刚出来，全国大学生争先恐后地抢着看。像余秋雨的《戏剧理论史稿》、刘再复的《性格组合论》等，几乎是所有文科大学生的必读书目。我本来就喜欢看书，所以在这种热潮的裹挟之下，我也阅读了大量的书籍，了解了更多的新知识、新思想。我在大学本科期间的学习成绩依旧不错，毕业时我的专业成绩是全班第二。我发表的第一篇学术论文也正是我的本科毕业论文，这个应该算是我后来做科研的一个起点吧。但是我当时并不想把所有的时间都放在学习上，所以还是会积极地参加一些社团活动。

大学时我一直担任着两个重要的职务：广播站站长和主持人。其实我在上中学的时候一直是非常害羞而内敛的，更不善于在公众场合表现自我。但无论是广播站站长还是主持人，除了要求一口流利而标准的普通话之外，还要求较强的口头表达能力，尤其是在不同场合随机应变的能力，担任这两个职务无疑使我获得了很好的锻炼。从那以后，我的性格慢慢外向了一些。更重要的是，这使我逐渐养成了某种习惯：我总是会有意识地训练自己的语言表达能力，并时刻注意自己的语言表达效果。而这种能力，不管是在课堂上、会议上，还是在私人的谈话中，都是极为重要的，也使我受益终身。

大学毕业后，我直接参加了工作，留在了学校的科研管理部门。当时我做的是行政事务，仅三四年的时间我便对自己的工作十分熟悉了。这些工作对我来说虽然轻松，但日复一日，年复一年，却不再具有挑战性，简直是枯燥乏味。而那时的我还年轻，自然渴望更有激情的生活，对未来也还有更多的憧憬。所以在这个时候，我不得不对自己的人生做出新的规划了。而与此同时，检验自我的机会也悄然而至。那时候是20世纪90年代，正值下海经商流行之时。毫不夸张地说，真可谓是全民皆商，我自然也不能免俗了。于是，在对单一乏味的行政工作感到厌倦的同时，我也开始做起一些零碎的小买卖。但事情并没有那么顺利，我很快发现自己不是经商的料，接二连三的亏本使我备受打击。那时的我才发现，经商其实并没有我想象中的那么简单，我不仅没有经商的热情和才能，也没有作为一个商人的经验和心理准备。最重要的是，我发现这和我想追求的东西其实是不一致的。可以说，经商的受挫最终成了一个反面的检验，将我直接推向了自己内心真正潜藏着的追求——成为一名学者。至此，工作了六年之后，我才再次决定改变自己的人生轨迹，往学术方面发展。

我于1997年进入西北大学文学与传播学院读研究生，学习的是“魏晋南北朝至唐五代文学”专业。可以说，从这个时候起我才回到了自己本应走的道路上。因为之前已经有了一定的阅读量，所以这一时期的我尤其注重阅读和学习的方法。比如读《文选》时，我总是拿着一本标点本和一本无标点的影印本，先读影印本，再读标点本。当读影印本时，我就自己打标点，因为古籍的断句是一个基本功。开始的时候，我自己打的标点肯定有对有错。对，就说明我明白了；不对，那就一定要搞清楚原因。就这样，《文选》读完后，我颇有所得，就写了一篇文章发在了《教育学刊》上。而我的硕士学位论文是研究《李娃传》及其作者白行简，这篇论文的一部分后来也发表在了2004年的《文学遗产》上。

研究生毕业后我又顺利地进入陕西师范大学读博士，研究唐代小说。当时的博士生导师是每三年带一届学生，周期比较长，学生也比较少，所以导师和学生接触交流的机会很多。并且，陕西师范大学是全国古典文学的第二批博士点，唐代文学的主要研究中心正是在这里，所以我的专业素质在这三年里得到了很大提高,这也使我更坚定了做学术的信心。那时候正是自考兴起之时,民办高校很多,需要大量教师,因此我在读书间隙,也曾去这些学校带课,还负责过陕西师范大学两个年级的本科教学。可以说,从那时起我就开始比较正式地系统讲授古代文学的课程,从先秦一直讲到明清。可见,教与学是两不耽误的。

女教师之梦

廖伯琴

从物理学到心理学，从西南边陲到英国剑桥，从母亲到破格提升副教授，廖伯琴老师一次次把看似不可能变为可能。这一方面源于她“拼命三郎”般的意志力，另一方面更源于她“桃李满天下”的女教师之梦。

1981年冬天的一个夜晚，在四川大学的大会堂，几个77级核物理专业的大学生打破了“宿舍—食堂—教室—图书馆—宿舍”的惯例，将自己淹没在黑压压的人群中，津津有味地欣赏着苏联影片《乡村女教师》。大家都深深地被影片中女教师的人生经历及生活态度所感动，我也是其中一员。

影片讲述了一个女教师的生平：刚毕业的瓦尔娃拉决定到西伯利亚去做乡村教师。在那偏远的小山村，人们对孩子的教育不重视，对瓦尔娃拉也很排斥。经过瓦尔娃拉的努力，孩子们终于走进了学校，家长们也慢慢接受了她。其间，在淘金者的刁难、丈夫的离世，甚至恐吓、威胁等面前，她都坚持不懈、全身心地投入教育事业。她在西伯利亚乡村度过一生，似乎很平凡，然而，她创造了非凡的人间辉煌——桃李满天下！当问她为何要赴西伯利亚时，她回答："那里缺少教育，可是没有人愿意到那里去。我的理想是教育孩子，我想假如我们能真心诚意、耐心地去教育、感化他们，即使是一个最坏的人也会变好，不过我们一定要真心诚意地去教。"这，就是她的信念、她的理想、她的不平凡！当这位女教师年迈时，学生们都回来看她。电影通过蒙太奇的手法展示了这位美丽、善良、真诚、勇敢的女教师不同年代的形象，展示了她亲自培养的在各行各业挑大梁的学生群体。这些镜头当时深深触动了我，让我真切地感受到做一个教师是多么神圣！多么幸福！

其实在中学时代，我也曾崇拜过老师，如崇拜数学老师——喻华女士，崇拜物理老师——吴月观老师，他们聪明、真实、善良。受他们影响，我喜欢数学、物理，还一直做班长。也正是这种影响，使我后来选择了物理专业。

当知青时我曾在农村做过短时间的代课老师。当时没有电，夜晚在煤油灯前备课。山里蚊子多，通常躲在蚊帐中看书，待睡觉时，鼻子熏黑了，蚊帐也熏黑了，但是我很充实。我不仅上文化课，还组织学生到各生产队巡回演出。演出舞台是晒谷子的地坝，舞台灯光则靠一盏电石灯提供（电石灯是利用电石与水反应生成乙炔，点燃以后乙炔燃烧发光）。这些经历，我与学生们至今难忘，不过由于代课时间短，学生也少，并未让我生发"桃李满天下"的梦想。

是《乡村女教师》让我——一个综合大学核物理专业的大学生，首次感受到教师职业的神圣、崇高和幸福；是《乡村女教师》给了我什么是"桃李满天下"的情境解读，同时也让我有了"桃李满天下"的梦想。

大学毕业后，我如愿来到原西南师范大学，正式成为一名女教师。结婚生子是女人的天职，是人类延续生命的关键。我到了人生的这个关键点，既要带小孩，又要给学生上课。在杏园二舍三楼的一个房间里，我开始了妈妈和教师的生活。这个房间，是女儿、保姆和我共用的卧室和厨房，也是我备课的书房。当时，对教师职业的感受，更多的是艰辛与劳累，我真切地感受到做女教师的不容易。

老师（我的丈夫）获得硕士学位后，回到原西南师范大学。随即，该我读书了。真是心想事成，我很快考上林辛未教授的研究生，攻读理论物理专业的硕士学位，而且，得到北京大学曾谨言教授、吴崇试教授与原西南师范大学林辛未教授的联合培养。我们曾赴北京大学学习，参与曾老师、吴老师的研究课题。为了获得原子核理论模型的数据，我当时利用了原西南农业大学的中型计算机。记得当时只要我开始计算，其他终端立即停止工作，因为计算量太大了。经过三年努力，加之林教授、曾教授、吴教授和四川大学廖继志教授的精心指导，我如期毕业，获得四川大学理论物理专业的硕士学位。

后来破格提升为副教授，到英国剑桥李约瑟研究所访学一年后，又破格提升为教授，并比较早地获得国务院政府津贴等。按常理，作为女教师，我应该满足了。但此时的我却找不到自己的那片蓝天，有些迷茫，还是继续读书吧。已是教授的我开始师从黄希庭教授，攻读心理学博士学位。黄老师是我国心理学界泰斗，对学生要求很严格，我常常在楼下也能听到他批评学生的声音。不过，黄老师对我特别宽容，不仅未曾批评过我，反而说我是“拼命三郎”，嘱咐我注意休息。在黄老师的培养下，我又到英国女王大学访学半年，并按时回国答辩，以优异成绩获得博士学位。有心理学的滋养，加之核物理本科与理论物理硕士的基础，我在物理学科教学论方面具有了比较扎实的功底，也使我距离“桃李满天下”的美丽梦想近了一步。

坚定目标，决不动摇

李强

单纯，因为目标明确；平坦，因为梦想从未动摇。李强老师的读书和工作经历告诉我们：目标一旦确定，便须一口咬住，决不动摇。如此，方可避免在无用的道路上浪费光阴。

我读书的历程是非常简单的。

我在1973年9月开始读小学一年级。因为我们那个年代，农村的孩子普遍入学较晚，所以我开始读书的时候已经八岁多了。记得那时的我，小小的肩头上挂着一个草绿色的书包，兜里揣着一本《毛主席语录》，然后还用巴茅梗做了几个小棒（数学课要用来做加减法运算），就那么上学去了。因为我们学校是一所完小，也就是小学和初中结合在一起的学校，所以我小学、初中都是在这里就读的。学校就在村里。农村的道路很难走，每逢下雨便泥泞不堪。父母又忙于挣工分，根本无法接送孩子，所以我一直由比我大两岁的哥哥领着去上学。那时也没有人来管我的学习，只能全部靠自己，所以我的成绩并不怎么突出。

直到1981年，在村子里读了整整八年书之后，我终于初中毕业了。但是非常遗憾，那次中考我连区里的高中都没有考上，只好又补习了一年初中。也就是说，我读了五年小学、四年初中，也相当于现在的九年义务教育了。于是1982年，我第二次初中毕业。当时我们初中毕业后，有三种升学渠道：第一种就是考高中，然后通过高中继续读大学；第二种就是考中专，毕业后就在相应的领域工作；第三种是考中师，毕业后到乡村中小学教书。一开始，我很想报考中师，因为出来后可以直接当一名乡村教师，教教小学也挺好的。可以说从那个时候起，我已经开始有了一种从教的意识或理想。当然，我们当年这群人想当教师的目的也并不像现在的学生那么纯粹，大家更多的是想有一份吃国家饭的工作，只希望能够有朝一日跳出农门。但是在有其他或许更好的选择的情况下，我却依旧选择了教师这个职业，并且从此之后再也不曾动摇，这说明我心中一开始的确潜藏了成为一名教师的梦想。然而，也正是在那个时候，我遭遇了人生中的第一次重击。或许是天意弄人，当时四川省出了个“土政策”，非应届初中毕业生不能考中师。而我是在距中师考试只有一周时，才被告知因为我不是应届初中毕业生，资格审查未通过，是不能参加考试的。可以说，这是我人生中的第一次大逆转，也是给我心灵伤害最大的一次。那时的我才十七岁，此前从未出过远门，甚至连县城都没有去过，就在村子里待着，也不知道外面的世界有多大。

唉，不让读中师，那就读高中吧。所幸我的分数还很不错，进入了蓬安县最好的中学。那一届高中是最后一届两年制高中，也被我赶上了。当年的高考跟现在不一样，正式的高考前还有一个预考，只有预考通过的人才有资格考大学，所以当时高中生的第一个目标是要通过预考。我是1982年9月进入高中的。1983年6月开始分科，而1984年的3月份预考就开始了。所以其实我们分科以后，只读了不到一年的时间就要预选，紧接着就是高考，时间是很紧张的。我预选考了440多分，通过了。通过后就要填志愿——当年高考还有一点跟现在不同的是要先填志愿再考试。因为我从初中时就已经认准了当教师这条路，所以我报考志愿的首要方向就是师范类院校。当时西南地区师范类学校最好的就是原西南师范学院，虽然我也不知道自己能考多少分，但还是果断地将原西南师范学院作为第一志愿填报了上去。成绩出来后，非常理想，我竟然考了全县第三名。我到现在还能清晰地记起我们县那届前三名的成绩：第一名510分，进入了川大；第二名504分，进入了原西南师范学院外语系；第三名就是我，493分，进入了原西南师范学院历史系。成绩一出来，我就知道自己当教师的理想已经实现了。想到当初被命运捉弄得那般痛苦与崩溃，此时的喜悦真是难以言表，我至今想起仍激动不已。

于是1984年9月，我到原西南师范学院报到，开始了大学四年的学习。第二年，原西南师范学院才更名为西南师范大学。而那时，虽然我早已确定了当教师的人生道路，但初入大学的我也并没有想过要当大学教师，因为当时师范学校出来的学生基本上都还是当中学教师。不过后来我决心考研成为一名大学教师，是在大二结束、刚进入大三之际，受了许振宏老师的影响。记得那时候，许老师给我们上的是中国近现代史。他的课堂向来是激昂澎湃、蕴藏深厚、精彩非常的！在他的课堂上，我们在座的这群青年学生似乎身临其境地看到中华民族拥有五千年的悠久历史、无尽的浩瀚文明，却在近代饱受了列强无耻之践踏，落入无比凄惨之境地，因此无不热血沸腾，无不感受到一种深刻的愤怒和耻辱。或许每个听过许老师课的人，都会不由自主地产生一种深重的历史责任感和历史使命感，对民族、国家的前途和命运投以深切的关注，从而兴起发愤图强、卧薪尝胆、振兴整个民族的强烈欲望。于是我在许老师极大的鼓舞之下，希望自己也能站在大学这个更为宽广的平台上，面对最具激情和热血的青年大学生进行教学，将他们培养成最具有社会责任感、最具备振兴民族之力量的接班人。所以在 1986 年下半年，我终于下决心要考研究生了。

接下来的路都非常顺利了。我在 1988 年大学本科毕业后，进入兰州大学攻读硕士。记得在报考专业时，我毫不犹豫地选择了中国近代史专业。三年以后，我硕士研究生毕业，又回到了原西南师范大学，开始在马列主义基础部从事“中国革命史”的教学。这门课其实就类似于现在的“中国近现代史纲要”，属于公共政治课程。自此之后，我的工作内容再也没有变更过，那就是在高校担任普通学院（非马克思主义学院）学生的思想政治工作。仔细一算的话，到今年，我已经在这个岗位上工作了整整 25 个年头！放眼望去，原西南师范大学设立的十多个学院，没有我没上过课的。后来为了不断提升自己的理论素养和专业素质，我在 1999 年去中国人民大学攻读中共党史系中共党史专业博士学位。

总的来说，我的求学经历和工作经历都比较简单。从小学一年级开始算起吧，我前后总共经历了五所学校：小学和初中读的都是我们村里的完小，1982 年到 1984 年在蓬安中学读了两年高中，1984 年到 1988 年在原西南师范大学读了四年本科，1988 年到 1991 年在兰州大学读了三年硕士，1999 年到 2001 年在中国人民大学读博士。其中，除了中考失利了一次外，其他的升学考试我都顺利通过了。相对于同时代的其他人来说，我的求学之路也真算是平坦的了。我想，这也许与我的目标比较明确这一点有关吧。我读书的目标也一直很简单，那就是当老师！初中毕业后想当小学教师，高中毕业后想当中学教师，大学受老师感染了想当大学教师，如今工作了之后也只想着怎么当好一个老师。因为我认准了这一条路始终未曾动摇过，所以避免了在其他的路上彷徨。或许这就是我求学之路看起来笔直平坦的原因吧。

我的工作经历同我的求学经历一样单纯，用一句简单的话概括：我就是西南大学的一名政治教师！当然，在正式登上大学讲台之前，我还在中学支教了一年，因为当时政策规定了，凡是到大学工作的教师若原来没有基层工作经历，必须到中小学义务支教一年。所以，我实际上在1991年9月到1992年7月之间承担了一年中学历史课的教学任务。这也是我第一次独立地走上讲坛，承担课程。在那所中学历练了一年之后，我才于1992年9月正式登上大学讲台，担任全校的公共政治理论课教师。所以迄今为止，我除了1999年至2002年脱产读博期间没有工作外，其余时间从未离开过大学本科讲台。虽然随着学校的变迁，我所在的单位和单位名称一再变换，但我的工作内容是始终如一的。

人生不息，折腾不止

刘承宇

梁启超说："人之处于世也，如逆水行舟，不进则退。"刘承宇老师亦以其不断"折腾"的人生历程告诉我们：无论身处何等恶劣的环境，都不能放弃对梦想的追逐，而应始终保持一种不断进取的精神。

或许，我的人生就是一个不断"折腾"的过程。我似乎从未想过停止，也不愿意那么安分认命。出身贫寒的我，生在乡村，也长在乡村，却一直希望有朝一日能够走出这狭小的地方，去看看更广阔的世界。我热切地追逐自己的梦想，也终于在这种追逐和奋斗中一步一步地向上攀爬着，逐渐成长了起来。

我接受基础教育的时候正处于"文革"期间，1976年小学毕业，居然幸运地被"推荐"上了初中。1978年初中毕业，正赶上粉碎"四人帮"后的首次中考，我又幸运地考上了高中。可以说，我能够走到今天，首先要感谢邓小平同志。要不是邓小平同志恢复了高考制度，我现在说不定还只是个种田的农民或者打工仔。但遗憾的是，我就读的高中实在太差了，虽然我在全校的成绩不错，但仍未考上大学，只进了一所专门培养小学教师的中等师范学校学习英语。因为中师的师资匮乏，我被安排到四川一所县中学习，所有的英语课竟然只有一位老师来上。可想而知，无论多么优秀的老师，在那样的高强度教学任务下，教给学生的东西都是十分有限的。我虽然加倍努力得以保持年级第一的优异成绩，但实质上也并未学到什么。无奈之下，毕业后我只能去了家乡的偏远地区教初中，由此开启我的教学生涯。

记得当时我从教的学校的校舍是一座年久失修的古庙，离县城有40多公里，交通十分不便。学校安排给我的宿舍还是危房，每天从早到晚，楼道里只要一有人走路，就会嘎吱嘎吱地响个不停。几个老师挤在一个房间里，条件十分艰辛，而老师们的教学任务却非常繁重。我作为学校“科班”出身的英语教师，刚入职两周便被任命为教研组长，独挑大梁，同时给三个班代课，还兼任一个班的班主任。说实话，我在这里工作的三年可谓是艰难而充实，但我也时常感到苦闷：我既没想到自己会高考落榜，更没想到毕业后会分配到如此落后的学校任教。尽管我对工作投入了巨大的热情，但苦闷之情仍难以自禁。直到1984年，我才终于迎来了人生的转折点。

那是一次很偶然的机会。县里组织优秀骨干教师去四川大学进行为期50天的培训，我幸运地被选入其中。这个时候，从未出过县城的我终于第一次来到省城成都，巨大的城乡差异给了我心灵沉重的一击。庆幸的是，四川大学高度重视这次培训，外语系老师几乎全部出动，其中包括后来成为四川大学副校长的石坚教授，以及当时已经78岁高龄、曾获爱丁堡大学文学博士的王章树教授。参加这次培训的老师共有120个，按层次高低分为六个班。分班的时候，大家根据自己的水平自主选择班级。我最开始因为自卑选择了层次最低的6班，后来逐渐调到了1班学习。1班的学员大多是“文革”前毕业的大学生，都是各地区的骨干教师。我虽然基础较差，但胜在年轻而头脑灵活，上课的表现还比较出色。这场意外的经历让我终于真正发现了自身的潜力。没错，我是真喜欢读书，也真能够读书的！我绝不能再这样自甘平庸、浑浑噩噩下去了。我开始制订新的人生规划，决心找回曾经失去的大学梦。我原想辞职专心念书，但无奈家庭经济条件的限制，只能选择在职进修。

于是，我在1985年考入了四川省自贡教育学院，非常系统扎实地学习了两年。1989年，我由乡初中调到了区高中，在高中任教5年的同时也完成了原西南师范大学英语专业函授本科学业。1993年，我几经犹豫，终于决定考研，结果一举中第，顺利进入原西南师范大学外国语学院攻读英语语言文学专业硕士研究生，1997年毕业留校任教。2000年，我考入厦门大学攻读英语语言学专业博士研究生。2003年至2004年，我得到弗里曼基金资助在美国伊利诺伊大学（UIUC）语言学系做访问学者，主要研修句法学。2008年至2010年，我又在中山大学外国语言文学博士后流动站从事研究。在漫长的求学期间，我还在企业及政府部门做过不少翻译之类的兼职。

这样看来，我的人生经历应当是十分丰富而曲折的了。从学的角度来说，我除了幼儿园没有读过，其他都读过了；从教的角度来说，我除了幼儿园没教过，其他都教过了。回溯人生，再没有比这更令我欣慰而感到充实的财富了。

在教学上，我曾经教过十余年的中学。最开始的时候，是在老家的乡里教初中。这所学校的条件非常糟糕，老师们的教学水平也很低，尤其是在英语方面，学校甚至让一位学俄语的老师改行教英语。在这种情况下，我相当于是临危受命，到校工作两周就被任命为英语教研组长。不仅如此，学校还把所有优生集中在一个重点班，让我做班主任兼英语老师，同时承担另外两个班的英语教学任务。那段时间的工作的确非常繁重，我常常会感到巨大的压力，但也时刻提醒自己：既然已经成为一名教师，那么不管教学环境多么恶劣、工作任务如何沉重，我都必须对自己的工作负责，对自己的学生负责。可喜的是，我带的那几届初中毕业生还是取得了非常不错的成绩，有的后来还读了硕士、博士。这对于一个偏僻落后的小乡村来说实在是太不容易了！

再到后来，也就是1989年，我由乡初中调到了区高中任教。这所学校的教学水平也不比我待过的乡初中好多少，在全县7所高完中里排名第五。更糟糕的是，我中途接手的几个年级都是一些比较差的班级。许多老师对他们并没抱什么希望，但我毫无怨言地坚守着初心，全力投入教学工作，从未想过放弃任何一个学生。最终，我所带的93级两个班级高考英语平均成绩获得了全市第一，而我担任班主任的文科班竟有一名学生摘取了全市文科状元的桂冠！这些都是我长久以来引以为豪的。我在这里待了四年，之后借调到县中工作了一段时间，便结束了我的中学教学生涯。但这十年的中学从教经历对我后来在大学里的教学提供了许多宝贵的经验和帮助。或者说，我认为人生不管是失意还是得意，都是一种财富，因为无论从事何种工作，只要努力付出，就能得到回报和肯定，就是有价值的。记得我曾经就读后来又任教的那所高完中举办50周年校庆的时候，我被评为该校唯一一位杰出学子；中师时就读后来又短期任教的县中举办100周年校庆时，只邀请了两位教授去做讲座，一位是清华大学现任校长邱勇院士，另一位就是我。

从研究生毕业留校以来，我就一直在大学任教，直到今天，已经快20年了。回首往事，我发现，所谓“读万卷书，行万里路”，同时还要做万种事。古语说：“问渠那得清如许，为有源头活水来。”我想，或许实践所得的新知比书本中来得更加鲜活、可贵。作为教师，只有不断更新自我，才能带给学生新的知识。

豁然达观

罗庚荣

随遇而安，未尝不是一种豁达之姿。上山下乡之际，当众多知青皆陷入愁苦之时，罗庚荣老师却能独觉其中乐处，甚有坡公“同行皆狼狈，余独不觉”的豁然达观风范。

我成长在一个动荡年代。小学五年级时“文革”开始，于是我们这些学生便不再上课，只能做发发传单之类的事。初中毕业后，我便下乡去了农村，做过各种农活、维修工作等。因为自己踏实肯干，工分也逐渐从7分增长到10分；后来被调到大队农机房当师傅，工分增长到12分；两次被评为公社“五好社员”，后又被评为县“知识青年先进个人”。当时很多知青觉得下乡是一件又苦又累的事，可我却一点儿没有这种感觉，我想可能是世界观的问题吧。我喜欢农民身上那种淳朴、善良和勤劳的品格。和他们一起劳动时，我总是争着干重活累活，并且从不在农忙时请假。还用挣的工分钱买万用表和电子元件为他们修理收音机等东西，用我的知识和能力为他们服务。他们也教给我各种农业生产技能，在生活方面给了我很多关心和照顾。因此，我和他们的关系很好，感情也很深。2008年，时隔33年后我回到以前下乡的地方，社员听说我回来了，还都赶着来看我。大家都很开心，现在还常有联系。

1975年，我被推荐出来读书，那时“文革”还没结束，物理系的教学内容中“三机一泵”、电工无线电的比重很大。由于有在农村当农机师傅的经历，我对柴油机、汽油机、电动机和水泵的结构原理和拆装方法都比较清楚，学习起来比较轻松。我到图书馆阅读了大量理论书籍，遇到不懂的问题就找老师请教。我很重视实践，动手能力比较强，喜欢将学到的理论知识用来解决实际问题。除了教学安排的实验之外，我经常自己设计实验内容带到实验室，待完成老师安排的实验内容后，就利用实验室的仪器设备做自己设计的实验，有时还要求老师提供一些特殊的仪器和元件。老师们都很支持我，有时还让我在课上为同学们讲解油泵的工作原理和拆装调试方法，协助老师指导收音机的安装、调试等实验。也许这就是我以后走上教师之路的预备吧。

大学毕业之后，我留校当了77级的辅导员，我坚持跟班听课，一方面可以学习知识；另一方面可以及时了解各门课程的教和学的情况，了解学生的到课率和听课状态，利用课间时间找学生谈话了解他们的思想状况，帮助任课教师收集学生对教学的反馈等。同时我还兼任他们的力学、热学、电学、光学和教学法实验的指导教师。我对学生的政治思想、学习生活、脾气性格等都比较了解，要求也很严格，发现他们有什么困难和问题都尽力帮助解决。我和学生间的关系非常密切，在他们毕业30周年请我参加聚会时，我还能准确叫出每位参会同学的名字。

送走77级后，系上安排我任“普通物理演示实验室”主任。我改进和设计了一些有特点的演示实验，设计制作了“MA-ZH高压电源”等演示实验仪器，把可见度小、重复率低、危险性大的演示实验在学校电教中心拍成录像片，在全国普通高等学校物理演示实验交流会上交流受到好评，使我校在一百多个参会高校中入选由13所高校组成的全国普通高等学校物理演示实验指导小组。

我在负责演示室工作期间还兼任了系科研秘书工作，经常参与由学校科研处组织的到工厂、区县进行课题调研和成果推广工作，到科委申报课题；组织物理系教师的应用科研成果参加省市科技成果交易会，参加科技咨询活动等。1987年，我被评为“重庆市科技咨询先进个人”。后来，因工作需要先后到中科院举办的智能仪器班和复旦大学计算机科学系进修。

进修回校后，我便将工作重心转到教学方面，讲授过“数字电路”“微机原理”“单片机原理及应用”等课程，建立了微机原理、单片机等实验室；先后担任过微机教研室主任、电子信息工程实验教学中心主任、物理学院工会主席、党委委员等。从1985年起，我先后五次被评为学校“优秀教师”。2013年退休，我又被聘为西南大学本科教学督导委员会委员。

甘于寂寞，才能不寂寞

罗洪铁

罗洪铁老师用最真实的经历谱写了一曲逐梦的赞歌，诠释了艰苦奋斗的含义："甘于寂寞，才能不寂寞。"

记得那是1966年，时值"文化大革命"初期。6月，我从忠县中学初中六六级二班毕业；9月，便被阿坝藏族自治州壤塘林业局招为工人。阿坝藏族自治州壤塘林业局地处四川省的最西北角，海拔高度3500米，当时冬季的最低气温达到零下28度。而1966年的冬季，我只有一床棉被，住的木板房不仅没有取暖设备，而且还透风，夜里常常被冻醒，有时早上起来被子上都结了一层霜。虽然我的工作是野外作业，劳动条件差，强度大，物质生活水平也低，但在那么恶劣的环境中，我不仅没有放弃奋斗的理想，而且确立了想当一名作家的宏远目标。目标确立后，我深知，对于只有初中文化的自己来说，实现这一目标是何等艰难。我也知道，要圆作家梦，我必须做三个方面的准备：一是马克思主义理论，这是圆梦的指导思想；二是文学知识；三是收集创作素材和积累生活经验。于是我开始了长达12年的漫长的自学生涯。在每天紧张繁重的劳动之后，我晚上坚持读2~3小时的书。有时读书进入忘我的状态，到凌晨才睡下，第二天又得按时起床去劳动。星期天、节假日是我读书的最好时光。这个习惯一直延续到我日后的生活中。那时，我如饥似渴地阅读了大量书籍。在读书时，马列经典著作对我来说难度最大。比如，第一次读《共产党宣言》时，真是困难重重，许多专业术语读不懂。于是我便先通读，再分节分段读，同时做读书笔记，这些读书笔记我至今都还保留着。《毛泽东选集》四卷我通读了三遍，专题性的则读了不知道多少遍。

在阅读经典著作的同时，我还读了大量的文学作品，主要读了鲁迅、郭沫若、巴金、茅盾的书，以及《红楼梦》等。其中，鲁迅的杂文为我提供了观察问题、分析问题的方法。

在长达12年的艰苦岁月里，给我精神支撑力量最大的书籍，是奥斯特洛夫斯基的《钢铁是怎样炼成的》和高尔基的“人生三部曲”——《童年》《在人间》《我的大学》。双目失明的奥斯特洛夫斯基和仅有小学文化的高尔基，经过自己的顽强拼搏都成了大文豪，我年轻、身体健康、精力旺盛，还有初中文化，经过努力，还是有希望成为作家的。于是，当一名作家就成了我的奋斗目标。

在那段时期，我从读书和工作的实践中悟出了自己人生的座右铭，那就是“甘于寂寞，才能不寂寞”。这则座右铭一直指导着我在工作岗位和教书育人的路上前行。经过8年的边工作边学习边思考，我的第一篇理论文章在阿坝藏族自治州的《岷山报》上发表了，这对于当时还是林业工人的我来说是一件非常不容易的事。论文的发表，引起了一位局领导的重视，找我单独谈话予以鼓励，还将我调到林场机关当青年干事，主要从事文秘工作；两年后又被调到林业局宣传科任新闻干事和理论干事。这是我人生的一个重大转折，不仅仅使我从一名工人转变成了一名干部,更重要的是给我提供了一个更好的学习和写作的机会。由于工作单位是宣传科,那里有个资料室,为了方便读书,我便主动申请管理资料室。在知识的不断充实和大量的写作实践下,我的一篇篇新闻报道、杂谈、论文陆续在报纸上发表,在四川人民广播电台广播。在不到两年的时间内,我先后发表了50多篇新闻报道、杂谈和论文,并因此被《四川日报》和四川人民广播电台聘为通讯员。这时,我开始有一种感觉,似乎自己的作家梦有可能实现。

1977年夏,粉碎"四人帮"后,国家开始了现代化建设并加强对青年干部的培养。林业部从部分林业局选拔了重点培养对象,到吉林省大兴沟林业局参加由林业部主持的培训班。在我培训结束回单位后,组织找我谈了话,准备提拔我为宣传科副科长。而正在此时,我从中央人民广播电台听到了恢复高考的消息。一边是马上就被提拔的机会,一边是充满不确定因素的未来,我坚定地选择了参加极具挑战性的高考。领导虽然不同意,但见我上大学的决心如此坚定,最后还是同意我参加高考。然而,离高考的时间很近了,在如此紧迫的情况下,我制订了复习的战略:语文、政治、历史和地理凭自己已有的知识基础去考,将主要精力用去强攻高中的数学。于是我强迫自己每天只睡4小时,用大量的时间拼命自学高中数学。尽管如此努力,六册数学课本我也只学完了前三册。虽然数学考得差强人意,但是,我凭借自己比较扎实的文学、政治、历史、地理知识的功底,通过了高考,被当时的西南师范学院政教系政治教育专业(现西南大学马克思主义学院)录取。尽管高考一完,我就因为过度疲劳而大病一场,但大学之梦最终实现了。

我是1978年3月入学,1982年元月毕业,获得了法学学士学位。大学期间,我一直用"甘于寂寞,才能不寂寞"的座右铭激励自己。除了上课,我要么在图书馆看书,要么在教室上自习。读书期间,我还在学校的学报和《重庆日报》上发表论文。因学习成绩优异,我被评为学校的

“三好学生”。大三还未毕业时，我就提前留校到校报边学习边工作。在学校校报当编辑，工作到1984年9月。两年多的编辑工作，使我的文字表达能力得到了极大的提高。1984年6月，因创办思想政治教育专业缺专业课教师，我自告奋勇要求去当时很多人都不愿意去的思想政治教育专业工作。为此，我于当年9月到教育部委托中国人民大学办的思想政治教育专业课教师培训班进修1年。1985年7月回校后，一直在思想政治教育专业从事教学与研究工作至今。

从苦难中成长

宋乃庆

“宝剑锋从磨砺出，梅花香自苦寒来。”宋乃庆老师的经历说明：苦难是一块磨刀石，能够化钝为利；苦难又是一面镜子，能够以古鉴今。只有真正经历过苦难的人，才能具备不屈不挠的意志，才能感知平凡生活的不易。

我是“老三届”，饱尝当知青的艰辛，这对我一生的发展产生了很大的影响。我在下乡期间吃过不少苦头，其中一次让我险些丧命，现在回想起来仍历历在目。那天，我们在山沟磨完沟田，收工时突然下起雨，我们急匆匆地吆喝着牛群回家，我赶着牛断后。这时雨越下越大，路也越来越滑，走到一段很陡的坡时，牛迟迟蹬不上坡，情急之下我朝牛屁股猛捶了一拳，结果牛受到惊吓窜上了山坡，我却被牛踢到了山崖下面的水田里。当时落下来的铁磨耙深深地扎进了我的大腿里面，血流不止。如果铁磨耙扎到了我腿部的大动脉，或者铁磨耙扎到我的头部、胸部，后果都将不堪设想。现在回想起来，我仍心有余悸。正因为经历过知青时的磨难坎坷，我才更加觉得今天的学习、工作和生活是如此之甜，更应加倍珍惜。我能有今天的成长发展，也应感谢当年在贫困乡村当知青的那段艰难困苦的经历，感谢那里的农民和知青朋友对我的呵护、帮助、鼓励和支持，激励我不屈不挠、追求上进。

结束农村的知青生活后，我被推荐到忠县师范学校读书。忠县师范学校的老师们教会了我如何备课、上课、评课，培养了我的教学技能，教会了我如何引领学生发展、如何为人师。从忠县师范学校毕业后，我在农村九亭完小任教。我教过一周小学、近一年初中、两年多高中，在高中我同时教过数学、物理、化学。初为人师，由于不了解学生，缺乏教学经验，教小学我常常费力不讨好；教初中时我逐步"上道"，开始摸索学生的年龄特征以及教育教学规律，逐步得到学生、老师、校长的认可；教高中时，我开始注意培养学生的兴趣、学习能力和应试能力。我所教班级的数理化成绩在全区考试中均名列前茅，引起了不少老师的关注。有几位重点大学毕业的老师说："如果宋乃庆能读大学就好了。"这句话提醒并激励着我要考上大学。

1978年，我考入原西南师范学院。大学的学习生涯更加启发了我如何教书育人、如何用科研引领教学、如何组建教学团队。毕业留校以后，我秉持教育理想，将所学用于教学实践中，教学、反思、学习、科研同行。这些经历都使我更加珍惜今天来之不易的幸福美好的学习和工作，更加理解教育的神圣。从大学学习到大学任教，我得到了众多老师和同学的支持和帮助，也得到了学院的支持，这些都激励着我在教学、科研的道路上不断前进。

幸福源于热爱

魏晓娜

“我该选择什么样的职业”，或者“什么样的职业适合我”，这或许是每个即将踏入职场的学生都会有的困惑。对此，魏晓娜老师的回答是：“一定要选择自己喜欢的职业，因为只有当一个人做自己真正喜欢的事时，他才能在单纯的幸福中变得非常简单和纯粹，不会被别的东西诱惑而随意改换目标，也不会纠缠于功名利禄而失却本心。”

我做教师，受家庭方面的影响很大，因为我的父母都是教师，并且还是农村教师。要知道，农村教师对学生的关怀是非常独特的，那是一种极为质朴而真诚的关怀。在我们村子里，村民的关系极为密切，其实就是一个不分彼此的大家庭。我们不是常说“乡里乡亲”吗？其实这个词就是村民间亲密关系的体现。所以，农村教师除了在职业上与其他村民有所不同，其他的一切社会关系和交往均与村子里的乡亲无二。而在这种乡里乡亲的亲密关系中，农村教师对待学生也真的就像是对待自己的亲生孩子一样了。在我幼小的记忆里,我的父母就经常会把学习比较差的学生带回家辅导,还要留他们一起吃饭。大家坐在昏黄的灯光下,一起吃着热气腾腾的饭菜,场面是非常温馨的。我也常感到自己好像有着很多的兄弟姐妹。而我父母对待学生的这种无比质朴的关怀,也深深地打动了我、影响了我。他们不仅使我对教师这个职业充满好感,更下定决心以后要成为一名像他们那样的教师。同时这也极大地影响了我以后的教学态度,即始终如一地把学生当作自己的孩子来对待。对于学生的要求,无论分内、分外,我们做老师的都应该像家长一样给予帮助。

由于家庭的影响,我自然而然地就走进了师范院校。特别庆幸的是,20世纪80年代非常有名的一批语文特级教师,如魏书生、宁鸿彬、姚竹青等,来到了我当时所在的河南师范大学做过现场课和报告。事实上,我已经记不清当时的语文教育专业课都讲了些什么,但是那批语文名师的音容笑貌至今还深深印刻在我的脑海中。我清楚地记得,宁鸿彬老师的背很弯,似乎带着病容,但板书却相当工整俊逸、力如刀刻。他的教学语言总是那么不急不缓、字字珠玑,宛如一位大将军检阅百万雄兵一样,目光如炬而又深远辽阔,似乎在对着未来诉说什么。当时的我不曾了解他的教育理念,只是通过非常感性的体验,懵懵懂懂地体会到语文课堂这一舞台应该有一种神秘而高深莫测的境界。这对我树立自己的职业信念有着深远的影响。此外,我也记得,魏书生老师的课堂总有一种说相声似的幽默风趣和机智敏捷。我眼中的他,对人生和教育有着非常独特的理解,无论什么困难在他那里都能变成巨大的财富。记得他说:“每一件事情的处理都有100种办法,但你一定要找到第101种办法,再开始着手处理。”他还说:“你要喜欢上那些所谓的差生,因为每一个特级教师都是踩着差生的肩膀上来的。”这些话看似普通,但在我初为人师的时候一直是我的精神支柱。尤其当遇到棘手的学生问题时，我就总在心里默念着这些话，然后抱着研究的态度积极处理学生的管理问题和教学困难，最终一切都会快速地迎刃而解。

正是抱着对名师的憧憬，我毕业后到处找相关方面的书籍来读。说实话，当时的信息资源很不发达，想知道什么好书全得靠自己去书店里找。那个时候，我很庆幸遇到了一本对我影响深远的书。这本书的名字叫作《中国著名特级教师教学思想录（中学语文卷）》（刘国正主编，江苏教育出版社，1996 年）。书很厚，软皮包装，封面设计得比较平淡无趣。记得那时我才刚去教书，因为到一个火车站送了朋友，之后就随便逛到火车站附近的一个小书店。那真是一个普通得不能再普通的书店，出售的大多是些通俗读物和小杂志，但不知道为什么也夹杂了几本教育类的书。其中就有一本《中国著名特级教师教学思想录（中学语文卷）》。当时我翻看目录感到十分震惊，发现这本书上包括了我所崇拜的以及更多我所不知道的语文大家。几乎没有等我讨价还价，老板就像处理废品一样说："两块钱，要不要啊？"我简直激动不已，二话没说，赶紧付款走人，生怕书店老板后悔。我一路上边走边看，走到家已基本上浏览了全书，感觉自己简直都要融化到书中的每一个栩栩如生的名师中去了。从那天起，我许多次翻阅这本书上的名师思想和教学实录，每次阅读都会有新的收获。而每次备课，我都有意无意瞟一眼那本书，似乎想跟名师们交流点儿什么。每当我想偷懒的时候，只要一看到那本书就很心虚，似乎名师们看透了我的弱点；而每当我设计出好的教学方案时，我也会瞟一眼那本书，似乎他们离我又更亲近了一些。就这样，几乎是伴随着这本书，我在我的教学工作中时时迸发出创造的灵感和激情。而如今，因为许多次的搬家，这本书几经波折，早已不再崭新如故，但它仍然陪伴在我的案头，成了我须臾难离的好友。

在接下来的几年高中语文教学的岁月里，我主要是通过阅读相关的专业书籍来学习的。我发现，这种基于工作需要的学习比学生时代单纯的学习更为真切和有效，也正是这种学习奠定了我后来对理论的兴趣，让我深深体会到有了教学理论的教学实践才是无比幸福而充满激情的。我一直信奉苏霍姆林斯基的话："如何让一位老师摆脱机械、沉闷、无聊的教学工作？那就是让他走向幸福的科研之路。"记得当时我一届同时要教4个班，同一篇课文要上4遍，但我一点儿也不觉得乏味。我将每一个班都结合一定的理论设计出一种教法，再对其进行比较，研究差异。这样一届教下来，我的语文课堂教学设计能力就有了一个质的提升，我对语文课堂教学设计更为痴迷。那时的我总是对工作充满热情，常常主动邀请领导、专家到我的课堂听课，再向他们虚心请教。我也一直很喜欢参加公开课、赛课，因为我不是抱着竞争、获奖的态度去做这些，而是奔着提高自我、探索教学规律去做的。就这样，我当时边读书学习，边进行教学实践，不断地自我积累。

在高中工作了5年以后，我基本上可以很好地应对自己的工作了。不管是教学成绩还是讲课比赛，我都觉得自己做得不错了。但是，我又热切地希望自己能在教学上有更高的造诣。当时，我给自己定的直接目标就是成为一名特级教师。我知道，要达到这个目标，光靠本科的学习积累肯定是不够的，于是我决定攻读硕士研究生和博士研究生来进一步深造。

其实总的来看，这么多年过去了，我的目标一直都很明确，那就是做一名教师，并且是最优秀的教师，就这么简单。我想，我的目标之所以能够这么明确，是因为我的爱好和我从事的职业是高度一致的。一个人一定要选择自己喜欢的职业，因为只有当一个人做自己真正喜欢的事时，他才能在单纯的幸福中变得非常简单和纯粹，不会被别的东西诱惑而随意改换目标，也不会纠缠于功名利禄而失却本心。我从未在乎过评奖、评职称这些事情，因为我只是在做我喜欢的事情，也是在尽一名教师的本分。我读研和读博的6年时间里完全脱产，没有任何收入。有人告诉我，其实从这6年里我放弃的工作、投入的金钱和时间来看，我是非常不划算的，但因为我只有成为一名更好的教师的目标，别无杂念，所以我从来不愿以那种功利的角度来看待自己的工作，总对别人那样的看法付之一笑，而更加坚定自己的选择，无怨无悔。

我刚毕业是在中学教书，教学技巧方面的基本功都是在中学打下的。一直以来，中学的教学是和分数、升学率直接挂钩的，对教学效果有很高的要求，所以这对教师教学技巧的要求十分严格。那时候，我们刚进入中学的新教师都会有师父亲自带着，手把手地传授经验。不得不说，这给了刚入职的我很大的帮助。

说起我的师父，他对我的要求是相当严苛的，直到现在我还能清晰地记起当年讲《荷塘月色》那篇课文时的场景。当时师父要求我的口语表达不能有一个多余的意思，更不能出现一处语病或重复。于是我就真的当着师父的面讲了一遍又一遍，直到可以在10多分钟之内绝不出现一个病句或一处重复，完全就像播音一样。付出的汗水终究有了回报，并且这段经历也极大地影响了我以后的教学习惯。直到今天，只要我一走进课堂，就会要求自己的口头表达一定要干净利索。我时刻谨记着师父对我的教导，从未对自己懈怠过。我还经常在学生放学后，独自对着空无一人的教室练习讲课。练到最后，无论有人与否，也无论何时何地，我都可以做到毫无压力地、声情并茂地开讲。可以说，到处都是我的舞台，我也随时都能登台表演。所以我非常感谢能在高中教学时得到这样严格的训练。

除了师父之外，我的外爷爷也给了我很大的帮助。外爷爷以前也是教师，所以在我刚开始工作的时候，每次上课，他都会拄着拐杖去听。不管我的表现好坏，他听完后都会反馈给我许多宝贵的意见。这些意见其实都是一些最基础的教学技能，虽然没什么高深之处，却是外爷爷从他长期的教学经历中得来的非常实用的经验。我记得，有一次外爷爷亲切地告诉我:"上课的语速可不能太快,也不能太慢了。老师怎么判断自己的语速是不是合适呢?你就以第一排的学生为标准,看他们是不是把你所讲的内容都记下来了。"外爷爷说的这些技巧虽简单,但对于知识的传授却很有效。因为知识的传授和知识本身是两码事,老师自己理解某个知识点并不等于可以使学生也理解。如何把知识点处理得最简单明了,又使学生对知识的接收程度最高,这是我那时常常思考和探索的问题。

5年之后,为了进一步提高自己的教学水平,我相继考取了硕士研究生和博士研究生。研究生毕业后,我得以进入一个更为广阔的天地——大学。大学与高中最大的不同就是,它既是一个教学机构,又是一个科研机构。在刚进入大学时,如何处理好教学与科研之间的关系这个问题让我焦头烂额,但后来,这却成为我的一种助力。因为我发现,教学与科研本就是互助共生的,教学可以促进科研,科研亦可深化教学。相对于高中教育,我觉得这一点也是大学教育的优势之一吧。

人贵有志,学贵有恒

吴能表

人贵有志,学贵有恒。吴能表老师的经历再一次说明:贫穷与落后并不能成为人的最终障碍。一个人只要心中有志向,且能不断地超越自己,必能冲破一切藩篱。

我出生在十分偏僻的国家级贫困县——四川省平昌县,那里资源贫瘠,交通不便。长期以来封闭的思想和落后的文化观念,给山里孩子的成长带来了不小的障碍。祖祖辈辈面朝黄土背朝天的生活方式在我们幼小的心中已经打上了深深的烙印,让我们以为这就是我们天经地义的生存方式。因此我考上大学,包括毕业后留校工作,可以说是彻底地改变了我整个的人生轨迹。

1998 年,从我们那里的中学出来能考上大学的学生真是屈指可数,能考上重点本科的更是只有两个人。因此,我能考上大学实在是太不容易了,我的家人都特别高兴,宴请了我所有的高中老师数日。我们大队以及相邻的几个大队,因为“文革”以后就没有出过大学生,所以在我拿到通知书后不久，还组织了全体村民到我家放露天电影，现在想来真是太奢侈了。我只记得，当时全村老小都来看电影，场面热闹非凡。会上还号召年轻人一定要以我为榜样，通过努力学习来改变自己的命运。我觉得自己之所以能在自卑中考上大学，除了父母的期望外，还有一个重要的原因，那就是在我从小放牛的时候，始终有一个半导体收音机陪伴着我，让我对外面的世界略有了解。所以在上大学之前，我就一直憧憬着，有朝一日冲破贫穷落后的藩篱，看看外面的世界是什么样子。上了大学以后，我知道自己的基础与来自城市的同学相差甚远，于是不断通过自己的努力来缩小这种差距。尤其是在外语学习方面，我中学从来没有及格过，但通过不断的努力，大学期间的我却没有挂过一次科。

大学四年，我有幸在冯沈萍老师的带领下学习。由于冯老师的严格要求和丰富的学生工作经验，我所在的班级是一个非常积极向上、不断奋进的集体，而冯沈萍老师的正直、善良以及对我们的关爱也使我们都得到了较好的成长。更幸运的是，我除了在读书期间得到冯老师的指导之外，在后来留校工作的一些日子里，我还和冯老师一起共事。冯老师对我的关心、鼓励和指点，都让我在这些日子里走得更快、更稳。

还记得那时候，我特别喜欢吹笛子，当时在学校还小有名气，登过当时的李园音乐厅和西师街旁边的大礼堂（现在恒温游泳池的位置）。我还参加过“12·9”合唱比赛，经历了人生第一次化妆，印象颇为深刻。那时候的我刻苦努力，凡事都愿意吃苦耐劳。算起来，我帮贝学明老师挑过粪、修剪过柑橘树；学雷锋扫过北碚公园，也扫过寝室楼道和厕所；寒冷的冬天里还帮洪锡均老师洗过培养瓶，培养过细胞。此外，我还担任了我们班的生活委员，需要安排值日和教室、实验室的清洁，为大家发放饭菜票等。这些活动都让我体会到了自身的价值，找到了一些自信。尽管我出身贫寒，但其实我是一个非常愿意为别人服务的人，因为我总是能够从服务中感受到快乐和喜悦。平时只要是同学来看我，我总是盛情接待。后来正式工作了，我仍旧处处为他人着想。有一次情况非常危急，记得是2004年11月19日，我们近百人去井冈山考察学习，途经江西吉安，我们乘坐的车发生了严重车祸。当时我刚爬到破碎的车窗出口处，就听见下面有无数个人在痛苦地呻吟，于是我又返回车内，将所有人员全部拉出后才从出口出来。后来我听到我的几个同事都在车外呼喊我的名字，他们以为我遇难了，还有人在为我哭泣。最后他们问我为什么不早点出来，就不担心油箱爆炸吗？可我实在没想那么多，只想力所能及地帮帮别人而已。这也算是我人生经历中的一件大事了。

不过，大学期间最让我头痛的还是体育课程考试。我来自农村，由于自小生活环境太差和营养不足，身体素质很糟糕，体育总是难以达标。好在体育老师尽心尽力，多次加班为我指导，才终于使我勉强通过。另外，大学四年，我一直希望能够拿一次奖学金，但无奈基础差、学习吃力，能够保持及格已经很不容易了，所以每次评奖学金都只是靠近边缘，也颇为遗憾。当然，像“军训先进学员”等一些荣誉称号我还是得过很多的。

大学毕业之后我就顺利地留校了。我的工作经历还是比较复杂的。刚留校的时候做辅导员，学生工作大概做了11年。后来我又做了专任教师。再之后我到了教务处，因为当时教务处的工作任务很重，只能临时中断了教学方面的工作。再后来我又到了科技处，做了两年半。之后我去了教师教学发展中心，我曾在教师教学发展中心待了一年半，这一年半对于我自身的发展有着很大的提升。直到今年我才回到了教务处，又回到了这个原点。

其实很多高校在发展教师教学能力方面是很欠缺的，尽管各高校都在做，但大家基本都处在一个水平。所以在这方面，我也希望不断地突破自己。当时我给自己定的第一个目标就是在第一年读一百本书，但是在第一年还未结束时，我便开始做教师培训工作，变得更加忙碌了。

到现在为止，我已经去了中国一百多所大学做教师培训，如中国科学技术大学、西安交通大学、华北电力大学、重庆大学、陆军军医大学、解放军信息工程大学、西南财经大学、西南交通大学等。其中有六七场是全国性的高校教师培训，西安交通大学的那场是规模最大的，共有全国一百多所学校的教师参加。因为我的讲座通常能符合老师们的实际情况，并且能给予他们一种正能量，所以很多老师都很认可我。而且我喜欢钻研，我讲的很多东西书上也找不到，当很多老师问我为什么我讲的东西书上没有却还很有道理时，我就说都是平常的积累罢了。只是现在由于工作繁忙，虽然不能保证每年看一百本书，但我仍然规定自己每年至少要看五十本书，每天也要听一到两个讲座。因为在听讲座的过程中能够发现别人不同的思维方式，由此刺激我产生新的想法，所以我有好多朗朗上口的段子，都是通过听讲座总结得出来的。

我现在还经常受邀与老师们进行座谈交流，国家干部培训学院也几次约我做一些录课，但由于时间关系，我大都只能拒绝，并且只能抽出周末的时间来做一些讲座。其实抛开收入来说，我也真想通过这些公开活动去更好地宣传我们学校，因为每次讲座之前我一定会先介绍西南大学，所以有很多大学过来进行交流学习。当然其中也不乏失望的，这说明我们的教师自身能力还需要不断加强才是。

例如，我曾在我的一门全国直播课程《大学课堂危机应对》中讲到，现在的大学课堂已经出现危机了。很多老师上课就只是对着PPT讲，而学生一个周末就能看完、学完的东西，他凭什么要听你讲呢？很多老师或许还没有意识到这个问题，现在已经不是知识权威的时代了。知识别人都能拿走，手机一点，什么知识都可以查到，关键在于怎么通过这些知识的讲授来训练学生的思维方式。有人说要给学生一碗水，自己首先要有一桶水，可是我的桶说不定还没有学生的碗大呢。我以前经常对学生说，你们现在所达到的水平和我们理想之间的差距是很大的，你们可能连百分之六十都达不到，因为我们的设计做得非常好。但是实际上，不只是学生单方面的问题，而是老师和学生这两个方面夹杂在一起，才造成了最终的问题。所以从教师自身来说，我们也应当不断积累和成长。

对于教务处的工作，或许有很多老师都不太满意。这种状况在很多学校都存在。我在其他学校做讲座时就了解到很多教师对教务处的强烈不满，而我也常常通过讲座让他们重新看待教务处这个机构。我前不久在开会时就说，教务处不能撤掉，至少现在还可以骂，将来撤掉了就连骂的地方也没了。大家应该大胆地骂，想骂就骂，因为只要你还愿意骂，就说明你还在关注，那么我们就一定会引起重视。并且，教务处毕竟是一个归结责任的地方。当教师直接面临问题的时候可能会出现困难局面，这时就需要教务处这样一个可以依靠的地方。而如果完全没有了教务处，那整个教学体系就没法保存了。教务处的职能就是保存教学体系，让老师和学生们要有规范，否则就乱套了。我来到教务处之后就提出了一个想法，那就是做一个不一样的教务处。如何做呢？我觉得一个学校的教务处不能做纯粹的管理部门，我们更多的是要做好服务，而且要规范。对于“不一样”的解读，我当时说了三句话。

第一句话，做面向未来的教育。我们不能拿昨天的知识让今天的学生去适应今天的社会，所以一定要面向未来。关键是教给学生分析问题和解决问题的方式，而不是纯粹的知识。这个方面其实说得很多，但做得很少。有人说知识就是力量，但我认为知识就是知识，如果不用它来解决问题，那它什么都不是，只有用知识来解决问题的时候，才能展现其力量！我常说，我们现在培养的是“背多分”，但我们更需要的是

“思必得”。很多时候学生强化了背诵，分数就高，所以我们必须要改变这种现状，要让学生在思考中有所获，也就是要培养学生的深度学习。关于这个方面，我们一直想做一个项目学习，主要目的是引导学生真正解决问题。初步想法是让每个学生从入学开始就参与一个项目，四人一组，到大三学年完成并以学院为单位做相应的学术报告。每个学院每年搞一个与科技创新活动相关的节日，利用周五、周六、周日三天时间各个学院搞相关的论坛，让学生真正能够解决问题。另外，对工科这类学科，行业背景很突出的，尽量要有百分之二十的专业课程。尤其是技能性的课程，由他们去请相关的行业内人士来讲课，费用由教务处承担。此外，我还想把我们要办的各种各样的东西全部做成微课的形式，5~8分钟一个，全部放在网上。这些微课最有效的时期就是学生们拿到录取通知书的那段时间，我们将这些微课连同录取通知书一起寄过去。因为同学们在那段时间的好奇心会很浓，对新的学习生活有一种期盼，所以这时候就更有学习的激情，我们的微课就会起到双倍的作用。总之，我们要引导学生进行深度学习。基础的东西需要记忆的仍然要记，但是不能是“背多分”，这就是所谓的有保持性的潜入性。

第二句话，重拾灵魂。教育一定要有灵魂，而不是为了背知识点。我们一定要塑造学生的人格，让学生的灵魂、素质得到全面提升，而不是只让学生记住表层的东西。

第三句话，做责任教育，也就是一定要培养学生的责任感。有时候学院会说学生如果没有及格的话，后果会如何如何，包括通选课。这些都是不负责任的方式。例如，学生可以选了课却不去上，有没有成绩无所谓，因为没有成绩下次还可以再选，即使不来上课也可以，可以退选。但是，这样不管不顾其实就是一种不负责任的态度。咱们要做负责任的教育，就要避免这种机制的形成。有时老师的做法看起来是在帮助学生，其实是害了他们。

当然，负责任也包括了一种规范。“让校规看守西大，用创新成就师生，”我一直这样要求我们教务处的36个员工。只要是违规的事，如果我要你做，你就要让我先签字。我没有签字，就不会承认。同样的，校长来找你做，你也要先让他签字。如果没有签字，那么最后的责任就要你来承担。我一直都很注重规则，因为一个人、一个组织不遵守规则就会乱套。为什么有人开车随便停？那就是没有规则意识。我们要培养学生的规则意识，也要培养老师的规则意识。不管思想境界多高，规则都不可不要，这是一个大前提。在规则范围内有所调整是可以的，但只要超出规定就不能做。

前不久我还在一个发言中提到，假如说一个处级干部是一个官的话，应该如何去做。我当时有四句话，即为官四步：第一步，不让领导受累。不仅仅是不让领导受劳累，也包括不让他受到拖累，因为他分管我，我的不作为也可能让他的发展受阻。第二步，不让员工受阻。我在这个单位待着，我就要让我的员工成长。成长不一定非得是要让他去当官或是去做行政职务，关键是要让他的素质提升。我们内部的员工每个月都要进行基本素质、基本技能等的全面培训，对年轻的，尤其是教研科、质量科和写文稿多的人员，每个月都有两次培训，并且要对他们写的材料一个个进行点评，使其得到提升。第三步，不让群众受气。这涉及我的服务对象。我们内部要有监控，有什么问题我们都能够进行相应的解决。有员工受委屈了，我们一定会给员工另一种支持，但是他们必须耐心去做工作。第四，不让国家受损。作为一个干部，党和国家赋予了你相应的职责和权限，人民是信任你的，所以你在这个岗位上就不能让国家因为你这个岗位的失误而受损。这四步也是我们教务工作的基本底线。

我常常在教务处对同事们说，减少折腾，让老师多活几年。我们做事一定要从老师和学生的角度去考虑。比如，教师免检制度，我们首先要把每个老师都认为是好的才行。很多老师对教务处有看法,就是因为教务处首先把老师看成坏的了。我认为每个老师都是好的,但是一旦有老师出现失误,还是得监控他三年。如果这三年不再出现问题,又可以恢复免检。又比如,我们现在正在做的学生办事指南,二维码将会在下学期各个教学楼和我们的办公室门口发布出来,大家只要扫一下二维码,就能知道要办的事情在哪个部门以及相关的程序和政策了。这样既方便了学生也方便了老师和工作人员,而做好之后我们还会持续跟进,把这一块持续做下去。但现在人力还不够,所以只能暂缓了。

一方面,其实整体上我希望通过我的工作让学生得到发展,让老师工作更加愉快,甚至还包括给老师一些学术权力。虽然程序上是教务处在做决策,但实际上几乎所有的决策都来自老师们。并且,我们在执行之前也会请很多院长和专家过来进行座谈和交流,然后再做决策,重大一点的决策则会提交给学术委员会。我希望我们能把学术权力还给老师,包括培养方案、教学大纲的制订等,不能总是让行政权力大于学术权力。

但从另一方面讲,就像我常说的:“知识容易产生偏见,权力容易产生傲慢。”我们要克服知识的偏见,拒绝权力的傲慢。有些老师或许在自己专业方面做得很好,但是由于太投入而容易钻牛角尖,因此有些行政人员对这样的老师会有些不尊重甚至表现出傲慢的态度。其实这种对立现象是长期形成的,因为有些老师心里过分敬畏权力,导致他们在与一些行政人员交流时有隔阂。而我既经历过辅导员、学院工会主席的职务,又在教务处、科技处、教师教育发展中心、教师教育学院工作过,还做过专业课老师,我对老师们的想法非常理解。我在科技处,并不是不关心教学了;我到教务处,也不是不关心科研了。学校对于人才培养毕竟是整体性的,而不是只关注自己那一方面,所以到教务处之后,我的教学科研仍在不断深入。我写了一本《高校教师教学手册》,目前很多高校进行教师培训时都作为教材使用。另外一本关于高校教学的书——《高校教师教育发展中心工作指南》也是我在教师教育发展中心的时候完成的，主要针对怎样培训教师、怎样提高教师素质方面，并给出了一个模板。我在2015年还出了一些基本专业方面的书，如《生命科学与伦理》《健康生活那些事》等。另外，关于生物学实验的《基于创新能力培养的实验教学方法》一书也将在科学出版社出版。

幸运的本质是必然

张藩

世人均爱寄希望于幸运，但世上从来没有绝对的幸运，所有看似幸运的背后，都存在着必然的原因。正如张藩老师，从寒门之子成为高校教师，一路走来，看似一帆风顺，实则是其始终冲在最前面，不敢有丝毫懈怠的缘故。

我于1933年出生在云南省楚雄市姚安县弥兴镇张家村，自幼家境贫寒，但对美好的生活一直都有憧憬。社会发展得越来越好，我知道读书这条路可以通往未来的幸福。1952年，我在姚安中学初中毕业，由学校保送入云南省昆明师范学校(简称昆师)读书；1955年，我中师毕业，由学校选送，考入西南师范学院(简称西师)教育系就读；1959年，我毕业后留校任教。算下来，我读书的时间共有15年，小学5年，初中3年，中师3年，高师4年。与同时代的人相比，我的求学之路不算坎坷，求学的时间也不算长。这其中或许有幸运的成分，但也有必然的因素。我出身于农村，家境贫寒，要想走向成功，必须付出比常人多数倍的努力，因此这15年对我来说是不断冲刺的15年。在攀登绝顶的过程中，我始终冲在最前面，不敢有丝毫懈怠，我想这就是那幸运之外的必然吧。

对于求学期间的种种经历，我最不能忘怀的，就是昆师和西师的"两校师情"。我1955年9月从云南省昆明师范学校毕业后，被选送参加高考，并考入西南师范学院教育系学习，毕业后又留在系上工作，至今已有60年了。60年来，我始终感恩于教过我的老师，感谢昆明师范学校的老师在学习上对我的教导、在生活上无微不至的关怀；更感谢西南师范学院教育系的老师们对我的培养，以及工作上的信任、支持和鼓励。我对养育我的昆师和西师的一山一水、一草一木都充满了感情。

校园情：云南有中国最好的气候，仿佛拥有特权似的，四季之中它只保留了一季——最美最好的春季。昆师受云南的荫蔽，亦是四季如春。离开之后，只要一有机会去昆明，我总是要到昆师的校园去走一走、看一看，怀念那三年的生活环境；我还会到我当年上课的教室去坐坐，仿佛自己又变成了满怀理想、干劲十足、朝气蓬勃的小伙子。西师是重庆市高等学校中面积最大、树木最多、环境最美的学校之一。西师绿树成荫、鸟语花香，作为西师学子，我们常常为此感到自豪。学习之余在校园中散步休息、呼吸新鲜空气是所有西师学子的乐事之一。西师的图书馆是我上大学时最常去的地方，我常在那里借书、看书，度过整个周末。直到今天，每当我去北区的图书馆时，仍然感到很亲切，仿佛又回到了自己的学生时代。食堂也是我记忆中的亮点，我还是学生时，经常和同学主动去食堂"帮厨"，当时的情景仍历历在目，可以说，那是我最快活的时光之一。

恩师情：无论在昆师，还是在西师，我都遇到了许多优秀的教师。他们都是资深专家、教授，虽然德高望重，有的年纪也比较高，但他们对待教学、学生是非常认真的，每一个老师都毫不吝啬地将自己的毕生所学传授给学生。在他们的培养教育下，我们获益良多。如今，我当年的很多恩师早已作古,但谈到"两校师情"我不能不想起他们。前几年,我每次回到昆明,首先就是去看望我的老师,每当回忆起他们对我点点滴滴的教诲时,总是满怀感激之情;我到西师的教室上课,也总是能回想起自己作为学生在下面听课的情景,想起那时教我的老师们的风采。

同学情:同学,是我们在学校收获的最宝贵的财富之一。在学校结识的同伴之间的情谊是很深的。我每次回昆明,都要和昆师的同学一起聚会,大家一起畅谈,一起唱歌跳舞,每次的相聚总是既愉快又开心。现在人老了,也有身体不好的,但逢年过节的电话联系,同学间的相互问候、祝福是不可缺少的。我在西南师范学院教育系的同学来自全国各地、五湖四海,有云南的、贵州的、四川的等有50多个人。这些同学都是独自一人在外求学,远离家乡,因此进校之后大家都互帮互助,学习上互相激励,生活上互相关心,若有同学生了病,大家总是争先恐后地端茶、送水、送饭。那个时候,我真是时时刻刻都能感受到集体的温暖、同学的深情,直到1959年毕业后都还是这样。现在,虽然我们工作在祖国各地,但互相之间还是经常通信联系。

回顾我的求学时光,有苦涩,但更多的还是甜蜜,我在最好的年纪拼搏了,也收获了,我感激那段时光,也怀念那段时光。

我毕业后就留在西南师范学院任教,在教育系工作了34年。30多年的教学生涯,让我收获颇多。孟子说:"君子有三乐,而王天下不与存焉。父母俱存,兄弟无故,一乐也;仰不愧于天,俯不怍于地,二乐也;得天下之英才而教育之,三乐也。"在校教学的日子里,能够与诸多英才相识,并给他们或多或少的影响,实属我的荣幸。

我对教学工作一向认真负责,归纳起来可以说做到了"四认真",即认真备课、认真上课、认真辅导、认真批改作业。我没有上过一堂没有准备的课,为了上好一堂课,我认真钻研教材,查阅参考资料;上课时给学生讲清楚重点难点,为学生释疑解难;课后认真辅导;对学生做的作业认真进行批改。我在西南大学教育学院一共上过三门课，即“普通教育学”“教育学教程”和“德育原理”。除了搞好教学工作外，我还在理论知识上不断提高自己。我参编过由华东师范大学胡守芬教授主编的《德育原理》全国性教材；主编过本校使用的《教育学教程》和《普通教育学》教材；写过多篇论文，如《以德治国、以德育人与关心下一代工作》等。在教学中，做到教书育人，为此也多次受到学校的表扬和奖励。

在教育系我除了担任教学工作外，还专职和兼职做了几年学生政治辅导员和班主任工作。如1978年至1982年我担任教育系1978级学生的政治辅导员4年，与此同时，又教授政治系和外语系的“普通教育学”和“德育原理”两门课程。这4年的工作被学校称为“双肩挑”，工作对我个人来说确实很辛苦，但我还是一丝不苟地去做好每一件事、上好每一堂课。我能为自己在教育战线上做出贡献、培养出人才感到自豪。同时通过辛勤的劳动，也增进了师生的感情。

我于1993年退休后，除了定期参加组织生活外，还担任过教职工退休委员会第二支部的支部书记和教育系（现教育学部）关系下一代工作委员会常务副主任等职。在教学方面，我退休后给教育学部的本科学生上过“德育原理”课，给外语系、政治系的学生上过“教育学原理”课，还给西南大学辅导员培训班上过课。在外校的教学工作上，我在重庆建筑工程学院（现重庆大学）上过“德育原理”课，也在西南政法学院（现西南政法大学）上过“德育原理”课。我还多次担任西南大学教育学部各类演讲比赛的评委，为学部团委报刊审稿等。看着学生们能在我的指导下有所进步，我心里十分高兴。

我1957年加入中国共产党，至今快60年了。几十年来我一直用一个共产党员的标准严格要求自己，多次被学校评为先进工作者、优秀教师和优秀共产党员，曾获得“重庆市1981年度优秀共产党员”光荣称号。退休后有时我还负责教育学部学生预备党员的谈话工作，为西南大学教育学部培养了不少优秀党员。我曾被重庆市教育系统关心下一代工作委员会评为先进个人。凡是学生需要,而我又能够满足的事情,我都义不容辞地去做,因为学生就像我自己的孩子一样。从云南来西南大学读书的学生,或者是在生活或学习上有困难的西南大学教育学部的学生,只要他们找到我,我都会对他们负责,尽量帮助他们。我自己也有过艰苦求学的经历,我很理解他们,我也由衷地想为年轻一代做点事情。

位卑未敢忘忧国

张诗亚

“位卑未敢忘忧国”是人最可贵的品质之一，即无论身处何时何地，均能怀一颗悲悯济世之心。对于上山下乡的艰苦岁月，张诗亚老师非但没有抱怨，反而由此立下“改变农村贫穷落后面貌”的宏愿，着实令人钦佩。

我下乡很早，1965年5月20日下乡，在乡下一共待了大概八年半的时间。先是在大巴山，后来迁到了一个公社。那个时候的大巴山，既穷又富。穷是穷在它的交通极其不便，我们当时从重庆出发到大巴山，花了四天多的时间。现在从重庆到达县，只要两三个小时就能够抵达。当时却需要整整一天的时间，早上五六点钟坐汽车出发，晚上九十点钟才能到达。汽车在盘山公路上绕行，平均一小时只能跑三十公里左右，短短三百多公里的距离就要十多个小时的时间。从达县到万源，从万源到草坝，也各需要整整一天的时间。到了草坝之后还不算完，还需要再走一天的路，要走大约40多公里的山路才能走到我们的厂子里。交通极为不便是穷的一个方面，穷的另一方面则体现为当地老百姓的教育、文化相当落后，这种落后的感触旁人没有经历过是无法感受到的。说它富，在于这个地方物产丰富，大山里资源丰盛。当时一亩地的产量虽然没有现在高，但由于地域广大，所收获的粮食吃饱是完全没有问题的。此外，山上还有很多野鸽子、野兔等。记得我们刚下乡的时候，农民家自己烘烤好的鸡腿才五角钱一个。

在那个地方，我所获得的教育，或者说使我终身受益的，就是对农村生活的真实体验以及对不同物种的亲身了解。比如说，那个时候我很喜欢大山里各种各样的植物，遇见自己不认识的树种时，我都会尽量去问、去了解它，所以至今我还能够认识五百多种不同种类的树木。当今的学生大都缺乏对树木的了解，并不能知晓树木的名称、种类及作用等，也就缺乏了一些对日常生活知识的了解。那时候春夏之际，举目望去，一座座山连在一起，山上开满了映山红，极其壮观，说“映红了天，映红了地”一点儿也不夸张。

见识了山富的一面，也见识了景美的一面，当然不可忽视的还有人好的一面。那里的人们非常淳朴，丝毫没有坑蒙拐骗之举。随便走到一家门口，说自己没有吃饭，那些百姓们就会很热心地为你煮饭，把他们最好的东西都拿来招待你。这些人是很真诚的，从不求回报，始终坚持着他们的风俗习惯。深入到乡下之后，我发现曾经的乡村文化是非常发达的，并不像现在这样衰败。我们下乡的时候是1965年，改革开放之前。可以说，在那段时间，我们对历史、对生活都有了更深刻的思考。在乡下，我们也互相交换浏览了许多书籍。虽然那时书不多，但是大家看得很仔细，像《古代诗歌选》一类的书，我基本上都是能背得下来的。这些知识的积累也为我自身素养的提升奠定了基础，为我后来生活与工作的进步提供了不少帮助。

因为家里另外两个姐妹也要下乡，家里人不好照顾，所以后来我迁到了宜昌。宜昌的贫穷和落后远远超过了大巴山。那个时候男子汉劳动一天只有5分钱左右的工资，妇女则更少，只有3分钱。所有人都是早上天不亮就起床，一直要忙到晚上天黑下来才能回家。当时我干农活很勤快，各种各样的农活我都能干，所以我对农村生活是非常了解的。这一切经历，使我真切体验了中国社会的最底层——农村的真实状况，也收获了许多农村生活经验。比如说犁田，犁和牛之间的连接叫“犁扣”，这个“扣”是套子的意思；这个套子必须是软的，牛拉起来才能既有弹性又有拉力；绳子连接牛、犁和犁扣，需要形成八字形，并且这个八字形长度要适当，过长会使牛拉起来更费力，而过短则会打到牛腿影响牛行走。

那段经历，使我当时就立下志向，要改变农村贫穷落后的面貌。为此我还去调查过我们的生产队，那时一个村大约有一百多号人，二百八十多亩地，每一块土地我都亲自丈量过。当时的社会有一个政策叫“上公粮”，就是每一亩地都需要给国家上交一定的粮食；另一个政策叫“征购”，就是每一亩地多余的粮食，由国家统一征购。而这个“上公粮”和“征购”的统一标准，就是根据实际的土地面积来决定的，比如说规定每一亩地应该上交多少公粮和征购多少公粮，两样加起来一共是多少。但实际情况是，土地面积其实只有二百八十多亩，但是所需“上公粮”和“征购”的亩数却是三百七十多亩，也就是说这中间相差大约九十亩的土地，而造成这种情况的真实原因就是当年土地改革时期上报给国家的土地亩数有夸大的现象。然而没有想到的是之后“上公粮”和“征购”所依照的土地面积，就是当时贫下中农们所上报的数目。针对这个问题，我也给相关部门反映过，但是当时的工作人员表示无能为力，毕竟这是有“三定”政策作为依据的。所谓“三定”，也就是定土地、定公粮、定征购。的确如此，如果我这一个地方修改土地面积，那么就意味着其他所有的地方也都要做相应修改，政策基础也会相应变动。这在当时还没有繁荣兴盛起来的中国，是不可实行的。

农民们很贫穷，以至于我亲眼所见，一家七八口人只有破破烂烂的一床棉絮。我记得我当时的收入算是比较高的，一年大约有一百八十三斤的原粮，这样算下来一年三百六十五天平均一天只有半斤多的粮食，其实这样的分量是一顿饭都不够的。农民的收入是更低的，可想而知，他们的生活有多艰苦。不能忘却的是我亲眼所见大量的农民逃荒、要饭，甚至不要命地爬上火车到远方去。那些艰难不易的情节我都是亲眼所见，感触颇多。

八年半的下乡生活，让我真实地了解了生活，了解了中国农村贫穷及其根深蒂固的原因。身体上的锻炼，知识上的积累，以及生活上的磨炼，这一切，对我来说都是终身受益的。下乡期间我看了不少书，“文化大革命”期间能够找到几本书来阅读其实是很不易的。我们几个朋友回重庆的时候，都互相交换书籍，当时是坐火车回去，大概有七八个小时的时间。整个生产队一百多口人，国家分配平均一家人有二两煤油。我将家家户户的煤油买来，大约只有五六斤左右，但是也足够支撑我在火车上的漫漫长夜去读书。现在我也常跟我的博士生说，当时有一套王力的《古代汉语》，是从别人那里借到的，当时我去乡下，答应半年之后归还，所以这四本书我都手抄下来，大部分也都背下来了。其实这些经历也是有好处的，虽然苦，虽然贫困，但是也激励我努力去谋出路，努力去改变现状，并且没有虚度光阴，了解了农村，了解了生活，锻炼了身体，也增长了见识。我一直以来有一个习惯，没事的时候就拿着地图来看，所以我给学生上课都能够随手画一个地方的地图出来。

在农村，我还当了一段时间的代课老师，教过小学和初中。那时候和一群农村的孩子一起上课，他们真是又可爱又淳朴。最让我感动的就是我离开的时候，小学三、四年级的一群孩子送我离开，跟着我走，我让他们回去，他们还依然跟在我后面。现在电视里拍摄的山里的孩子的画面，我是亲眼所见也亲身经历过的，那种感触，难以言表。这一段时间的代课生活，也算是为我后来继续成为一名教师奠定了基础，为我未来的教学生涯带来深刻的影响。

从乡下回来的时候大概就是1973年了，回到城里就靠代课来谋生。需要我上什么课我就上什么课，中学的课程我几乎都教过，语文、数学、化学、音乐、体育等。很多知识以前都没有学过，所以大多都是现学，热炒热卖，这也使我巩固更多基础知识，提升自我的能力水平。后来我顶替老母亲的班，在工厂里做工人。1977年，国家宣布恢复高考，给我带来了人生新的机会。但是高考下来才发现，虽然代课不少，但是不系统，而高考需要系统的学习，并且教材也很难找到，尤其是数理化之类的学科，因为基础差得很多，所以只能一步一步来，慢慢积累。我下乡时16岁左右，初中还没毕业，因此高中的知识全靠自学，就这样我一边工作一边准备高考。我高考时已经29岁了，过了25岁就算是老生了，在全国的考生中，也只有百分之八的录取率，因此想要突破高考真的是极为不容易的，不仅要考上，还要考出好成绩才能够有机会被录取。高考是我人生的转折点，我记得当年是三百多分的满分，我考了二百四十多分，全靠语文、历史、地理帮我提高分数，也算勉强入学了。拿到录取通知书的时候我极其兴奋，这对我来说是一次读书的机会，拥有安安静静的几年时间，可以去图书馆看外面找不到的书、自己买不起的书。就这样我读了很多书，也自学了很多知识。本科毕业以后我又开始读研究生，那个时候有了孩子，生活的压力也就更大了。记得那个时候国家发了助学金，每个月20元钱的补助也都寄给了家里，剩下的20元钱工资就是我一个月的生活费，有时候还要从生活费里挤出一点钱拿来买书。那段时间是苦的，但也是甜的，至少我如愿以偿地进入大学学到了我自己想学的，也收获了可能是以前从来收获不到的。对这段求学的岁月，我倍感珍惜。

偶然出自必然

张永红

“有意栽花花不开，无意插柳柳成荫。”张永红老师的经历告诉我们：人生之事，有必然，亦有偶然；但偶然之事往往源于必然之因。因此，我们既不必为不如意之偶然而感到懊丧，亦不应因“幸运”之偶然而投靠侥幸。

我漫长的求学生涯之中有两个偶然：一个偶然是考大学时刚好压线被录取，而另一个偶然是我的心理学专业是阴差阳错被老师改的。或许在外人看来，我的第一个偶然中透露着一种幸运，因为压线被录取与因一分之差而落榜实在是人生之两极。然而，这种幸运只是往下看的幸运，往上看却是不幸运的，因为我从小学到高中，成绩都名列前茅，从未想过会以最后一名的侥幸姿态考上大学。可以说，我不仅不为这所谓的“幸运”而兴奋，反倒为此颇受打击。但后来一想，我的高考失利也正反映了我考前心理的失衡，毕竟在没有接触心理学之前，我在这方面完全是一头雾水。于是，我的第二个偶然，倒是逐渐将我引领到这个新的领域之中，让我认识到人的心态、心理素质以及心理认知是多么重要。

然而，我又时常感到人生的偶然之中又有着某种必然。偶然是一种意外，而必然则显示出某种冥冥注定。进入大学以后，我刚开始是很颓废的。我就好像被那两个“偶然”抛入一汪死寂的池水，失去了自己的方向。在当时，心理学这个专业的就业前景是不太明朗的。不管整个社会也好，还是学生自身也好，都不知道这个专业出去以后到底能干什么。在大学毕业前夕的三月份，我们专业的许多毕业生都还没有找到工作。可我们根本谈不上焦虑，因为谁都找不到工作。在我们看来，找不到工作好像并不是我们的责任，而是社会的责任。那我们又能做什么呢？记得当时我们班有14个同学去武汉的华中师范大学、华中科技大学等多所学校参加了校园招聘会，但这些学校基本上没有对心理学专业有需求的，并且大多数学校只招博士或者硕士，如果没有硕士，就要最优秀的本科生。总之，需要一层层严格的筛选。这样，筛到最后，我们大多只能成为被淘汰的渣土，再次沉入那汪死寂的池水之中。

但是当时，我又隐隐觉得人生中可能会遇到转折。那时的我找不到工作，也没想着要考研，就那么静静地等待着什么出现似的。大学时有几个老师对我影响非常大。其中有一位老师自己是博士，而他也是通过他导师的引导一步一步走向今天的。于是在1996年的6月，我与这位老师聊天的时候，他无意中问起我考不考研究生。不过那时我一直觉得没什么好考的，因为是师范专业，我当时的理想就是当一名中小学教师。而且有些特别优秀的同学去了沿海地区当心理健康教育的科任老师，还有更多的同学直接转行当政治老师、生物老师等，从事本专业的很少。总之即使未来就业之路一片茫然，我也没有想过考研。于是在那次交谈中我向老师坦然回答自己并没有这个想法，但老师的回答令我记忆犹新。他当时只那么轻描淡写地说了一句：“既然找不到工作，为什么不尝试考研呢？这也不失为改变现状的一种方式呀。”谁也没想到，就是这样简单的一个建议，将我直接推向了考研之路。还记得在临近毕业的那个三月份，有几个学校来我们这里招老师，我是有机会进入泉州师范学院或湖南文理学院工作的，但是，当时我的考研成绩已经出来了，我已被西南师范大学录取。于是未来的两条路摆在我的面前，参加工作还是读研究生？最终，我选择了后面一条路。人生毕竟是单向的，因此倒不如说，这种种的偶然也都是一种必然吧！

我的大学时期对我的影响是很大的。那时候我们班实行民主竞选，每年都会通过自荐演讲和民主投票来竞选班干部。因为班干部基本上是大家轮着来的，每年都要换届，到大三的时候班里很多同学都已经当过班干部了，所以到了又要换届的时候，我们的前任班长跑来鼓励我也去试试，但其实我心中一直有个结。我本来成绩优异，从小学到初中一直担任班长，可是突然有一次被学习委员报告班主任说我工作不称职，这件事之后我和她交换了职位，而我从此后就不愿再当班干部了。这次挫折使我大大丧失了信心，不仅对自己的工作能力产生了怀疑，而且在同学和老师面前也有些抬不起头。但大三这次竞选，我还是决定听从前任班长的鼓励再次尝试，并在其激将法之下决定去竞选班长。幸运的是，我当时的得票竟是班上最高的，这出乎意料的结果使我信心倍增。

我发现很多时候，我总会以悲观而消极的态度去面对各种事情。比如，我曾经担心自己是否能考上大学，考上大学之后我又担心自己是否能适应大学生活，适应了之后我又开始焦虑找不到工作怎么办，诸如此类，而这次竞选亦是如此。但最终的竞选结果告诉我，尽管我并不擅长在公众面前去展现自己，因为我一没胆量二没技巧，可竞选班长并不仅是看一个人的演讲水平如何，而在很大程度上取决于你的自我认可和工作态度。现在作为大学老师，我也会通过一些私下的沟通来弥补上课中表达的不足。总之,大三的这次竞选是对我的一次极大的鼓励和认可。不过这次竞选之后,虽然我得票最高,但我还是申请做了学习委员。因为,虽然我从竞选中重拾了信心,但也不至于被意外的结果冲昏头脑而失去了对自己的判断。我太了解自己了,我自认为的确缺乏做班长的那种管理驾驭能力。当然,我的学习成绩也不突出,从大一到大三基本上都在班上第26名。于是为了配得上学习委员这个名号,我果断下定决心把我们班的学习风气和同学们的学习兴趣都给提上来。一开始,我在班上成立了一个学习兴趣小组,但无奈响应的人非常少,这个事也就不了了之了。后来我采用了另一种方式,就是通过跟老师们沟通的方式把同学们真正的需求衔接起来。学习委员本就是老师与学生的桥梁,我那时候就在老师那里得到了很多与专业相关的资源,然后供同学们进行调研、咨询、测量等实际训练之用。在我担任学习委员的那一年,我们去了当地的实验小学、幼儿园、戒毒所、女子监狱、少管所等很多地方,不但开阔了眼界,也提升了专业技能。我也在那个时候开始对心理学和我的整个大学生活有了新的认识。

到了研究生阶段,对我影响最大的应当是我的导师黄希庭。无论是他在学术上的严谨,还是他在做人、做事的时候所采用的方式、方法等,都给我留下了深刻的印象,也引导我有了很大的改变。而那个时期的我在人际交往方面也出了一些小问题,因为我总是不太愿意主动与他人进行交往,性格有些封闭。有一次,一个01级思政专业的学姐和我一起组织了男女同学对视这样一个活动,当时很意外地多出了一个女生,师姐就开玩笑地说要我和这个女同学一组。我当时很尴尬,都不敢看那个女生的眼睛,而她却多次主动要求与我对视,发现我不敢直视她之后,她还说:“老师,我是不是不漂亮啊?”这可让我更尴尬了。这件事情之后,我终于意识到了自己的问题,觉得必须要改变这个现状。后来我还开了“人际关系心理学”的课程,也是想通过这门课程来改变自己和学生。那时候选课的人很多，有260多个学生，上课地点在荟文楼。虽然当时我就上了“心理学”和“人际关系心理学”两门课，但当初这么一个很小的事件，却坚定了我整个教育教学的成长。这其中既包括了我自身的成长，又包括了学生的成长。

抓住机遇

张跃光

人的命运是由主观意志与客观环境共同决定的，有些客观环境可以被主观意志克服（如贫穷落后等），有些则非主观意志所能抵抗（如某些政治因素）。因此，那么多的人能够借由高考改变自己的命运，确实要感谢邓小平等领导者的正确决策。

我生长在农村，在农村读了小学及中学。读小学期间遇上“文化大革命”，虽然受到了一些冲击，但幸运的是学校并没有因此停课。小学毕业以后升入初中（当时只需要读两年初中，也就是所称的社办初中），初中毕业之后实行推荐上高中。最初的推荐名单中没有我，后来又改成考试，我才顺利读上高中。两年高中毕业后，我在我们大队，也就是现在的村上任教，开始了四年的民办教师生涯。那时候当民办教师是什么课都要上的，语文、数学、体育、美术、音乐等。老实说，我当时刚刚高中毕业，对于教书工作并没有什么经验，但是幸运的是有老教师指导,我可以向他们学习,不断锻炼和积累经验。1977 年恢复高考,我得到消息时,距离考试的时间已经很近了,也不知道怎么复习,就去找当年的高中毕业生,了解他们所学的课程以及借用他们所使用的教材。就这样,我靠着借来的书本,在工作之余简单复习,竟有幸考上了大学。对于大学的目标,我最初是想读医学院,但最终进入了西南师范学院,读生物专业。毕业后留校,至今已有 34 年的时间。我能有今天的发展和幸福生活,真心要感谢我们的党、我们的国家,感谢邓小平的改革开放政策,给了我们高考的机会,让我们拥有美好的未来,并激励我们一直在教育事业中不懈努力。

开个好头儿

郑砚荪

“万事开头难。”一个好的开头可以树立人的自信心，并为后面的工作打下良好的基础。那么，在开头的时候，我们应当注意些什么问题呢？对此，郑砚荪老师详细地描述了自己第一次研制农用打井机的经过，相信一定会对我们的读者有所启发。

我参加工作几十年，无论是教学还是科研经历都不少，但有一段经历，我的印象最为深刻，留下的记忆也最多、最清晰。在此分享给各位读者，希望能对各位有些许的启发和帮助。

1960 年秋，我从四川大学(原成都工学院)机械系机制专业毕业，被分配到西南大学(原西南农学院)工程技术学院，担任“机械设计”课的教学工作。这门课的主要任务之一是培养学生的机械设计能力，但令人感到遗憾的是，直至 1972 年，我自己还没有参加过一次真正要用于实际生产的机械设备的研制工作。1972 年初，四川省农机局向我校下达了一个科研课题。这个课题由三个单位联合承担，大约要经历两年时间。系领导找我谈话，表示想把此任务交给我，并说明任务人员需要入驻到工厂去，问我是否愿意接受此任务。当时还处在“文革”后期的停课时期，如领受此任务，就意味着告别清闲的生活，投入到紧张繁忙的工作中，而且生活条件可能要差一些，似乎有不利的一面。当时我的主导思想是，这项任务契合我的专业，我很需要这个难得的机会。于是我没有多想其他问题，便高兴地领受了此任务，并很快动身去了工厂。

1972年初的一天早晨，我从学校出发，晚上8点多钟才到达四川宜宾市高桩桥的一个农机厂。出乎我的预料，我受到了厂长的热情迎接。他带我上食堂就餐后，又领我到专门为我和另一位省农机所技术员安排的住处，并对我们的到来表示热烈欢迎，这使我对刚到的这个陌生的地方产生了亲近感。厂方为我们安排了一间居室和一间绘图室，并配置了手工绘图的常用工具和仪器。我们直接在工厂食堂就餐，不用像厂里单身职工一样排队打饭。伙食也比我预想的好，常有小炒之类的菜，如清香的青椒肉丝、美味的鱼香肉丝等，令人怀念。在那个比较困难的时期，能有这样好的生活安排，难能可贵。这体现了厂方对我们的关爱和支持，使我们深受鼓舞，也激励我们更加集中精力、积极工作。

我们的工作过程包含以下阶段：搜集资料、设计总体方案、设计计算和绘制图样、制造零部件和装配、现场试用和试验、编写鉴定所需文件并完成鉴定、投入批量生产。

根据任务需要，我先搜集了一些相关文字和图片资料，然后又到现场从正在使用的相近机器上获取所需数据。因为是初次进行，我们带着问题参观，详细了解机器的工作原理和主要机构，记录下主要参数，测量一些重要尺寸，测绘一些图样，得到宝贵的参考资料。通过这一程序，我切身体验到了搜集资料和整理资料的感觉。

方案设计阶段，首先由我们提出初步方案，然后厂长安排厂方的人员跟我们进行讨论。不同经历的人从不同角度提出一些富有启发性的有益意见，对完善方案起了很大作用。有一条意见，对我有较大的启发，即机器要便于运输，这是设计时要考虑的一般问题，但一般不是重点关注对象。我们做的农用打井机有其较为特殊的实际情况，对此我体会不深，而那些深入了解农村实况的人，提出应突出考虑搬迁设备的问题。一口井打完后，又要在另外的地方打井，搬迁设备是常事。适合打水井的位置往往离公路有一段距离，要人工抬运设备并走小道。打井机由于工作负荷，必定较大较重。如考虑不周，机器很难到达现场，将严重影响机器的应用。明白这些情况后，我们把机器的运输作为重点问题考虑，采取相应的技术措施，使我们的机器能由人力搬运通过农村小道。这一实例使我更深地体会到联系实际的重要性，这也是一个可贵的积累实际经验的过程。

方案确定后，就进入具体设计和图样绘制程序。我在学校做过不少练习性设计，都是给出了必要的已知条件，一般直接应用相关原理和计算公式即可顺利完成设计。但现在要设计的打井机，首先遇到的大问题是，许多必要的参数不清楚。本来有两个解决问题的途径，一是通过查资料和模仿现用机器确定参数；二是做实验。因为要设计的是用途较特殊的新机器，查不到可用的具体数据，也没近似机器可仿造。而谈到做实验，我们又不具备条件，不可能进行。面对这一现实，该如何解决问题呢？简单来说，就是从给定的设计任务处，详细评估可能出现的工况，灵活应用理论知识，参考前一阶段搜集到的现用类似机器的参数，进行合理推断，做多项试算，得出所需的具体数据用于设计计算。当然，这样确定的参数可能不够准确。在机器设计并制造完成以后，我们参加了本机的试用和试验，因而有机会对确定的参数进行复核，做进一步的改进。这一过程虽曲折艰难，却非常有价值，最能提高我们灵活应用理论知识的能力，并积累一些设计经验。可以说，在学校做许多练习性的设计都难以获得这些东西。第一个难题突破后，零部件设计相对顺利了许多，多数能够直接用理论公式进行计算；少数不能用理论公式计算的，我也主动应用相关原理进行分析，力争得到较优结果。全用手工绘制图样，当然比现在的计算机绘图慢，所以每天要工作十多个小时。经过我们两个人的艰苦努力，终于按时完成设计任务，拿出全套图样。经工厂技术员审核后，向车间投放并进入制造过程。

大概是在我们刚完成设计后，邓华将军到宜宾视察工作，电话通知要接见我们。当时我了解到的情况是，邓将军是战功卓著的名将，曾任解放海南岛战役前线总指挥、志愿军副司令员。后来，到四川省任副省长，分管农业和农机工作。厂长带领厂里一些员工和我们两位设计人员到宜宾地委招待所，邓将军热情接待我们。他待人亲切随和，向我们了解情况后，给我们讲话，讲了不少内容。虽然时间久远，但我还记得邓将军讲，在农机工作方面，他现在重点抓两项工作，一项是柴油机的制造和推广工作，另一项是抗旱保收用的水利机械。我们做的正是他抓的重点工作中的一个项目，农用打井机研制列入了农机重点科研项目。他很重视，鼓励我们努力完成任务，要求厂长集全厂之力做好制造和试用工作。得到邓将军的接见，我十分高兴，并留下难以忘记的印象。

从开始制造起，我们就下到车间，并一直坚持到制造完成。一般初次投用的图样，大多可能有小的错漏，我们正好有机会在制造过程中发现问题，现场解决问题，进一步完善设计。大部分零部件都在工厂设备可加工范围内，可用一般方法加工出。我们仔细观察了加工过程，亲自动手检测了部分零件，力求保证零件加工质量。还有个别大零件，本厂设备不能加工，又未能在本地找到外协的，就只好在本厂用特殊方法加工。这需要改装设备，设计专用工夹具，我们又承担了部分设计工作。进入装配阶段，我们直接动手参加装配和调试。设计的新机器，有一个特点，就是要分成几大件，到打井现场再组装。打完一口井后，又要拆开，转移到下一个井位后，再次组装。这要求机器易装拆，在设计时我们就重点考虑了这一要求。现场亲手组装，发现一些可以改善的地方，据此又进一步改善设计，提高装配工艺性。经过大家的共同努力，完成了全部制造和组装工作，终于从设想到出图样再到一台完整的机器出现在我们面前，大家的喜悦之情难以言表。我全程参与了机器的制造，丰富了机制工艺知识，练习了一些操作项目，并有机会通过制造发现一些改进设计的思路，这都是我十分需要的，而这又难以单从读书得到。

第一次试用机器的现场选在富顺县农村。正如设计初估计的那样，井位处在一个离乡村公路约二公里的地方，这一段只能由人抬着走小道。幸好设计时就重点考虑了这一情况，因此机器能顺利到位，并较快完成组装。从开始打井起，我们就一直坚持守在工地，仔细观察机器工作情况，并做必要的记录。试用就是对设计和制造最全面、最实在的检验，我们获取了不少具体数据和进一步改善设计的资料。同时，一件意外事故对我起了很大的教育作用。我们用了一个近四米高的井架，工作过程中，一个铁件从井架顶部掉落，差一点砸到一个人的头部。一旦砸中头部，至少造成人员重伤，这就是大事故。我们都非常害怕，很快查出原因，并做相应改进。安全问题肯定是设计中重点考虑的问题，在一些重要部位我们非常注意，没出问题，反而对一些相对次要部位的安全问题有所疏忽。具体说，就是在一个螺栓连接中为了拆装方便而使用了一种不是很可靠的常用防松装置。如果装配时拧紧螺母，也不会出问题。但是，就恰好在装配时没有拧紧，就出现了之前的惊险一幕。实际上，许多安全事故就是在多种因素巧合时出现的。很不幸，我们也遇上了；又很侥幸，没有造成事故。但不能期望有多次这样的侥幸。吸取了这样的经验教训，在以后做设计时，我能更全面仔细地考虑安全问题，也算是一次可贵的收获。比较顺利地打完两口井，基本摸清楚了机器的工作性能，获取了鉴定机器和改善设计所需要的数据和资料，达到试用要求，顺利结束试用试验工作。参加机器的试用，使我亲见了一部机器从形成到应用的全过程，这就是一个从理论到实际的过程，把前后所做的联系起来，对比分析，就能总结出自己亲身经历的宝贵经验。

最后一项工作是通过鉴定。我是第一次做，虽然对过程不熟悉，但有编写技术文件的较强能力。我了解了有关程序，参考一些资料，经过一段时间努力工作，整理出了完整齐全的样图，编写出了多种技术文件，并对一些可能被提出的问题有所思考和准备。在鉴定会上，第一要点是全面又精简地介绍自己的设计。代表多是本专业的内行，严格认真，仔细察看实物和运转情况，试用和试验数据，查阅图样和技术文件，提出相关问题。我们认真答辩，最后通过鉴定。机器被评为有创新的农机产品，可以投入批量生产，并将我们的机器定名为“川丰-60型农用打井机”。通过这次科研项目鉴定，我熟悉了产品鉴定过程、技术文件编写方法和文件格式，积累了一些应对答辩的经验，为以后做这类工作打下了基础。

我在学校接触的人不多，这次近两年住在工厂，还要与各方面的人交流，因此，也是一次了解社会、学习为人处世的好机会。我的伙伴是一位来自四川省农机研究所的科研人员，是专职研发农机的，已参加过多项农机产品研制，我们一直合作得比较好。在工作中我能客观看待自己的长处、短处，我的理论基础好，理论计算熟练；弱点是第一次做农机研制，缺乏经验。合作伙伴在这方面比我强，值得我学习。在实际工作中，重大事项共同讨论，又有明确分工，各自独立负责设计若干部件并绘制出图样。厂长是我们交流最多的领导，他是一位从工人中提拔上来的干部，踏实肯干，尊重当时还被当作“臭老九”的技术人员，把我们的生活安排得很好并一直关心我们的生活，认真对待我们提出的建议和问题，很快拿出处理方案。我们之间还建立起了密切的私人关系，我真心地尊重并感谢这位厂长。正是有了他的得力领导才使我们生活愉快，工作顺利。我与工厂的技术员和工人也有广泛的接触和交流。在车间，我们讨论技术问题，互相启发。下班后，也有人到我的住处，有时下象棋，有时叙谈，谈话内容相当广泛，包括厂里的大事小事、某些趣闻奇闻，通过这些交流，我就能比较全面深入地了解厂里的情况。我离厂时，一些人满怀深情相送，并邀请我以后回厂看看。我怀着依依不舍的心情离开了工厂，这意味着我圆满完成了一项科研工作。

在这近两年的时间里，我第一次参加科研工作，参与一项农机产品形成的全部工作；第一次以设计者和生产者的身份到工厂车间，长时间生活在工厂，接触了多方面的人并有广泛交流；第一次受到副省级高干接见。虽然比较辛苦，但收获很大。在人文方面，增加了对社会的了解，为人处世得到了锻炼。在业务方面，提高了灵活应用理论知识解决实际问题的能力，并积累了实际经验。这些对我的成长和以后的工作有很大助益，特别是对以后做机械产品开发有直接作用。例如，我与我院另外四位老师合作开发复合肥料生产成套设备，是为地方服务的项目，单套价值近二十万。一旦失败或反复，经济损失巨大。因此，有很大风险，不是轻易可下决心的。正是因为已有成功开发机械产品的经历，我才敢于下决心做。在做的过程中，我应用了曾用过的方法和经验，没有走弯路，实现了一次开发就获得成功。推广应用近二十套，创造了较大的经济效益和社会效益。又如，在刘佩英教授主持的“中国魔芋产业关键技术的研究和推广应用”综合性科研项目中，我承担魔芋加工单机研制和魔芋加工成套设备的推广应用方面的任务，由于已具有机械产品开发方面的扎实基础和实际经验，所以圆满地完成了自己承担的任务。2007 年，此项目获教育部科技进步奖一等奖。我作为完成人之一，也获得教育部科技进步奖一等奖。回想起来，我做了多项成功的机械产品研制工作，每一次都有新的内容，都有新的收获。第一次做的农用打井机研制，是良好的开头，为我以后的工作打下了基础，也使我树立了信心，因此，特别令人珍惜，令人难以忘怀。

乐于奉献

周鸣鸣

好的文艺作品是具有普遍感染力的。同廖伯琴老师一样,周鸣鸣老师亦是受了苏联影片《乡村女教师》的影响,立志成为一名优秀教师的。这既表明了《乡村女教师》的感染力,也展现了两位老师崇高的奉献精神。

我是土生土长的重庆人,在重庆市第一实验小学(人和街小学)上完小学,那是一所很不错的学校。1961年,考上市里的重点学校巴蜀中学5年制实验班,高中又进入重点班学习。在"学好数理化,走遍天下都不怕"的那个年代,我和许多女生一样,理想是当居里夫人一样的科学家。1966年,我刚读完高二,"文化大革命"爆发,学校停课闹革命,学业被迫中断。1969年,国家号召知识青年上山下乡。那时,我本来已经办好回到重庆老家綦江县通惠乡浸水村落户的户口,离我们城里的家仅100多里,却被广播电台播的一篇社论——《要革命的远走高飞》打动了。于是,我马上将已经办好的户口退掉,跟着学校大部队到了当时的四川省和湖南省交界的偏远山区，涪陵地区秀山县石堤公社高桥大队徐家坪生产队落户。那时，交通非常不方便，从重庆到秀山石堤徐家坪生产队，路途上要花整整5天时间。我所在的高桥大队知青是秀山县的优秀集体，我也作为先进集体代表出席了秀山县学毛主席著作积极分子代表大会。但我并没有扎根农村一辈子的想法，只是将毛泽东《体育之研究》中的“文明其精神，野蛮其体魄”作为座右铭，将农村作为锻炼自己的机会，我心里一直想的是“哪怕30岁，也要上大学。”

1977年，全国恢复高考。当时，我已从农村回到城市，在重庆市农业生产资料公司工作，打过防空洞，当过仓库工人，当过机关行政办公室秘书。恢复高考时，我被派到农村当知青带队干部，一个人带了2个农场的30多个新一代知青。也就是在这期间，我考上了西南师范学院化学系，那一年，我刚好30岁。

大学入学教育时，学校为我们放苏联影片《乡村女教师》，我非常感动，也向往毕业后做一个像影片中女主角瓦尔娃拉那样的乡村女教师。我一直想毕业后去中学教书，觉得在中学教书很有意思，可以培养各种各样的人才。哪知到毕业时，辅导员找我谈话，让我留校当政治辅导员。这与我最初的打算不一样，虽然心里不愿意，哭了一场，但还是服从了组织安排，留校了。我也很快喜欢上了这份工作，虽然有的人看不起辅导员，但我觉得研究动物、植物的算是专家，研究人的心理和行为的也应该是专家。我留校后更多做的是管理工作，也上一些“思想品德修养”“形势与政策”“邓小平理论”等课程。这些课对学生的政治方向和价值观引导很重要，上好了会让学生受益终身，但要上好需花很大工夫。我上课喜欢结合学生实际，面对现实问题，比较受欢迎。

尽管如此，我并没有止步于辅导员工作。20世纪80年代起，我开始从事专业的美育研究，逐渐从行政转向教学和科研，参加和主持了多个美育研究项目，如参与了刘兆吉老师主持的全国社科“七五”规划项目“美育心理研究”等，还担任了全校通选课程的主讲教师，同其他老师共同编纂了《化学美育》教材。我的课程和教材很受学生的欢迎，有同学评价说：“在‘化学美育’的课程中，周老师让我重新审视了自己的人生观和审美观，带领我走进了一个富有诗意的画卷；教会了我在学习化学的过程中，要从对化学科学的认识上升到诗意的感受，从科学的逻辑思维上升到艺术的创造。生活中处处有美，我们自己也能处处创造美。”“每一次‘化学美育’课都使我身心得到一次高尚的洗礼，摆脱掉了世俗的尘埃。”学生的收获和成长，带给我极大的快乐！

我现在虽然已经退休，但依然带着学生下农村，探索农村社区教育，探索用社会主义核心价值观引领农村文化建设的创新模式，这个问题很有难度，但有一种教育的使命感，让我信心百倍地投入其中，乐在其中。

永不言败

邹显春

真正的勇士绝不会因为一两次挫折就停止前进的脚步，现在的年轻人却往往连一次失败也难以承受。邹显春老师复读两次，参加高考三次，才最终如愿以偿。这种永不言败、越挫越勇的精神值得我们每个人学习。

说起我的求学经历，那是非常坎坷的，因为我是复读过两次的人。第一次是在1983年，我在岳池县中学重整旗鼓，开始了我的复读之路。1984年7月，我第二次参加高考。由于身体原因，我在考试时晕倒而不得不继续战斗。在王明康老师和杨朝义老师的引导下，我最终考上了西南大学（原西南师范大学）。后留校工作，并继续在西南大学深造。

我成为教师大致有两个原因：其一，我是来自贫困乡村的孩子，我们那时候读师范可以免学费，还有生活补助；其二，我的父亲有着40多年的代课教师经历，他一直坚守讲台，无怨无悔，这也对我的就业观念产生了深远影响。于是，我在 1985 年报考了原西南师范大学，1989 年毕业并顺利留校，在原西南师范大学从事辅导员工作。从 1997 年至今，我一直从事着全校非计算机专业师范生和非师范生的计算机基础课程教学管理和教学工作。

这么多年来，我都是以服务为主体，一直用我的真诚、真心、真情对待我的学生和我的工作的。

教学理念

有这样一群人，他们常常因为学生的一次进步而欣慰，常常因为自己正确的引导给学生带来的巨大动力而高兴，也常常因为学生一句简单的谢谢而感动。他们有一个伟大的称呼——教师。

“志于道，据于德，依于仁，游于艺。”这是孔子对学生的期望。“有教无类”“诲人不倦”，这是孔子对教育者的指引。孔子将毕生精力贡献给教育事业，以他超群的智慧与不凡的人格魅力赢得了民族历史中“至圣先师”的地位。今天，我们回顾审视孔子的教育理念与实践方法，仍然可以感受到它们对教育的巨大影响。一代代教育者前仆后继，他们不仅传授知识和方法，也传授为人之道。“学高为师，身正为范。”他们时刻充实自我，提升专业素养，解决教学困难，致力教学、科研，提高教学水平，探索更科学的教学方法，追求更加适合当代学生的教育理念。

“随风潜入夜，润物细无声。”他们默默地奉献，无数个夜里挑灯备课，以求能在课堂上带给学生更精彩的东西。他们随时不忘学习、吸收新的知识和方法，只为能让学生及时汲取到新的营养。他们坚守在教育一线，为中国教育事业做出了巨大的贡献。

教学理念是人们对教学活动的看法和所持有的基本的态度和观念，是人们从事教学活动的信念。本篇将从课堂教学的内容、提高教学水平的方式、指导学生的方法和体会、教书育人中的困惑与解决之道、如何看待教学与科研的关系以及教学故事等方面分享各位优秀教师的教学理念。

爱的教育

曹华清

在历史中探寻生命的价值，在实践中诠释责任的意义，在陪伴中传递爱的教育。曹华清老师以一位母亲的姿态，让教育充满爱。

1. 好教师应该教给学生什么

作为一个历史老师，一方面是让学生在历史这门课上考得好，另一方面则要用历史教育好学生。只有这两件事情都做好了，才是一个比较优秀的历史老师。不过有很多人一天到晚都在研究如何让学生考得好，像题海战术、勾画等方法论一大堆，但是在教育方面却讲得很少。我说过，历史简单化后就会失去自身的价值和意义。不仅如此，这也会让学生不喜欢历史课，总觉得它难背、难记、枯燥乏味。而且这种考完就忘的历史学习对人生是没有启迪、没有意义的。因此，我研究的整个目标是想让历史真正地发挥出其教育功能、教育价值。

我最近正在着手写的一篇文章，就是关于历史对生命教育的价值，但是因为手头上的事情太多了还没有写完。其实我们经常说历史是有血有肉的，会给我们的人生选择提供很多的启示，但遗憾的是很多历史老师都没有意识到这个问题。也就是说，为什么今天我们的教育总是会出现很多问题呢？我们今天教育的孩子，个别的竟然可以眼都不眨地去杀掉同寝室的人。那是因为我们做老师的可能没有真正教过孩子去尊重别人的生命，去郑重地告诉他们每一个生命都是多么可贵。我最早萌生出的这种想法其实是源于一本历史教材。我记得那本书里有一幅插图，讲的是陈胜吴广起义，那幅图里有两个被杀死的秦军躺在边上，而陈胜吴广在旁边却非常高兴。我们知道，打仗肯定意味着流血死亡，可是我们没有必要把这样一幅图放在初中的教材上，因为这样小小的一幅插图很可能会让孩子感觉到其生命是可以随便被别人解决掉的，生命是没有重量，同时也不值得尊重的。当然，历史上确实存在的事实我们必须尊重它，但是我们可以换一种方式来传递信息。比如，我们可以让孩子们知道这两个人死后，有更多人活下来了。

开设一门新的课程是很难的。尽管我学习了“发展与教育心理学”，也了解了一些教育理论，但理论和实践之间常常有一定的距离，因此我必须学会如何把它们结合起来，这就需要我常常到中学去吸取经验。我深知空有理论而没有中学教学的实践经验是根本教不好课的，所以为了教好这门课，我多次去中学听课。刚开始的时候是带实习队伍，我在指导学生实习的过程中也在不断地学习，在这个过程中我常常也会觉得非常有意思。

从教学方面来说，我在每学期开学的时候都会告诉我的学生们，作为一个历史老师其实有两个责任：一个责任在“育”的方面，也就是说我们首先要负责把历史的智慧传达给学生，让他们从中获得一些做人做事的道理；而另一个责任则是现实的，那就是我们要想把学生送到大学，就不能让他们在历史成绩上吃亏。我总觉得，若学生高考其他科目成绩都很理想，唯独我的历史课成绩拖了后腿，那么我会觉得很对不起他，甚至这辈子都会觉得惭愧。如果真的是我自己站在讲台上讲授“中学历史教育”这门课的话，我首先就有责任让学生通过我的课至少要懂得“中学历史教育”的格是什么、范是什么。我认为这是一个课程教育理念问题，是一定要有的。所以，我也总是努力地去做，不厌其烦地去帮助学生搜集资料、分析教材以及处理相关的事情。

2. 指导学生的方法和体会

在教学的过程中，总有很多值得回忆的东西。因为是课堂成就了每一个老师，所以我也会很看重我的课堂，对每一个学生都会非常用心。我在每一堂课上，都会走到学生中间去给他们讲，去和他们交流，而不是高高地立于讲台之上。我也常常跟学生们讲什么是以生为本，希望他们也能像我一样走到学生中间去关注他们。例如，我们可以走下讲台，去站在学生面前，把身体稍微往前倾一点，以拉近与学生之间的距离。这样的话，我们就能够更仔细地倾听学生的想法。但如果我们远远地站在讲台上，空间距离远了，心理距离可能也会远。师生之间一旦有了距离，学生就不那么愿意和老师交流，这样我们就不容易知道学生在想什么。而交流在教学中是非常重要的。这些年来，我在与学生相处的时候总是非常尽心尽力。我甚至记得我在带某个年级的学生实习时，与学生的关系特别好，他们都会亲切地叫我“曹妈妈”“曹姐姐”，而其他每个年级也都有他们自己独特的叫法。

另外，我们每年都会参加全国师范生历史教师教育比赛。这类全国性比赛评奖是十分有限的，一般说来每个学校获奖选手不能超过三名（一个讲课，两个说课）。但令人欣慰而振奋的是，我们连续四年都在这种比赛中取得了优异的成绩。近几年我们学院的参赛选手讲课都获得了一等奖，说课也分别获得一等奖和二等奖。在今年五月份江西师大的比赛中，全国六十多所院校参赛，我们又喜获两个一等奖和一个二等奖。在如此渺小的获奖概率之下，我们竟获得了如此优异的成绩，也实在让人惊喜万分。不过，这些荣誉看似轻而易举，实则我们在背后付出了很多。每次参赛我们都会派出两名老师带队，并根据组委会给出的十课内容，提前两到三个月进行准备。但这么短的时间要准备十课内容，要备课到熟悉以至达到能够脱稿的程度，这是很难的。比赛时间只有两天，比赛前一晚才抽签决定第二天的讲课内容。通常在抽签之后，我们都是用两晚通宵准备。我的一些同事都佩服我精力旺盛，其实我只是在努力坚持。因为我知道，每个来参加比赛的学生除了自身的努力之外，也寄予了很大的希望在老师的帮助上。当他们顶着巨大的压力熬夜练习的时候，如果有我们在身边陪着他们，即使什么也不做，对他们也是极大的鼓励和支持。所以每次比赛前，我一定会陪在自己的学生身边。到很累很困的时候，我就不停地喝咖啡来提神，坚持各项准备工作直到天亮，然后亲自护送他们去比赛。直到比赛完才睡觉，一睡就睡上一整天。其实我觉得陪伴或许并不能给他们别的什么，而主要是一种支持。当然这也是我的性格所决定的，因为我在生活中也是如此。比如，我老伴在城里上班，每天早上六点多就要起床，即使早餐只是很简单的馒头牛奶，我也一定会起床去为他准备。我总希望自己能够亲身去体验别人的辛苦，只有亲身去体验了才能真正地去理解对方。或许这也是做人的一种方式吧。我也很高兴，每次比赛之后我与学生的感情又无形地加深了一层。

很多学生也是很重感情的，常常毕业了仍然不会忘记曾经教过他的老师。我有的学生在毕业之前还想要再见我一面，或者在节日的时候给我寄来精致的明信片，或者在他们开心的时候发一条短信与我分享，这些都让我很感动。有些学生还会找我帮他分析工作上不顺心的事，或者遇到大大小小的比赛也会找我和他们一同分析教案，拿到奖之后总会第一时间和我分享。还记得我前年带队参加比赛的一个学生，他的教学设计是我和他一起做的，他讲课讲得很好，还获得了一等奖。学生比赛的时候我们只能在观摩室里观看，当时就有很多老师对他赞不绝口，甚至拿出手机把他展示的教学设计拍下来。后来我们把这个设计整理成一篇文章，并以我和他的名义发表在《历史教学》刊物上。那篇文章对他找到一份满意的工作也起到了重要作用。最后他留在重庆一所一流的中学工作，现在也仍然与我保持联系，还常常会主动与我分享他工作的快乐和工作中的经验。除此之外，我发现，还有很多我没有教过的学生也常常会来听我的课或是找我进行教学设计方面的指导。遇到像这样的一些事情我都会乐意帮忙，当听到他们得奖的好消息时我深感欣慰。因为我作为老师，当我帮助他们成长的时候，其实自己也在不断成长，并且通过这种帮助，自身也会感到非常幸福和满足。

我在上课的时候是没有一个学生玩手机的，也没有一个学生会睡觉的。冬天偶尔会有迟到的孩子，我一般不会严厉批评，因为我非常能够理解冬天起床的痛苦。但我会告诉我的学生，偶尔迟到几分钟能够谅解，但迟到太久就没有什么意义了。对于这样的情况，我会让同学们把前排最靠边的座位留给迟到的学生，以免打扰其他同学上课。当然，我也明确规定了旷课是没有成绩的。如果这门课旷了几次，那基本上就没有学习的必要了，自然也就达不到学习的效果，因此我是不会给成绩的。在我这里，原则和灵活总是互相配合使用的。

像我这样对待学生的方式很受学院认可，并且对我带领的学生活动非常放心。不论是学院里大大小小的课外活动，还是仅仅外出游玩，我都会十分支持。学院里常常会举办一些讲课比赛、学术沙龙、读书论坛，又或者是诸如中学历史教学内容等方面的讲座，他们经常会邀请我参加。虽然我的时间也常常不够用，但只要学生需要，有时甚至是晚上或者周末，我都会尽量抽出时间去给他们加油打气并给予指导。活动过后我或许还会得到一个笔记本之类的纪念品呢。还有一些学生约我私下交流，我也同样认真倾听和悉心指导。即使是参与这种无偿的活动，我自己也会感到非常充实。

人不仅要读万卷书，还要行万里路，所以我总会尽量找机会带领学生多看看外面的世界。但是这些外出的学生活动，要求带队老师的责任感强。其实这种责任并不是害怕学生出了什么事情而没办法向上面交代，会给自己带来麻烦，而是觉得那是一个鲜活的生命，所以会对孩子们的安全问题加倍重视。

其实说起来在我身上也并没有什么惊天动地的事迹，在我看来，这些不过都是生活中很简单、很平淡的琐事罢了。

3. 教学与科研的关系

在科研方面，我认为自己并不是很突出。不过我也写了一些东西。总的来看，我的科研与教学结合得很紧，因为我其中的许多选题都来自我的教学实践。我记得，刚参加工作的四年时间里，我一篇文章都没有写。因为那个时候我刚进入这个领域，得去多看、多观察、多想，要不然怎么做得出东西来呢？而后来当我慢慢步入正轨，对这一切渐渐熟悉后，我的科研之路也慢慢顺利起来。我的第一篇文章就是我在带实习生的时候做的，后来发表在《历史教学》刊物上。之后那位编辑还多次打电话跟我说，曹老师你写的文章挺有意思的，欢迎你多给我们投稿。不过因为比较忙，我只能是有时间才写点东西。

记得我在带学生实习的时候，为了更好地帮助学生进步，经常会主动阅读很多相关文献。例如，当时有一篇课文叫作《第二次鸦片战争》，课后有一个题目问的是：导致中国近代落后的根本原因是什么？像这样的问题，我会私下查阅大量资料，希望能使学生对此有更丰富的理解。后来还有一次听学生讲课，发现很多人在讲到甲午战争中国为什么会失败的时候，总是说这是因为李鸿章避战求和、妥协等，所以李鸿章在中国近代历史上总被我们认为是只会卖国的这么一个人物。但是我看到的很多资料和大家传统所认知到的有所出入。于是在那之后，我就在这个问题上查阅了更多资料，写出了我的第一篇文章《让"层累"现象远离中学历史教学》。我认为，"层累"现象是一个很具有历史性的问题。人们不去独立思考，总喜欢把历史一层一层地累积起来作为永恒不变的理解。我们的许多中学历史老师都不去研究，总是别人怎么说他们就怎么做，这怎么行呢？作为一名历史老师，理性认识和独立思考都很重要。没有理性认识、独立思考，历史课就是脸谱化、表面化的东西。当历史真的被如此简单化，而失去了真正的自我时，我们就无法看到历史中那些有血有肉的人了。在我看，李鸿章是做得不对，但是他也有做得好的一面。甲午中日战争可比我们想象的复杂多了。老师必须要理解这其中的复杂，所以当时我就一气呵成写了这篇文章，从甲午中日战争中的李鸿章避战求和说起，论述了我对"层累"现象的认识。我把文章寄到杂志社之后很快就被刊用了，因为它确实是中学历史教育中一个很突出的现象。其实我后来的科研基本上都是在工作过程、实习过程中发现问题、解决问题，然后把它整理出来的。要说我做了多大的科研，其实也没有，因为好多课题都来自想要努力地改进历史教学，让中学历史教学发挥它应有的功能的单纯愿望。

作为历史教师，让教学与科研紧密结合，能够让历史发挥它最好的教育作用和价值，而我们也能在历史教育中找到我们所缺失的东西。

吸取新知，铭记师德

曹廷华

“问渠那得清如许，为有源头活水来。”常学习，常思考，是曹廷华老师的习惯，吸取新知是他的必修课，铭记师德是他始终坚持的那份责任。

1. 好教师应该教给学生什么

首先，教师要比较准确地传授学科基本知识点，并且要注意引导学生把这些知识点串联起来，使其能将课程的知识内容形成一个较为完整的框架体系。

其次，教师要把有争议的问题介绍给学生，并发表自己的看法，引导学生积极思维、独立思考，在众说纷纭中不盲从、不人云亦云。

同时，教师要把对教材的质疑告诉学生，目的在于启发学生学而有思，开启学生更广阔的视野。教师教学必须“忠于知识，超越知识”，重要的不在于传授知识的多少，而在于启发思维的效果。在考试时我鼓励学生不必按照书上所写的，也不必按照我上课所讲的，只要言之成理、持之有据，而且驳倒了我讲授中的错讹与不足的答案，我便给予肯定甚至高分。

过去曾有这么一句话：“做一名教师，若要给学生一杯水，自己要有一桶水。”现在是若要给学生一杯水，自己就要有源源不断的活水。“问渠那得清如许，为有源头活水来。”朱熹的这两句诗，就是要求教师要不断吸取新知，不可一本教案用三年甚至十年。师德的第一条应该就是不忽悠学生，不把一知半解的东西教给学生，不把自己不相信的东西灌输给学生，不在学生面前哗众取宠。教学要经得起推敲，经得起沉淀。

2. 指导学生的方法和体会

对学生要有爱护之心，对其提出的问题要耐心地解答，并且能够以理服人。记得有一次在给学生上“文学理论”课时，我就文学的起源先介绍了模仿说、宗教说、劳动说三种学说，还未来得及介绍灵感说，就有一个学生迫不及待地质疑道，他认为文学的诞生离不开灵感，尤其是天才的创作。当时我一方面对他的积极思考、勇于提问表示了肯定，另一方面也指出了他耐心不足的问题。接下来，我便就该问题进行了详细解答，直到他明白为止。

要认真对待每一堂课，把课上扎实。记得有一次上课的时候，我把讲稿拿错了，拿成了以前的讲稿，而新的讲稿我在内容上进行了丰富和扩充。虽然使用旧讲稿我也依然可以上课，但我还是选择了回去拿新的讲稿。当我大汗淋漓地把讲稿拿回课堂时，学生们的掌声也随之响起。一堂课也就几十分钟的时间，一个个几十分钟加起来就是一个个大学生的大学生活，所以作为一名教师，认真的施教态度很重要，这是对学生的青春岁月负责。

3. 教学与科研的关系

在谈到教学与科研的问题上，我认为二者的关系是既对立又统一的，教学离不开科研，科研支撑着教学，科研要有针对性，教学要有发散性。这样处理二者的关系，科研才能有成果，教学才能有进步。

在困难中成长

段豫川

兴趣是教学的动力，更是学习和研究的动力。在克服一个个的困难中慢慢地成长起来，这条路，我们会一直走下去。

1. 教书育人中的困惑与解决之道

兴趣是前提，爱学生是基本点。我在教学过程中遇到的问题和困惑是很多的，不同的阶段有不同的方面。比如，如何因材施教？如何备好课？如何在课堂上掌握好时间，抓住重点、难点、疑点？如何让自己的课堂更有思想性、哲理性，让学生们有美的享受？等等。农业经济管理学术前掌门人戴思锐教授曾说过："在学校当教师，不要想着一下就把课上得多么生动精彩，但最起码要把课讲清楚。"所以解决这些问题，说到底也就是多多钻研和多多学习，让自己在教学中遇到的困惑成为过去，教学水平就提高了。克服一个个的困难，也就慢慢地成长起来了。因为自己对教学特有兴趣，所以愿意去钻研，去学习，去不断解决在教学工作中遇到的问题，去向其他的老师请教学习。我阅读过教学、教学艺术、教学方法运用方面的书，平时也关注这方面的信息。

2. 教学与科研的关系

如何协调教学与科研的关系？一直以来都是中国高校普遍存在的问题。中国社科院原副院长李扬教授在《论新常态》这本书中谈到当今中国高校本科教学滑坡，人才培养质量下滑的原因时，指出中国当代高校功能定位有问题这一现状。的确，我们强调高校教师要创新科技，这无疑是正确的，但是在搞科学研究、在创造巨大成果、在推动成果转化的过程中，我们也要学会分流，学会以正确的态度对待科研，更要学会服务社会，学会传承与创新文化。我们需要一支强大的教师队伍，这是学生、学校之本，是师魂的体现，而作为一名高校教师，热爱学生、让学生满意，这是尤为重要的。当然，我们还要坚持理性，坚持正确的导向。

教育是幸福的

董小玉

教育是无私的，求知的眼睛是你生命翱翔的天空，纯洁的双眸是你关爱与信赖传递的舞台。教育是无限的，在润物细无声地浇灌学生的同时，教师本身也需要随时汲取能量，不断充电。可董小玉老师说，教育是幸福的，那是因为，她把教育变成了一门艺术。

1. 提高教学水平的方式

第一，坚持读书，不断充电。作为教师，需要不断充电。我认为自己是一个比较刻苦的人，为了充电，我辗转求学；为了上好每一节课，我备课到深夜；为了上好一门课，我组织老师们编写一本本高质量的教材。正是不断地充实和更新自己的知识，我才能从写作学扩展到文学，再越界到新闻传播学。

新媒体技术特别是移动互联网、大数据、云计算等技术的迅猛发展，使得我们的教学理念、教学内容和教学方法也随之发生变化。为此，我致力于教学改革，形成了以"实用·审美·交流"为特色的"参与式"写作教学体系，注重课程的文化底蕴，强化师生的思维碰撞和交流互动，在课堂中通过教师引导、共同阅读、经典欣赏、习作点评等形式，加强学生阅读思维的训练和写作能力的培养，丰富学生的精神世界，培养学生的人文情怀，引导学生不仅要有"妙笔著文章"的专业本领，更要有"铁肩担道义"的社会担当，还要有一双善于发现的慧眼、一颗胸怀天下的大心、一种兼济天下的责任。

第二，坚持备课，"活水"滋养。教学不仅是一门技术，更是一门艺术。上课的过程，首先是要自己做好准备，对待所讲的内容、呈现的方式都要精益求精。30多年来，我心中一直有一个理念，那就是坚持教学内容与教学资源的更新换代和与时俱进。所以，每次课前我都要花费大量精力备课，找经典、搜资料、做课件——每一个细节都尽力做到最好，做到每次课都有新信息、新内容呈现给学生。这不仅是对自己负责，也是对学生的尊重。不同年级的学生会在一起交流，他们常常发现，有的老师上课内容年年月月"花相似"，缺少新意与创意，这是对学生的不尊重、不负责。此外，我还从"书报刊阅读与评论"课程中优选出5讲，作为"经典阅读与评论"精心录制了课堂教学视频放到网上，学生只要连上网络就可以随时随地观看、学习。

第三，海纳百川，创新方法。几十年来，我坚守教学第一线，这源于育人为先的坚定信念，更源自我内心对教育的酷爱。在总结经验教训的基础上，不断更新教学内容、创新教学方法。

教师既需要注重课堂内容的新颖鲜活，又需要强调教学方法的灵活多样；既需要注重理论分析的深刻透彻，又需要着眼于社会实践的践行应用。为此，我提出了以"实用·审美·交流"为核心的"参与式"教学新理念，打破了以往"重知识、轻素养""重理论、轻应用"的教学传统，目的是为了调动学生的学习兴趣，提高学生的写作能力。我还创建了“开放·融合·实践”的课程体系，打造了“四大课程模块”，即“大文化、大艺术、大技术、大营销”的平台课程模块；“善采访、优写作、通编辑、精策划”的实践课程模块；“理论性、前沿性、创新性”的研究课程模块；“传承文化、服务社会”的特色课程模块，培养了一大批实战型人才。另外，我还梳理与总结出一系列有效的教学方法，如以经典文本为载体的“案例法”，以生活实践为依托的“体验法”，以学生作品为范本的“讲评法”，从“文本”进入“人本”的“素质教学法”等，以提升学生的学习积极性，激发学生的创新精神，促进学生的综合发展。

2. 教书育人中的困惑与解决之道

在教学过程中，我认为有几个问题是需要解决的。

第一，知识的不足，需要永不停歇地学习。

人们常说：“要给学生一杯水，自己要有一桶水。”孔子也说：“学然后知不足，教然后知困。知不足，然后能自反也；知困，然后能自强也。”为了解决知识不足的问题，30岁时，我从大西南跑到东北师范大学、吉林大学读书；44岁时，我背上梦想的行囊去华东师大攻读博士；48岁时，我又北上跨入北京师范大学艺术学博士后流动站从事研究。我不敢说自己在教学上做出了多大的成绩，但我可以说自己在教学上是认真和刻苦的。

针对本科生的“写作”课程，作为中国写作学会的副会长，我组织了全国一批从事写作教学的优秀骨干教师，编写了国家级“面向21世纪课程教材”《现代写作教程》，其修订版先后被评为国家级“十一五”和“十二五”规划教材，目前已印刷60多次，发行100多万册，在全国产生了较大的影响力。为了上好国家级精品视频课程“书报刊阅读与评论”，我坚持每天阅读，寻求新颖信息和经典内容，捕捉当下的新闻焦点、文化热点、社会热点，制作精美的多媒体教学课件，身体力行地教导学生做“走在时间前端的人”。

第二，学生的成长，需要专业与精神齐头并进。

在陪伴学生成长的过程中，教师应当重视学生责任感的培养。梁启超说：“人生须知负责任的苦处，才能知道尽责任的乐趣。”人，要对生命负责，对理想负责，对社会负责。我有个学生叫段永杰，2014 年暑假，他骑一辆自行车深入农村基层，到 11 个省市做调研，写调查报告，把自己两万元的国家奖学金全部捐献给贫困山区儿童，被《人民日报》专题报道。他曾说，要立志像老师在课堂上给他们讲的那样：“做一个有人文关怀的传媒人，做一个擦亮星星的人。”

在立德树人的路途中，我注重学生精神世界的富足。在课堂上，除了源源不断地给学生传授新、快、好的知识和资讯，我还时常提醒大家“生命中一定要有几本垫底的书”，常常将精挑细选的经典书籍推荐给学生，希望他们漫溯于书香世界，“沉潜心境，用心读书”。我常鼓励学生“要有自己的思想坐标”，在阅读中发现生命的美好，在旅途中书写生命的精彩，成就别样的人生。

第三，教育的苦乐，需要做一个甘于奉献的人。

改革开放以来，商品经济的大潮和欲望的洪水不断冲击着我们教育的堤坝，也曾经让我在面对职业、学生乃至教育环境的时候，有过困惑。但是，我始终坚信，教育是幸福的，这种幸福来自奉献。我认为，教师就是一种应该甘当绿叶的职业。我们这片绿叶，不仅要为学生撑起一片晴空，还要在他们的心灵洒下一片绿荫，更要为他们的成长与成才输送知识养料与精神食粮。我们要用自己的平凡、奉献与真心，浇灌学生们的成长。

泰戈尔的一句诗“我的心，在你的眼里找到了天空”，常在我心中涌动。作为老师，学生们求知的眼睛，才是我们生命翱翔的天空；学生们纯洁的双眸，才是我们关爱与信赖传递的舞台。这片天空，在我看来，是如此纯净，也是如此精彩，值得我们为此执着，为此担当，为此奉献一生。

学生的求知若渴、勤奋努力和不断成长，一直都让我欣慰和感动。下边我摘录几位学生的来信。

亲爱的老师：

很愧疚，也很亏欠，已经有8个月没在您的身边了。因为找工作的原因总是在外奔波，也因为没有找到特别满意的工作而屡屡觉得有愧于您的教诲。一直十分关注学院和您的动态，都说您一如既往地忙碌、一如既往地操劳……马上，又要指导我们的论文了，一想到这儿，又觉得更加愧疚了！

已经做了5个月的财经记者，进报社的第一天，我包揽了头版、二版和三版上三篇超大型的深度报道，在报社上下可谓是“叹为观止”，很多前辈都说是奇迹。可我知道，这一切的背后，竟然有着神奇般的机缘——我做的选题就是农民工。

这一切的背后，又都是源自您的课题指导和学术基础，才让我的文章很有深度。在走上工作岗位的第一天，就是您的力量在支撑着我！我由衷地感谢您！

这段时间，可以说是在跨学科的学习，经济学是一门异常有趣的学问，我也特别能体会到将经济融入新闻之后的那种收获感，以及做一名专业型记者的骄傲感。虽然这段时间压力相当之大，但我一直以您的执着、坚守、顽强为榜样，激励自己坚强地学习、坚强地奋斗！

这段时间，我最大的亏欠就是觉得对不住恩师，父母身体好了、心情也很好，我完全放心了，但每每想到您，我就觉得万分愧疚、万分抱歉。人生终究有很多无奈，尤其在即将毕业的时候，真的充满无尽伤感。在写论文致谢的时候，我迟迟下不了笔，不愿去总结、去告别、去怀念、去回味曾经和您、和大家度过的那1000多个日日夜夜……

我只能永久在远方祝福我挚爱的、挚爱我的恩师健康、快乐！

宛月琴

2010.02.09

从这封信中，可见学生超强的写作能力：进报社的第一天，包揽了头版、二版和三版上三篇超大型的深度报道，在报社上下可谓是“叹为观止”；学生在进行跨学科学习——“经济学是一门异常有趣的学问，我也特别能体会到将经济融入新闻之后的那种收获感”。还有什么比学生的成长更让人欣慰的呢？再摘录一封学生来信。

董老师：

您好！

好久不曾见到您了，真的挺想您的！

您一切都好吧？窗外，南国的春天，阳光暖融融地泻在写字桌上，忽然想起海子的诗歌：面朝大海，春暖花开。喜欢这句话，有一份诗意的朦胧和隽永的哲理，带着淡淡的温馨与浪漫，正是我所祈盼的。此刻已然是人间四月天的光景了，又想起在西南师大常青藤餐厅偶遇您，听您神采奕奕、兴致勃勃地讲解林徽因其人其事其诗其情的情景。当时的我听得入迷，看着您诗意盎然的神采发呆，那些美丽的画面是我生命里亲身感受过的最好的诗歌。后来我的毕业论文《论林徽因创作中梦的意象》，可以说就是受了在常青藤餐厅您的直接启示和触动而得以完成的！

我祝此刻的您可以听一片片海啸，看一树树花开，享一份份春暖，再写出更多很美的文字。而我可以隔纸听海，通过文字让自己内心春暖花开，感受和体会您那一份至真至美、宽广深沉的情怀和襟度，那也是无边无际的大海。

简单介绍一下我现在的情况，前一段时间我应聘到了《光明日报》

深圳记者站做采编，其实真正做的是他们另外办的一份杂志《社会与公益》的工作，目前还在创刊中。昨天选题会议上我报了两个选题：一个是“改革开放三十年中国公益慈善发展史”，另一个是“中国公益力量的主力军是谁”。我想梳理和总结一下中国三十年来慈善公益事业的得失成败并通过和西方国家的对比提出中国需要改进的地方和前进方向，另外我想深入挖掘一下究竟是中国哪些人、什么样的人才是中国公益事业的中坚力量，或者是哪些人有能力有意愿去做公益？

选题都通过了，下个月底要出创刊号第一期杂志，而领导要求一炮打响，也比较看重我，让我把改革开放三十年中国公益慈善发展史做成特别策划，至少要30P。创刊号六月二号要在北京人民大会堂举行首发仪式。而这次我这两个专题能否成功将决定我在杂志社能否通过试用期并顺利转正，请董老师百忙之中多给我一些指导和建议！谢谢！呵呵！

祝您快乐健康幸福！

学生：魏宇

2010.春

这位毕业于西南大学，在深圳一家媒体做编辑的魏宇，正用自己的思想和双手打造属于传媒的天空，关注慈善与公益，在实践中成长，温暖着当教师的我们。

还有一位新闻专业的学生龚晓菲，突发严重的脑内出血，在华西医院脑神经科重症监护室住了20多天。在学校和社会资助下出院之后，医生告诫不能过度用脑，但她依然坚持阅读、坚持写作，甚至比生病前更加刻苦，在《中国教育报》《重庆日报》《重庆晨报》和中国青年网等媒体发表了数十篇作品。她说自己“在董老师的课堂上明白了，我们虽然不能控制生命的长度，却能丰富生命的厚度，提炼生命的纯度”。

就是这些可爱的学子，一双双充满朝气和渴望的眼睛，让我的教育生命充满了责任和感动，让我无时无刻都记住：唯有用心、用情对待学生、对待教学，才无愧于“人民教师”这一称号。

3. 教学与科研的关系

作为高校教师，“师德为先，教学为要，科研为基”，教学与科研是分不开的。我主持了国家社科基金等国家级与省部级科研项目10余项，获得过四川省、重庆市哲学社会科学优秀科研成果二等、三等奖；也曾获得国家级优秀教学成果二等奖、重庆市优秀教学成果一等奖、“重庆市名师”“重庆市最可敬可亲教师”等荣誉。我认为，只要有对教育的一份真心、对学生的一颗爱心、对科研的一腔热心，就会做得有声有色、有滋有味、有板有眼。

如果要说冲突的话，就是总觉得时间不够用，所以得加倍勤奋和努力。“不计辛勤一砚寒”，学习工作到深夜，早已成为我多年来的习惯。每天晚上，如果新闻传媒学院只剩下一盏灯还亮着，那多半是我办公室的灯。周末与节假日，我也常常是在办公室度过的，在阅读、学习、思考、备课中度过。

当前，我认为教学与科研的关系被人为地放大了，变成了一种教师的困惑与矛盾，这种现象本身就值得反思。教学与科研本来是高校教师的一体两面，是统一的，它们彼此相互促进、协调发展。我们之所以会把它看成一个问题，最主要的是在功利化、指标化的考核体系面前，我们的内心天平失去了平衡。因此，对待教学与科研的关系，我认为首先要在观念上正视它，把它看作自己作为高校教师不可分割的两部分。

其次，我认为教师应该站稳讲台。无论有多么高的学位，多么强的科研实力，如果忘记了教师最基本的教学职责，忘记了我们面前无数双学生眼睛的注视，那么你作为高校教师就是不合格的。所以，无论你多么强调科研，教学都不能放弃，而且更应把它做好。

再次,寻找科研转化为教学的方法。科研不仅是为了攀登科学高峰,丰富自己的研究成果,更是为了创造社会价值,让学生能够站在我们的肩膀上看得更远。所以,我经常用自己的科研成果解决教学当中遇到的困惑,并在教学中激发学术想法。事实上,科研成果能够通过转化,积极为我们的教学服务,从而让我们的教学更有力量、更有效果。

传道授业并重,教书育人同行

何向东

师者,“三尺讲台万丈空,桃花源里自耕农”。这是一名教师的宽阔胸襟。“传道应与授业并重,教书应与育人同行”是何向东老师始终坚持的原则。

1. 提高教学水平的方式和体会

“师者,所以传道授业解惑也。”作为一名教师,教书育人是我的天职。“教书”是向学生传授知识,提升学生技能,发展学生创造力、动手力等的一种活动。逻辑学是思维科学,它对认知自学能力的提高具有不可低估的作用,是其他学科难以替代的。但是逻辑学概念多、符号多、公式多、抽象化等特性大大增加了教学难度。要想让学生在短时间内对逻辑学由神秘、惧怕到熟悉、热爱,需要教师深厚的理论功底和出色的教学艺术。我主要从以下几点做出努力:第一,“有教无类”,让学生在一个公平的环境中学习成长;第二,“因材施教”,针对学生个人爱好千差万别、职业理想和职业目标各不相同的现状，做到“教亦多术”；第三，“循循善诱、诲人不倦”，以最大的耐心和恒心激发学生的学习兴趣，提高学生学习的能力；第四，“授人以鱼”，更要“授人以渔”，在教学过程中，注重方法的传授，注重学生思维能力和学习能力的训练、培养。

传道应与授业并重，教书应与育人同行。“十年树木，百年树人。”“树人”并非易事，对人的培养，对人的灵魂和精神的塑造、思维的训练，是最复杂的工作。为人师者，应当热爱学生，对学生高度负责，以无愧的工作，熔铸其灵魂，陶冶其情操，丰富其知识，强健其体魄，培养其本领。在教学工作中，我努力教育和引导学生树立科学的世界观、人生观和价值观，培养学生的优良品质，对学生进行情感的陶冶、意志性格的锻炼，帮助学生形成良好的行为习惯。我始终将教书育人的神圣使命牢记心头，我认为，抱着负责的态度教书育人，必将会带来“成才”与“成人”的双赢结果。

师者，“磨剑十年图破壁，开怀一笑坐春风”。对此，我无怨无悔，荣幸之至！

2. 教学与科研的关系

形式逻辑、逻辑哲学、高教管理是我主要的研究方向。我一直认为，教学与科研相辅相成，科研引导教学，科研促进教学，没有科研的教学只是低水平重复。为了不断提高教学水准，一方面，我一直通过科研促进教学，将科研成果转化为教学内容；另一方面，科研本质上就是学科建设，只有通过科研才能推动学科建设，因此，我在研究教学的同时，积极从事学科基础理论和应用研究。我主持国家级、省部级教学、科研课题20余项，在假说、语言逻辑、基于多学科视域的认知、逻辑与信息的交互解释等方面做了深入研究。

苏天辅教授等人创立了我校逻辑学硕士点，使学科建设有了良好基础。但我并没有安于现状，一直梦想建立逻辑学博士点。为此，我根据学校实际，确立了切实可行的学科建设思路：一是发挥本校学科众多的优势，促进学科交叉，融合逻辑学与语言学、计算机科学、心理学、哲学等，发展新兴学科、交叉学科与边缘学科；二是团结国内外高校、科研单位的专家学者，与之建立广泛而紧密的联系，邀请来校讲学、走出去或请进来合作开展科学研究、送培研究生等；三是承办、协办国内外学术会议；四是延揽人才，壮大队伍，精心组织科研团队，协同攻关。功夫不负有心人，在团队的共同努力下，2003年，我领衔申报逻辑学博士点获得成功，从而实现了重庆市文、史、哲博士授权点“零”的突破。我负责的逻辑学科于2006年被确定为重庆市的重点学科；我负责的西南大学逻辑与智能研究中心于2006年被批准为重庆市重点文科研究基地；2009年获准建立哲学学科博士后流动站；2010年获批哲学一级学科博士点；2012年哲学学科获准重庆市重点一级学科。西南大学逻辑与智能研究中心，被国内逻辑学界公认为我国逻辑学高级人才培养的重镇。中国教育网2007年9月11日公布的中国研究生教育分专业排行榜上，西南大学逻辑学科在全国排名第二，仅次于中山大学。

传递文学的美

黄大宏

文学有一种神秘的魅力，源远流长，生生不息。黄大宏老师怀揣着对文学的热爱走上讲台，又怀揣着传递美的教育情怀融入学生的世界。

1. 提高教学水平的方式与指导学生的方法

我真正走上工作正轨是在2003年，也就是来到西南大学任教的那天。一开始，我作为一个年轻的博士毕业生，对自己的教学充满了热情，力图将自己对唐代文学的理解和热爱传递给学生。但同时，我也遇到了不少困难和疑惑。我非常欣慰地看到，学生们对“古代文学”这门课程，其实是非常喜爱的。因为在所有的中国文学中，古典文学积累最深厚，文学意味最强，也和中国传统历史文化结合得最为紧密。对于很多学生来说，古代文学不仅仅是文学本身，更是中国历史、文化的一个重要载体。通过从先秦到明清的一系列作品，他们感受到的不仅是文学的美，还有延续千年的历史文化厚韵。面对这样的喜爱，我作为一个传递者和引导者，如何在课时有限的条件下去回应学生们的热情、满足他们对古代文学的希冀，便十分考验我的教学能力。于是，我花了很多精力来思考我的教学方式。

我认为首先应当使课堂生动一些。这种“生动”绝非简单地讲故事，而是把历史、文化和文学结合在一起，使学生带着一种历史的同情，尽量地去体察文学作品产生的时代及那一时代人们的生活状况。因为所有的文学知识，包括作家、作品、社会，虽然在今天来看它们已经是过去的、静止的，但在当时它们都是生活的本身。我们只有尽量地去贴近和体悟，才能将那个时代的情感和面貌复现出来。当然，复现的时候也要有一个媒介。这个媒介就是作家、作品和时代。抓住这个主线，然后将文化、历史结合起来，将单篇的文学作品扩充复现为一个完整的多维空间，这种课堂才是生动的课堂。

其次，我总是在保持文学史讲授方式的情况下，把重点放在对作品的解析上。因为现在的主流教学方法是从文学史的角度去讲古代文学，以作家作品的时代先后为标准、按照历史线条来构建编织古代文学。但这有着极大的弊端，因为文学除了作家、作品、时代之外，还包含着文体、题材、技巧、思想、批评等重要内容。与某一作家、作品相比，这些内容往往跨越了时空的限制而成为不受时空约束的专题。而这些专题具有将不同时间和地域的作家、作品统一于自己麾下的能力，因而往往成为一种专门之学。由于目前的文学史讲法，是将作家、作品统一于时代的标杆下，文体、题材、技巧、思想、批评等的专题性被大大削弱了。这些内容其实亦是文学中不可或缺的重要组成部分，学生们对这些内容的印象却十分淡漠。没有了这些专题的统领，作家、作品只能像散乱的星星一般发出微弱的光。可以说，这是文学史讲法不可避免的缺憾。在这样的情况下，教师的扩展能力，即在一篇作品里将文体、题材、技巧、思想、批评等各方面内容勾带起来的能力，就显得极为重要了。这就要求我们教师必须针对为数不多的作品，从各个角度进行细致的研读和讲解。在保持文学史讲授方式的情况下，把重点放在对作品的解析上，是我的讲课方法，同时也成为我的追求。

再次，我们对作品的理解还要与对社会、作家的理解联系到一起。因为近现代之前（晚明之前）的作家大多是官员，他们的创作动机基本与商业无关。可以说，除了求取功名以外，大多数作品是作家在书写个人的人生经历、抒发自我的感受，是情至深处不能自已的结果。比如，古代的很多作家都会借助旧题材进行创作，但创作出的作品仍具有个性化的特征。这是因为作家内心的情感会使同一种题材的表达效果变得完全不同，所以古典作品是与作家的生平经历有着密切联系的，一个作家的履历中往往包含着他创作的动机。自然，有关作家生平、作品的知识和事实会在教材当中呈现，但教师也需要找到这些知识和事实之间的联系，即作品与作家、社会的联系。我想，或许这才是理解作家、作品的关键吧！

最后，我觉得光重“讲”也不行。因为教学是双向的，学生的参与也是课堂教学的一部分。古代文学涉及的内容非常丰富，如果完全由教师来编织，会显得枝蔓很多。比如，当我们从历史的角度去看文学作品时，每个作品都是史料，而不仅仅是艺术品。作品里的每一个字其实都包含着极为丰富的历史信息，但这些信息又不可能完全体现在文学史的课程里面，因此，我就考虑让学生参与课程的构建。我通常的做法是：一节课的主要内容如主题、情感、艺术特色等依然由我来讲，但一些历史的、文化的、常识性的东西则交给学生来讲。学生要讲的题目由我设置，而资料查找、梳理总结、表述等则交由他们自己解决。这样一来，一方面，课堂组织形式更加均衡，学生可以亲自感受从读书到形成观点再到将其表述出来的过程；而另一方面，在教学内容上，学生的专题和我的课其实形成了一个互补的关系，在某种程度上完善了过去教学的缺陷。这是我后来在教学方法上的一个变化，效果非常不错。

2. 教学故事

在我的教学工作中，有不少难忘的故事。对我来说，难忘的故事似乎不是某一个，而是某一类，即因为我的原因，学生对古代文学产生了浓厚的兴趣；或者我的一些意见，能够给学生的人生规划产生一些积极的影响或者启发。

例如，在我的研究生里各种学科背景的都有：园林园艺、桥梁工程、教育学等各种专业。可他们为什么要来读我的研究生呢？有很多都是因为在上二专的时候听了我的课，或跟我接触过，然后对古典文学产生了兴趣。我为此很是感动。又比如，含弘学院的一个学生，选择了我做她的学业导师。而后来她要出国留学，专程来寻求我的意见。她的家人也跑来与我商量，反反复复好几次。当时她申请了两个学校：香港中文大学和爱丁堡大学。我只是建议她要尽量和自己的人生发展规划相联系。最后她也听从了我的建议，去了爱丁堡大学。其实像这类的事情，在我教学的十几年里发生了很多。可以说，我是从学业导师变成了人生规划导师。这样的我不再是一个冷冰冰的授业者，在讲台上唱着独角戏，而是努力融入学生生命之中，成为一位可亲可敬、有血有肉、有人情味的师长。我想，这才是我最感到欣慰的事。

以身为范，循循善诱

黄希庭

关注内心世界，关注人格塑造，这是一位教师在书本知识的教学之外更应关注的东西。黄希庭老师以身为范，循循善诱，带领一批又一批学生从习惯做起，学以致用，成为健康而向上的人。

1. 好教师应该教给学生什么

把学生教懂，使教师讲授的知识变为学生的知识，这是当教师的一个起码条件。一名好教师的职责是教书育人，教师在传授科学文化知识的同时，要培养学生优良的思想品德，使他们形成正确的价值观，学会独立思考，并具有把知识应用于实际的能力。

首先，一名好教师应当在教学过程中指导学生形成正确的价值观。价值观是每个人判断是非善恶、利害得失的信念系统，它不仅引导人们追寻自己的理想，还决定着人生中的种种选择。从这种意义上说，价值观就是一个人的灵魂。无论是对本科生还是对研究生的培养,我们首先要关注的是学生的价值观正确与否。如果一个人具有正确的价值观,那么他的能力越强、在其他方面越优秀,他对社会的贡献就会越大;相反,如果他的价值观是邪恶的、错误的,那么他的能力越强、在其他方面越优秀,他对社会的危害就越大。因此,做父母的、做教师的都应当关注下一代正确价值观的形成。

虽然价值观的培养应当从幼儿期开始,但即使到了本科生和研究生阶段,我们当老师的仍然还有许多教育工作要做。例如,我们每个人都应当具备诚信的价值观。在幼儿园,老师已经教育过我们要诚实守信,不能说假话,不能偷别人的东西,做了错事要向别人道歉等。在研究生培养过程中,我们仍会听说或发现个别学生具有抄袭、剽窃、伪造数据或弄虚作假等败坏学术道德的行为。为了随时给学生以警示,早在心理科学研究所成立时,我就规定所有心理学研究的原始数据必须保存三年以备查核,并且还经常教育学生不要急功近利,要耐得住寂寞,老老实实做学问。研究生特别是博士研究生是正在接受国家最高学位教育的人,更应该勤奋、严谨、创新、求实,做一个正直、诚信、有社会责任感的人。在他们参与我的科研任务中,我都会向他们灌输科学研究就是追求真理,是与追名逐利格格不入的价值理念。每一位好教师在教学过程中都应当以身作则,这才有助于学生正确价值观的形成。

其次,在教学过程中要培养学生独立思考的能力和获取知识的方法。任何一个科学问题,都可以从不同的视角、用不同的方法来加以解决。在心理学史上,我们可以看到许多这样的事例。冯特从寻找精神的基本元素的视角,用实验内省法来探究我们的精神生活,为科学心理学奠定了结构论的第一块基石;行为主义者从纯粹的客观性和实验性的自然科学的视角,用刺激—反应的方法来探究我们的行为,丰富了心理学有关学习研究的内容,为科学心理学奠定了量化方法的基础;精神分析论创始人弗洛伊德从能量守恒定律的视角，用诠释学的方法探究我们的精神活动，丰富了心理学有关潜意识的认知、情感和动机的研究内容，为科学心理学奠定了质性研究方法的基础；人本主义者从自我实现和积极成长潜能的视角，用质性研究方法来探究我们的精神世界，丰富了心理学有关能动性的研究内容。还有人把不同的学科联系起来、组织起来，建立起新的理论而取得成功的。例如，20世纪50年代计算机科学兴起，1967年奈瑟尔出版的第一本《认知心理学》就是从信息加工的视角来研究心理活动，这可以说是信息加工论与心理学的有机整合。还有进化心理学，就是把进化论的观点应用于心理学研究。所有这些事例都说明，获得创造性成果的途径是极其多样的，在科学研究的征途上没有一成不变的视角和方法。

当然，心理学中的科学研究和人文研究都有一般的程序。在心理学研究中，如果缺乏正确的思考和良好的方法学功底，仅靠花苦功夫往往是难出好成果的。为了让学生健康成长和发展，就必须教学生如何独立思考：在阅读文献时怎样从选题的角度去思考；在选题时怎样从新的角度去思考；在收集完资料分析结果时怎样以不同的角度去分析。总之，训练学生掌握活的知识，把思考和学习很好地结合起来，使他们既勤于学习又善于思考，使独立思考成为学生的习惯。

为了激发研究生独立思考、活用知识和研究方法，达到学习自立、无师自通的境界，我在指导研究生时还采用了两种教学方法：一种方法是请高年级的研究生给新入学的学生传授学习经验。比如说怎样查找文献，过去我直接把学生带到图书馆去，告诉他们图书馆里中外文心理学资料在哪里，甚至告诉他们哪一本书在哪个位置。现在这些都没有必要了，高年级学生会告诉他们数据库在哪里、哪个数据库更好、三年时间该怎样安排、怎样做文献综述、怎样做预实验等。如果新入学的研究生有悟性、肯努力，就会先一步到达无师自通的境界。在研究生的教学中，我不鼓励学生跟着我的思路走，我鼓励学生有自己的想法，要按自己的主张去学，根据自己的兴趣爱好有选择地学习。另一种方法是每周一下午的研讨会和周二的研讨会。在研讨会上，研究生们报告他们的读书报告（文献综述）、选题、研究设计、预研究等，同学们对报告提出质疑并进行辩论，然后我对报告者陈述的研究设想、观点、进展等进行点评，着重在如何发展出新思路和新方法上提出建议。与我的研究生进行讨论时，我还经常告诫他们不要迷信我写的书，你可以不同意我的观点，甚至可以批判我的观点，我们在学术上是平等的。我提倡学术民主，对于那些不同意我的观点、跟我辩论的学生，我还特别喜欢。现在有些研究生特别迷信洋权威，对于外国专家提出的某个心理学概念，也不考量一下是否符合中国人的实际，便一窝蜂似的扑上去，硬要把中国人当作外国人来做“研究”，结果完全不符合我国实际。还有一些研究生阅读外国文献时完全停留在别人的思路上，做着为外国人加脚注的“研究”。我经常提醒研究生要防止这些倾向，在阅读文献时不要停留在别人的思路上，而应该跳出来以更广阔的视野来看问题，产生自己新的科研思路，这才是研究生最需要的学习境界。

最后，在教学中要传授学以致用的理念，培养学生实际应用的能力。我觉得心理学的知识是有益于人类的学问，我们学习心理学、研究心理和行为，其目的是点燃人们心灵的真善美，提高人们的生活质量。因此，我反复强调研究生做学问要学以致用，把知识运用到实践中去，看看我们哪些知识是对的、哪些是不对的。为了使我们的研究更好地为我国的社会发展服务，培养学生的实际应用能力，最近我倡导在我国开展社区心理学研究。社区心理学研究就必须联系我国社区实际，为我国的社区建设和发展服务。针对怎样开展我国的社区心理学研究，我提出了三个原则：中国化、科学研究与人文研究相结合、到社区去找寻答案。有些心理学问题可能在书本上能找到答案，但我国的社区心理学问题只有到中国社区中去才能找到答案。

总之,在教师成长的不同时期会有不同的困惑。一位好教师在教学中传授知识的同时都会在培养学生优良的思想品德、培养学生的创新能力和实际应用能力上下功夫。

2. 教书育人中的困惑与解决之道

我刚开始从教时,有一个很严重的问题——不会讲课。产生这种情况的原因主要有两个:一个是教学经验缺乏,另一个是专业知识不扎实。

首先,我本科所就读的学校是北京大学,北京大学是一所综合性院校,没有教学实践这一环节,在开始教学工作之前,我从未受过教学方面的任何培训。所以,刚开始上课时,我几乎什么都不懂,比如我不知道教师上课还要写教案,完全死板地按照课本讲,两个课时的教学内容我照本宣科半个小时就讲完了,剩余的一个多小时只能让学生自己看书,这样的效果自然不好。这一方面是教学经验缺乏。

另一方面是专业基本功不扎实。我国著名的心理学家张增杰老师当时也在我们学校任教,张老师是我学会讲课的启蒙老师,我讲课的模式基本上是从他那里学来的。我上面所提到的两个课时的内容,也是张增杰老师所讲授的"普通心理学"课程中"感觉"一章的第一节。我因为自己没有教学经验,教学效果很差,所以到了下一周张增杰老师上课时,我就去旁听他讲课。老师的课讲得非常好,这一节的内容主要是些基本概念,虽然基础,但有许多相近且易于混淆的概念学生不易理解,教师讲起来也很考验功力。老师通过举例的方式,以一个个实例生动形象地阐释类似概念的异同,并且以不断提问的方式来吸引学生的注意,整堂课透彻明晰,生动有趣。老师的课使我深受教益,也使我深刻地认识到自己的专业基本功远没有达到一个优秀教师的纯熟水平。俗话说得好:“老师要想给学生一杯水,自己首先要有一桶水。”一个最基本的概念,老师要想清楚明白地传达给学生,掌握的知识就要远远超过这个概念本身,只有这样,才能触类旁通、举一反三。张增杰老师正是因为对每一个知识点都有如此深厚完整的掌握,才能在课堂上游刃有余、如鱼得水,讲课才能知识性与趣味性兼备。而这种能力,也是我刚开始上课时所不具备的。

现在我的学生们既怕我又爱我。虽然有一些学生已经是教授、博导了,还有的已经退休了,但他们至今还怕我。据说怕是怕我交给他们的事情做得不够好;怕的同时他们又喜欢我,因为我对他们的严格要求使他们快速成长。有的学生迄今还保留着我给他们修改过的毕业论文初稿,作为教育学生的范式和鞭策自己的纪念品。

我对学生严格要求的同时,也对自己有所要求,比如在时间的利用方面。时间管理就是自我管理。我要教好书,做好科研,做社会服务工作,还要锻炼、做家务,要做的事情太多,不节省时间、不挤时间怎么行呢?在这种情况下,我发明了“散步教学法”。我喜欢锻炼,锻炼方式是健步走,并且边走边动脑筋。后来我在锻炼时,或带着五六个问题去健走,或要求几个学生陪我去健走。边走边思考问题,或边听学生谈有关学习、研究、生活的话题,在交谈中思考的问题解决了,学生的研究也有了新创意。这样的散步既锻炼了身体,又促进了教学。“散步教学法”还应用于很多方面。最近,我从苏州开会返校,我指定要一位博士研究生来机场接我。因为我去苏州开会前觉得他的预开题报告存在一些问题,并且一周前我让他学习一些文献完善其研究设计。这次让他到机场来接我,是想在返校途中听听他阅读文献后有没有新的收获,研究设计准备做哪些改变。我这样做的目的是让他主动学习,逼他无师自通,而他也确实悟出了其中的道理。在研究生教学中,我经常请学生陪我去散步,请他们送我去机场或到机场来接我,他们也很高兴。

每个人都有自己独特的性格。从我自身来看，我从来没有睡懒觉的习惯，晚上睡觉也不会超过12点钟。早晨起得早好处很多：头脑清醒、精力充沛、无人打扰、工作效率高。因此，我早晨通常四五点钟便起床工作，或看书、写作，或备课、批改作业。我也常建议我的学生养成早起的习惯。有一天早晨，我读书时发现有位学生借了我的书没有还回来，一看手表已经6点半了，心想我已经工作两个小时了，便到宿舍去找这位学生，结果他还没有起床。虽然这位学生向我做了解释，我也没有批评他，但我仍然建议他清晨要早起，并说明早起好处多，行为习惯是可以改变的，关键是你是否下定决心要改变自己的生活习惯。

3. 教学与科研的关系

在教学与科研的关系问题上，我的经验是教学与科研是可以相互促进的。虽然时间是一个常数，但如果处理得当是能够既做好教学又做好科研的。

首先，教学可以促进科研。虽然教材内容是相对稳定的，但如果多问几个为什么，就会发现其中的问题也不少。例如，“普通心理学”课程的“知觉”一章中包含“时间知觉”。众所周知，时间无处不在，无时不在，但我们身上没有专门的时间感受器（或时间感觉器官），那么时间知觉该如何定义？虽然知觉离不开记忆，但把时间记忆、时间估计都放在“时间知觉”中讲授不加以区分是否合理？“在感到满足和快乐的时候，时间被估计得短些，而在体验着忧愁、苦闷、厌倦、无聊或期待的时候，时间就好像更长了。”这些现象也是时间知觉吗？教学中遇到的困惑，从现行的教科书中难以找到令人满意的答案。查阅心理学文献会发现更多问题，如时间知觉的脑机制是怎样的？听时间知觉和视时间知觉的脑机制是不同的吗？有潜意识的时间知觉吗？这些问题便是当前时间心理学领域中的热点问题。由此可见，教材中存在的问题也可以成为教师科学研究的选题。

此外,教师还可以根据本学科教学的特点从提高教书育人质量的角度进行科学研究。例如,怎样的学习策略能够促进学生创新思维的发展？怎样的学习环境能促进学生的自主学习？等等。科学研究是利用已知知识去探索未知世界(包括人的主观世界)的工作,是探寻新知识的活动。这对于我们既搞教学又从事科研工作的人来说,其难度是很大的,需要我们付出艰辛的劳动。我建议青年教师要保持一个(最多两个)稳定的研究方向,切不可经常转换研究方向。只有这样才有可能产出高质量的研究成果。有了高质量的科研成果,才有可能申请到省部级或国家级的科研基金项目。现在有些单位要求博士学位获得者在四年内必须有一年的出国经历、发表6篇学术论文、主持一个省部级或国家级项目、主讲一门基础课,还要有教学科研成果才能申请副教授。对于刚走上工作岗位的青年教师来说,这样的要求太高了,可能会导致浮躁之风。

其次,科研工作会促进教学质量的提高。我的深刻体会是以科研的精神来对待教学,促进教学质量的提高。例如,以科研的精神,即以创新的精神进行教材建设,有助于编著出学术价值高、适用性强的高校教科书。我一向重视教材建设,把编著教材视为一项重要的教学科研任务,先后出版了24种高校教材和教学参考书,其中两本教材《心理学》(人民教育出版社,1984年,参编)、《大学生心理健康与咨询》(高等教育出版社,2000年)获教育部全国高等学校优秀教材一等奖,《普通心理学》(甘肃人民出版社,1982年)、《心理学导论》(人民教育出版社,1991年)两本教材获教育部全国高等学校优秀教材二等奖,《心理学》(上海教育出版社,1997年)获国家级优秀教学成果二等奖、重庆市优秀教学成果一等奖,其中以《心理学导论》为教材的西南大学“普通心理学”课程被评为国家级精品课程。又如,以科研精神去从事教学工作,教师就比较容易发现学生的创新之处，更注重学生创新能力的培养。研究生导师的科研工作对于提高研究生教学质量的作用更为重要。我指导研究生以来，主持完成过30多项国家级和省部级科研项目，让研究生们参加我的科研项目，确实能增长他们的才干。我先后培养了155名硕士，80名博士，12名国内高级访问学者，其中有一人获得全国优秀博士学位论文奖，两人获得全国优秀博士学位论文提名奖，两人获重庆市优秀博士学位论文奖。不少学生已成为国内著名心理学家，大部分正在高校教学科研岗位上做出贡献。

要做到教学与科研相互促进，需要勤奋、严谨、创新、求实的学风，需要爱业、敬业的精神，需要时间管理的能力。我期盼着我们的青年教师在教学和科研上获得双丰收。

秋夜的记忆

黎明

那样的场景定格在秋夜的和风中，她聆听着花开的旋律，感受着月色的温柔，任微风抚摸她的脸。眼前这些令人快乐与感动的瞬间画面，深深印在秋夜的幕帘上，成了她永恒的记忆。

艾舒是我带的初三(1)班刚来的一个休学再复学的学生。原班主任说:“那个学生，家庭条件太好了，思想又复杂，学不出来，不捣蛋就不错了。”初见她，确实有点看不惯，高大略显肥胖，笑起来一双眯眯眼，露出不屑一顾的神色。怎么办呢？又是一个难打整的呀！慢慢地，我对她的往事略有了解。据说初一时，她花一百元钱请了一个人冒充家长开家长会，还经常模仿家长笔迹签字。初二时，不想读书了，包里有了恋爱情节多的杂志、小说；成了追星一族，再贵的票她也要买，再远的路她也要去，为的是去看那明星一眼；上课走神，成绩猛降，厌学酿成逃课的事情时有发生。怎么办？令我头疼啊！但我深知，教育面对的是鲜活的生命，让孩子们全面发展、个性发展、健康发展是我一辈子工作的理念。让心灵与心灵沟通、灵魂与灵魂交融、人格与人格辉映是我毕生的工作职责。我应该拥有大海一样的情怀，应该以自己的人格魅力去感染她，用宽阔的胸怀去接纳她，要怀有爱心、耐心、信心，要牢记强烈的责任感和使命感，只有这样才会产生宽容、珍爱的教育情怀。我下决心一定要使这个特殊的学生转变过来。

通过慢慢观察与分析，我发现她聪明且有好奇心，但个性强，内心复杂，怕艰苦又不努力，兼有自尊、自负、自傲的多重性格特征。我多次找她单独谈话，语气温和有感情。可她次次将头偏向一边，摆出不屑一顾的神情。我的自尊心真有点受不了，只好继续做工作，一步一步观察、分析、落实。三个月后，她稍有了一些变化：开始听课了、做作业了，包里那些杂志、书籍渐渐少了，也不再缺课了。

她作文写得比较好，我决定把这个作为突破口。首先对她的作文评语我是斟酌又斟酌，颇下了一番功夫，让她感觉老师欣赏她，进而表扬她；我开始把她的作文当范文念，当然念的时候，采取随口删增的修改方法，让她有展示的机会，重树信心，有迎头赶上的决心。当她听到她的文章老师用那样的方法念出来时，她的眼中呈现出略带激动、羞涩和慌张的神情，仿佛在说："老师，我行吗？我能写出这样的作文吗？"家长那里，我要求他们积极配合，充分信任她，多表扬，不斥责……对于她，应采用"润物细无声"点点滴滴浇灌的教育方法。我告诉她，以前学习成绩不好、表现欠佳都是因为青春期成长烦恼惹的祸，现在努力学习还来得及。我进一步要求她包里不再背那些书来，取消联系本，并且期末成绩要进步六个名次。

半学期下来，她有了较大的变化。在班级表现突出，美化墙报时，自己花钱买花边；运动会时，自己拿钱买矿泉水，还主动去搀扶跑八百米的同学；一个人写了好多篇广播稿。这一切，我看在眼里，喜在心头，期待她的学习成绩和表现有一个更大的飞跃。期末考试来得很快,我说到做到,先取消了联系本;她也说到做到,成绩进步了七名。

我也没想到,艾舒以后的日子大有起色,我开始喜欢这个“胖姑娘”了。当然,后来也偶有反复,关于作业问题,关于成绩问题,关于追星问题……我又不停地找她谈话,语重心长,不厌其烦,用春雨般的叮咛滋润她的心。每次都要立下新的“霸王条款”,她表面依然不屑一顾,头偏着,眼睛眯缝着,但走出办公室全部照做。我真的越来越喜欢她了……

高中,她考上了朝阳中学。以后每次见到我,她都主动打招呼,很热情。三年时间,弹指一挥间。一次偶然在重百门口相遇,她变了,身材苗条了一些,眼睛似乎大了一些,已找不到那不屑一顾的神色。看到我,她眼睛一亮,大喊一声:“黎老师——”我大声回应:“哎——”很快,我开始絮絮叨叨问这问那,不外乎是问她考上了哪所大学,什么专业,她父母好吗。她一脸兴奋地回答:“重庆师范大学,学汉语言文学。他们很好,谢谢您,老师!”突然,她看到我正在盯着她,立刻停住,好像吃了一惊,然后突然就笑了,很灿烂,同时站在原地张开双臂,满脸期待,好像在说:“好久不见,拥抱一下?”我笑着伸开双臂,几秒钟后,我俩紧紧地拥抱着,我还轻轻地拍了她两下。一股拥有教师这份职业的幸福感、拥有学生的幸福情此时正潮水般地涌进我的心房,我眼眶中充盈着泪液。这是一种把教育过程变为生命享受的过程啊!这是因为无怨无悔热爱教师这份职业,所以深情地演绎着教师生涯的一种独特感受啊!我将永远无愧于自己的称号。

这样的场景,成为我永恒的记忆。

以理服人，以情感人

刘德森

华罗庚院士有句名言："书先是越念越厚，后是越念越薄。"如何使学生把书念薄，刘德森老师在一步一步地用行动说明。

1. 指导学生的方法和体会

培养研究生是我的重要职责。对研究生的培养和对本科生的教育不同，主要的不全是知识传授，而是对科研能力、工作能力、创新能力和科学思维的培养。多年来，我一直为研究生讲授"纤维光学理论""变折射率光学"和"微小光学基础"。研究生课程，主要是使研究生通过课程学习，掌握必要的基础理论和专业知识，培养研究生的科学思维、创新思维和科学的学习方法、工作方法。因此，研究生课程教学，既不能照书本讲授，也不能一点不讲，完全让其自学。我在重点讲授中特别注意这样几个问题：一个理论出现的背景是什么？如何提出问题、分析问题、解决问题？这个理论的核心是什么？它有什么重要意义？它的近似性表现在什么地方？存在什么问题？适应什么范围？该理论今后可能发展得如何？教学中我很重视结合课程内容将自己长期科研工作的经验、教训和体会用生动的实例讲授给学生，这对培养学生的创新能力和从事科研工作的兴趣与能力及拓展学生的知识范围是有益的。

实验能力的培养非常重要。我采用了学校和高技术公司共同培养的办法，将三个研究生放到公司做硕士论文，充分发挥了大学和公司各自的优势，这对研究生培养很有好处，他们在公司可以学到很多在学校学不到的知识。比如有一位研究生，初到公司各方面很不习惯，曾想回来，在我的反复启发下，最后下定决心，放下架子，坚持下去，论文不但完成得好，而且很有体会地说："这是他一生中收获最大的时光之一。"还有一位研究生在公司做硕士论文，各方面搞得都很好，公司领导也非常重视他，让他承担了公司的一项重要研制任务，成为公司工作的骨干，在工作中取得了很好的成绩。

华罗庚院士有句名言："书先是越念越厚，后是越念越薄。"怎样使研究生将这门课程越学越薄，这就是我们当老师的要在课程讲授中帮助学生解决的问题。

对待研究生，既要严格要求，又要亲切关怀。研究生是自己的学生，又是自己工作上的助手，导师要多关心他们在工作和其他方面的成长。对研究生存在的问题，要耐心教育、严肃对待，而不能姑息迁就、护短，应热情帮助他们改正。做一名教师，重要的是要以身作则，身教重于言教。自己的言行就是最好的老师，要学生做到的自己一定要先做好，要和学生多交流、谈心；要学生服，不是靠老师的名义，而是要以理(学识)服人、以情感人。

2. 教书育人中的困惑与解决之道

我过去长期从事科研工作，来本校后，给本科生讲授“光纤通信”专业课。虽然课程基本内容我比较熟悉，但教学方面我还是一个门外汉。我知道，人民教师的职责就是把学生培养成为具有一定的专业知识和广阔的基础知识，具有创新能力，报效祖国，服务人民的建设性人才。要当好人民教师，就应有“全心全意为人民服务”的思想，要一切从把学生培养成为祖国有用的建设性人才这一总体目标出发，既要教书，又要育人；既要把最基础的、先进的科学知识传授给学生，又要通过知识讲授对学生进行素质教育，使学生成为德才兼备的社会主义事业建设者。

为了讲好课，我非常重视备课和做课件。我知道，教科书上的内容是很基本的，是学生必须掌握的知识。由于是书，有的知识就不一定是最新的知识。因此，讲授中我很注意以下三点：一是知识的系统性和科学性，要由浅入深，要特别注意给学生讲清楚在科学技术的发展中是如何提出问题和如何解决问题的；二是要结合自己的科研，补充一些当前最新的和最先进的知识，使学生了解该领域的最新进展；三是在教学中特别注意进行学习方法、思维方法和道德品质教育，激发学生爱祖国、爱科学、爱学习的热情。备课过程实际上也是自己再学习的过程，是将知识系统化的再认识过程，自己不懂，是很难把学生教懂的。教学中，我们还要有一个实事求是的态度，真理是无穷尽的，科学事物今天是真理，明天就有可能不再是正确的了。有的地方，学生也可能认识得比我们深入，学生提出的问题也有可能把我们难住，我们要谦虚谨慎，要善于和学生平等地讨论问题，要有向学生学习的态度。我常说，我们讲课，不要认为自己总是100%正确的，有90%是正确的，我就很高兴了，10%不正确的地方，我愿意和同学们讨论得出正确的结论。

水滴石穿，创造价值

罗庚荣

对学生，他坚信水滴石穿，一步一个脚印是走向成功的必经之路。对工作，他相信办法总比困难多，能够解决问题才能体现自己存在的价值。

1.提高教学水平的方式

通常在接到教学任务后，首先我会查阅上课班级的培养方案，了解这门课程在培养方案中的地位，以及与前后开设课程的联系，然后根据教学大纲选择合适的教学内容，再根据班级的特点与差异进行个性化的教学设计，最后编写教案。比如，都是上“微机原理”这门课，本科班和专科班的教法及教授内容就不一样。对教师而言，教学设计是尤为重要的。

开学后，我会在第一节课给学生讲清楚该课的教学规则（包括教师的教学环节和学生的学习环节），并和学生约定好相互监督。首先，我会要求他们“课前一定要预习，课中记好笔记，课后及时复习”。之所以要求他们在课上用心做笔记，是因为每个老师讲课都有自己的逻辑结构，如果学生只是见缝插针式地在书上随意记记，那么他们学习的知识就是散乱无层次的。然后，我会明确期末成绩的组成方式和分数生成方式，尤其会强调自己会严格按照分值比例规则进行打分，不会给任何学生打“人情分”。

在教学过程中，我非常注重对学生基础知识、基础技能与综合应用能力的培养。俗话说：“知识如同海洋。”但不管是哪种课程，知识的建构都是一点点积累的。我始终告诫学生，解决问题不能只依靠单一的知识，知识与知识之间都有着密切的联系，应将所学知识进行综合形成自己的能力，然后用来解决实际问题。常常有这样的学生，当被问及某个问题时，在老师说出答案之前，他会显得很茫然，但当老师讲出答案后，他立刻就能理解并表示赞同。这是因为，虽然学生已有了单一的知识储备，但综合应用知识的能力还没有培养起来。所以我在讲课过程中，会提醒学生注意两个方面：一是我即将要讲的课程内容；二是我在讲课过程中分析问题的方法与过程，这一点尤其重要。当今社会知识更新很快，要教会学生掌握获取知识、更新知识和综合应用知识解决实际问题的方法。

在课堂上，我很重视观察学生的反应，看多数学生能否理解我所讲授的内容，跟上教学进度。如果不能的话，就必须调整教学方法，特别是在面对教学内容中的难点时，教师一定要与学生对话交流，找出学生不能理解的原因，然后换一种讲法也许问题就化解了。课堂教学中，要以大多数学生的理解程度决定“因材施教”的方式方法，但在实验课教学中，“因材施教”可以针对每一个学生。一个班不管学生人数多少，我都尽量针对每个人进行辅导。在这样的辅导中，我能够与每个学生产生接触交流，因此学生的学习方法、学习态度和学习效果我都了如指掌,最后打出的实验成绩就很准确公正,这是我看重实验成绩的原因。

对于能力差的学生,我不会放弃,除加强辅导外,还会从学习方法方面加以指导,并以教学大纲的要求为底线;对能力突出的学生,我会给予个性化拔高培养,让他们的才能得到充分发挥。我有一句口头禅:“你跳多高,我陪你跳多高。”我曾经指导过学生参加1994年首届“全国大学生电子设计竞赛”,在此次竞赛中获四川赛区一等奖、全国二等奖的学生的学习愿望和学习能力都十分突出,因此我对他的要求也超出其他学生。如今,他已经是北京一家科技公司的总裁了。

2.教书育人中的困惑与解决之道

谈到问题与困惑,我始终相信办法总比困难多。能够解决问题才能体现自己存在的价值。在多年的教书过程中,我遇到的问题主要有以下几个方面。

首先,基础较差、反应较慢,或者长相不佳、体质较弱的学生,经常会有自卑的情绪。对于这类学生,我一直告诉他们要“笨鸟先飞”,先天不足,只能靠后天的勤奋努力来弥补。

有些学生本身是极其聪明的,但是贪玩,懂事晚。当这类学生犯错后,我会帮他们分析原因,指出年轻人只要认识到自己以前的做法不对,并立即改正,任何时候都不晚。我还鼓励他们把聪明用在学习和争取进步上。

计算机、电子类课程的实践性很强。在技术上一定不能模棱两可,要踏踏实实地学习。中国学生普遍有一个特点,那就是考试能力超强,可动手操作能力却不尽人意。因此,我常常要求男生拿出一点零花钱,女生拿出一点化妆品费和小吃费来买一些元器件、开发板等,在课余时间搞些小制作,锻炼实践能力。我们小的时候可以靠灌输和死记硬背记忆一些知识,但长大后要转变为理解后的记忆。

其次，针对学生之间抄作业的现象，我会先调查核实，对有照抄作业嫌疑的学生，我会先找他询问情况，如果学生勇于承认错误，改正就好。对于那些矢口否认、不诚实的学生，我会给予严厉惩罚，并记入平时成绩，最终影响该课程总成绩。相关的教学规则，我会在开学第一节课就跟学生讲清楚。教师要公平，使认真学习的学生得高分，偷懒的得低分甚至不得分，绝对不能助长歪风邪气。

还有一个问题是有些学生做实验时不认真，或者私自逃实验课，没有充分意识到实验的重要性。我会在开学第一节课讲教学规则时讲清楚，实验课原则上不得缺席，确有急事或生病的同学，可以在本轮实验期间与其他组的同学调换，采用实名制。每节课我都会把学生的实验分组号、实验序号、学生座位号以及实验完成情况进行详细记录。任何时候都可以查出某同学的第几次实验在哪个组的哪个座位上做的以及完成情况。采取这一措施后，实验课的到课率和实验完成质量明显提高。

最后一个问题也可以说是我的困惑吧，那就是在教学过程中，如何对“遇到问题，第一反应不是自己独立思考的学生”进行有效的教育。教学中常遇到这种情况：当我向学生提出问题时，他的第一反应是掏出手机上网查询，查到了就用网上的方法回答你，没查到就显出无能为力的样子。这是一种很可怕的社会现象。如果一个学生这样我们忽略不计，两个学生这样我们容忍不管，那么很多学生都这样你能不管吗？我们的创新型人才如何培养得出来？创新型社会如何建立？所以，我常对这样的同学讲，不要忽视你这不经意的举动，时间长了会抹杀你的创造性，使你变得愚钝、不思进取。手机、网络都是很好的现代通信工具，我们可以用来快速了解社会和科学的发展状态。但要解决问题，还得靠我们所掌握的知识和具有的能力，独立思考，创造性地想出解决办法。你们具备这种能力，以后就会成为创新型人才；你们具备这种能力，我们的国家、我们的社会就有希望。

3. 教学故事

记得50周年校庆时，学校做了一个声光电自动控制解说的校园模型。我负责制作声光电自动控制解说部分，这部分由一套单片机系统、PC机和音响系统构成。这一系统的完成实现了校园模型上每一栋楼，可以用两种语言、四种解说方式和白天、夜景两种模式声光电自动解说控制。这一成果在当时受到校内外来宾的高度好评，校庆后很长一段时间都保留在校史馆内使用。

这套单片机系统的成功，源于我在物理系开设单片机课程时设计的那一套单片机应用系统。当时，我向系领导提出要自己设计一套单片机应用系统，作为教师在技术上的表率，希望可以鼓舞学生更好地学习。我坚信，老师可以做出，学生一定也可以做出，甚至能做得更好。这比使用买来的成品更有教育意义。系领导非常支持，投入15 000元钱，要做15套。我通过朋友找了一个绘图软件，将所有标准元件用计算机绘图。由于当时的绘图软件只能绘制标准电路，于是我又将这份计算机绘图放大两倍打印后，用尺子精细测量非标准器件的尺寸，手工绘制在图上，再用投影幻灯机把图投影到墙上，核对双面板穿孔对位情况。一切核实无误，我高高兴兴地拿着图纸到三花石仪表厂制作印刷电路板。一位师傅说："老师，你用打印纸打的不行，打印纸在打印过程中要变形，双面板两面的孔要错位。你看我们是用绘图仪在专业铜版纸上绘图，所以，你要重新绘图，每块板子单面绘图费150元。"我听到这里头都大了，我有7块板子，其中5块双面板，要多出1800元绘图费！我对师傅说："我没有你们那么好的设备，但在技术上我考虑了这个问题，我的图纸投影到3米远的墙上没有发现错位现象。"我们终于达成协议，不重新绘图，因穿孔错位造成的废品我负责，有断线、短路等瑕疵的问题由厂方负责。最后做出来的板子证实了我的绘图是准确无误的，拿回学校组装、调试后也没有出现任何问题。现在这些材料还一直用于本、专科学生的单片机课程实验和学生科技活动、电子设计竞赛等。

大概过了两三年，有一天我们系的曾老师带着仪表厂的一位师傅来找我。原来是仪表厂跟别人签了制作印刷电路板的合同，恰在这时厂里的绘制仪坏了，如果不及时绘制图纸，就不能进行电路板加工，将不能按时交货。所以，厂里的师傅想到我曾经用打印机绘制的图纸效果非常好，想请我帮忙绘图，并付给我一定的酬劳。我听后对他说，我们当老师的只传授知识，不收钱。我将自己当时绘制的方法告诉了他，让他根据这些方法进行绘制，绝对不会有问题。同时，我指出了他曾经对误差问题有所顾忌的地方的原理及解决办法。他回去后按时完成了生产任务，我也很高兴。

再说点我用这套单片机应用系统在91级搞的教学改革。当我接到上91级单片机课程的任务时，我就向系主管教学的领导提出了进行“单片机模块式一体化教学”的设想。具体来说，就是将教学内容划分成十二个模块，模块之间逻辑相连、环环相扣。每个模块安排一个实验，学生每节实验课必须完成一个功能程序，并以子程序形式供下次实验使用。如果某次实验没有完成任务，下次实验就更加困难，所以学生不能落下任何一节课，否则将难以跟上课程的进度。经过十二次实验使学生从整体上理解单片机应用系统的结构原理，掌握单片机开发工作的步骤和方法。最后以课程设计的方式代替传统的考试，要求每位同学设计一个实用的单片机应用系统，并在连续三次实验时间内调试完成，否则视为不及格；针对该设计要回答老师的提问，如果连问三个问题都不能正确回答也视为不及格。老师根据课题完成情况、回答问题和撰写课程设计报告的情况综合评定成绩。这个改革得到领导和同学们的大力支持，学生们也特别支持这样做。因为他们真的想学东西，学生在课堂上热情很高，讨论甚至争论很热烈，并积极参与教学活动。我们在实验课前都会把程序写好并翻译成机器码，这是一项有挑战性的工作。因为那时实验室的计算机数量不多，单片机实验没有配计算机，编写的实验程序必须人工汇编成机器码，实验时以十六进制代码形式从仿真器键盘输入，再调试、运行。如果程序有问题，修改之后还得重新人工汇编成机器码输入仿真器，再调试、运行，直到程序功能实现为止。这是一个很辛苦的过程，需要坚韧和智慧，特别是最后的课程设计，功能多、程序长、结构复杂，工作量相当大。可是，没有任何一个同学向我抱怨一声苦或累。我后来才得知有的同学怕过不了，经常熬到深夜写程序，还有熬通宵写程序的！我不由得感到有点愧疚，是不是逼得过了一点？可他们在课程设计报告中还强烈要求我或直接向系领导反映，其他课程像单片机课程一样进行改革！这届学生的课程设计刚结束，有位同学对我说："罗老师，现在叫我上单片机课，我都不虚了。"后来，这位同学分配到成都一所高校，他主持建立了单片机实验室，首开了单片机课程。

我在91级上单片机课程和进行的教学改革，现在仍历历在目。我非常享受教育带来的快乐，师生间相互配合也产生了深厚的情意。看到他们不断进步和取得的成绩，我除了祝福他们之外，心里也有点小小的成就感。在他们毕业15周年聚会时，我们还谈及当年一些有趣的事情，这些是快乐的回忆，是幸福的记忆！

4. 教学与科研的关系

我认为高校教师的教学和科研都很重要，不可偏废。教学需要一定的深度和广度，才会取得好的效果。教师只有在进行了科学研究的基础上，对问题的认识和理解才能更加深入、透彻，讲起课来才会丰富多彩、游刃有余、胸有成竹、底气十足。所以,教师必须进行科学研究,这是不容置疑的。

至于如何处理教学和科研两者的关系,我认为这主要是时间和精力的分配问题。我们学校的职称系列很多,教学系列的要求有科研工作量,科研系列的要求有教学工作量,还有许多其他的系列。在这种情况下,我建议简单化处理:如果一名教师这学期的工作安排是专职科研,就用百分之百的精力搞科研;如果一名教师这学期有教学任务,那么不管他是哪个职称系列的,是教学兼科研,还是科研兼教学,工作排序都必须是先教学后科研。教师必须保证只要站在讲台上就要对学生负责任,有备而来,教学内容充实,精力投入,让学生满意。

世上无难事，只怕有心人

罗洪铁

他的一次次激励，让学生踏上更高的台阶；他的一次次敦促，让学生不忘时刻耕耘；他的严格要求，让自己也让学生成长得如此强健。

1. 指导学生的方法和体会

我是一个工作、生活都有目标和计划的人，凡是比较大的事，我都有明确的目标。1995年，当我开始招收硕士研究生时，就提出了"两个十字架战略目标"。所谓"十字架"，是指我国的京广线和长江流域组合起来，正好像个十字架。这个十字架区域是我国政治、经济、文化发展最好的区域，也是人才最能发挥作用的主要地区。"十字架战略"分为两个：第一个即就业的十字架战略，我希望研究生毕业后能到十字架沿途的城市去就业创业；第二个即考博的十字架战略，我要求考博的硕士生，都报考十字架区域附近的名校名师。这一战略实施的结果是，考入北京地区的博士生最多，其次是广州、上海、南京、武汉、重庆。他们分别在北京大学、清华大学、中国人民大学、北京师范大学、中国社会科学院、复旦大学、同济大学、河海大学、武汉大学、中山大学、华南师范大学和西南大学攻读博士学位。在毕业生中，被评为教授的有8人。副教授20人，3人成为博导，15人成为硕导，6人进博士后流动站继续深造。

进入21世纪后，根据社会对人才的国际化要求和学生发展的需要，我又提出了“太平洋战略”。这一战略要求和鼓励学生跨越太平洋，出国留学、访学。到目前为止，已有13人先后到美国、泰国和捷克斯洛伐克留学、访学，还有一批学生即将出国。通过20年的努力，“两个十字架战略”和“太平洋战略”得以成功实现，一批有作为的有志青年成长起来了。

我认为，无论是硕士生还是博士生，他们正处在人生的重大转折阶段。在三年的研究生生活中，如何学习以及取得什么样的成绩，素质达到什么程度，不仅关系到他们的成长和未来的发展，还关系到他们在国家实施人才强国战略和实现中华民族伟大复兴的中国梦中扮演什么角色。结合我自己指导硕士生和博士生的经历和思考，我浅谈一下自己的体会。

对于同学们如何度过三年的研究生生活，并且取得良好的学习效果的问题，每当新生入学时，我便向他们提出八个字，即“目标、勤奋、意志、方法”。一个人要想取得成功，首先，要确立科学的奋斗目标。有了目标，才有发展的方向和动力。其次，必须勤奋。拥有了目标之后，就要勤奋地学习和从事科学研究，全面提升自己的素质。再次，培养坚强的意志。在勤奋攻读学位阶段，挫折、干扰和困难会接踵而至，所以必须要有顽强的意志，顽强的意志是攀登学术高峰的精神支柱。最后，掌握科学的方法。要提高效率，做到事半功倍需要掌握科学的方法。在方法方面，我提出了六个字，即“多读、多思、多写”。多读是基础，只有多读，才能系统地了解、掌握专业知识，追踪前沿知识。我要求学生在读完一本书或一篇论文后，应该思考两个问题：一是要明白此书或论文的创新之处，能用最简洁的话把这些创新点概括出来并继承下来；二是要找出书中或论文中存在的问题。如果能够找到问题，说明自己既把书或论文读懂了，也找到了研究的新题目。关于多写，同学们在刚刚开始写作的时候会经历几个难关：想写论文但是找不到题目；找到了题目又写不出提纲；提纲设计出来了却写不下去，或者只是泛泛而谈，没有深度和广度。对于写作而言，没有捷径和诀窍，只有多练才能提高自己的写作能力。多读是基础，多思是关键，多写不仅是多读、多思的结果，而且还能发现问题，解决问题，弥补知识的不足。

关于如何指导研究生，我提出了以下理念。

（1）名校名师理念

名校名师理念，是指考博要报名校名师。名校具有丰富的教育资源。名校的师资力量强，教学条件现代化程度高，图书资料丰富，学术氛围浓厚。在这种优良环境的熏陶下，学生成才率，尤其是成为高级人才的概率较大。名校知名度高，不仅对学生的激励性强，而且有利于学生的学术交往和社会交往。名师知识渊博、科研能力强、有指导研究生的丰富经验。跟名师学习，不仅可以从老师那里学到最新的知识和创新理念，还可以学到为人、治学、处事的经验和方法。在名师的指点下，学生可少走弯路，将精力放到攻克学习、科研的难点和重点上，使时间得到有效的利用，从而缩短掌握知识的时间，使创造期提前。

（2）烧开水理念

烧水要烧到100度，水才会沸腾。在烧水的过程中，如果中途停下来，温度就会下降，下次再烧时，得从降下的最低温度烧起。因此，烧开水不能中途停顿，要一直烧到100度。如果中途停下后再烧，既多耗时间，还浪费能源。做学问如同烧开水，一定要一鼓作气，直到实现目标为止。中途停顿，会耗费更多的精力和资源，推迟实现目标的时间，有的还可能实现不了目标。

（3）酿蜜理念

知识的积累如同蜜蜂酿蜜一样，只有博览群书，才能采集到丰富和高质量的信息，酿出学术的“蜂蜜”。酿蜜理念要求研究生要从以下几个方面去吸纳知识：一是博览专业书，好读书，读好书。在广泛阅读专业书的过程中吸收丰富的知识，尤其要掌握前沿的知识，注意开阔自己的学术视野，为酿出自己的“学术蜂蜜”积累材料。二是参加各种实践活动，在实践活动中检验、强化、转化和深化原有知识，学习新的知识，发挥知识的作用。三是多听专家的学术报告。听专家的学术报告既能够了解他们新的学术观点，也能学习他们研究问题的思路和方法。四是广交学术朋友。在与学术朋友的往来中，交流思想，交流学术观点，交流研究的方法，博采众长，形成自己的学术风格。

（4）登山理念

只有登上顶峰，才能极目远眺，欣赏到那些中途退缩者无法欣赏到的风光。学习如同登山，在攀登学术山峰的过程中，只有一步一个脚印地向上登，一点一滴地积累知识、培养能力，才能翻越一座又一座的学术山峰。翻越学术山峰的过程其实就是提升理论水平的过程。只要不畏劳苦，坚持不懈地攀登，就一定能够登上自己学术的高峰。

2. 提高教学水平的方式

首先，就我自身来讲，从学生到老师，我的身份虽然发生了变化，但我始终保持着勤奋刻苦的精神。成为大学教师后，我依然像学生时代一样，抓紧一切可利用的时间如饥似渴地读书学习。不谦虚地说，除了出差以外，我几乎没有节假日，晚上看完新闻联播后，就抓紧时间读书和写作。通过这样的方式，我的专业水平得到了极大的提高，这是我提高教学水平的基础。

其次，在对待学生方面，我坚持亲切与严格并行的作风。在我眼里，学生就如同自己的孩子一般，我很愿意时刻关注他们的成长，热情地向他们传授知识，指导他们如何做人与做学问。每当在路上遇到认识的学生时，我都会询问他们最近的学习和生活情况；在炎热的夏季，我还会专程跑到考研教室去关心艰苦奋战的考研学生，因为我希望能够把院里的优秀学生都送到适合他们的名校去攻读学位，而不仅仅拘泥于本校；在平时和学生们的交谈中，我也时常提醒他们："大学对于你们的未来太重要了，你们正处在成才的黄金时间，切要珍惜！只有这样，当你们离开西南大学的时候，才不会留下遗憾。"当然，我对学生的关心绝非像有些父母亲人的溺爱，在学习、学术上，我始终主张对学生要严格要求，一丝不苟。试举一例来说，我在担任学生学术论文比赛的评委时，会将每位选手演讲内容要点的时间精确到秒，并现场归纳出选手有创意的学术观点，还会将其引用文献的次数、调研数据、论文存在的问题等准确地讲出来，使他们深受教育。为了让他们形象地体会到攀登学术高峰的不容易，每年新生入学，我都会带领他们攀登缙云山。对于缙云山上的几个著名景点，我做了以下概括：舍身崖是险，观景台是高，狮子峰是陡。人生要达到高峰，必须要经历险和陡，越陡越险，所到达的高度也就越高，没有险和陡，就很难达到人生的高峰。学术也是如此，如果一路平坦，就不可能走到高处去，必须要经历崎岖和艰难，才能到达高峰，才能达至常人不能达至之处。

最后，我还是个时间性和计划性很强的人。每学期、每周、每天我都会制订详细的工作计划，并要求自己当天的事务必须当天完成，即使是熬夜也绝不推延到第二天。在教学中，我也要求学生具有时间性和计划性。比如每年新生入学，在带领每届新生登缙云山的过程中，我都会带领他们到邓小平旧居前的邓小平松下去讨论他们三年研究生生活的奋斗目标和实施计划,并将他们的讲话录下来,制成光盘。毕业时,我则带领他们到贺龙旧居前,让他们回顾自己三年的学习生涯,思考自己当年所确立目标的实现状况,并再次制成光盘赠予他们,用以鼓励即将走向工作岗位或读博深造的学生,希望他们发扬缙云精神,继续攀登好两座大山——学术之山和事业之山,铸就自己辉煌的人生。

3. 教学与科研的关系

在将近50年的职业生涯中,我当过伐木工、理论干事、新闻干事、校报编辑和教师,这中间,我最满意的职业就是教师。在教学与科研的关系如何协调方面,我认为时间只要去挤,总还是有的,一名教师只要下定决心并全力以赴,教学和科研是可以兼顾的。我记得1985年我从助教做起时,便为自己确立了一个目标:奋斗十年,写出一本思想政治教育学方面的专著。经过十年的积淀和奋斗之后,1997年,我的第一部学术专著出版,这本书被理论界誉为中国思想政治教育研究的"第三代代表作"之一。可以说,在这十年间,我完全沉寂于知识的海洋,几乎没有节假日,没有星期天,我的大部分时间都花在了图书馆和书房。同时,我还通过多种途径购买了各种书籍,建立起了自己小小的"图书馆"。到目前为止,包括学院的工作室在内,我已有了三个书房。

由此可见,世上无难事,只怕有心人,一个人只要真的有心做成一件事,没有什么困难是克服不了的。教学之于科研是如此,科研之于教学亦是如此。

4. 教学故事

我曾经收过这样一个学生,他专科学的是飞机设计,但选择来读思想政治教育专业的研究生。刚入学时他听课都很困难,更不用说写论文了。用他自己的话来讲,听课如同在"读天书"。后来我找他进行了一次深刻的谈话，告诉他现在横在他面前的这座科研之山十分高大，希望他咬紧牙关翻越过去，并要求他从最低点开始，踏踏实实地从基础做起。首先是要把课听懂，把书读懂，再把论文读懂，只要坚持必有收获。在那之后，他顽强拼搏，刻苦读书和从事科学研究，进步非常快，最后考上了博士研究生。后来他在攻读博士学位时，曾经在其博客里写道："作为罗老师培养出来的研究生，学生深感恩师的情深如海。回想三载春秋，生远离故土，恩师并师母善慈若父母而待生，倍若沐春雨而润之，生怀感涕零。师恩隆瀚，师训谆谆，生从恩师三载，感师贤哲之道渊深，而师谦之、谨之。生虽慕而效之，然惟望背项而得皮毛矣。故曰恩师之贤哲之道、学术之渊、作风之谦、治学之谨，生惟一生而楷模之。生前路必多磨，而恩师之诲当若常聆，鼓生之信勇而奋之。"

还有一个学生，以前只是一名中专生，但他凭借自己超人的意志和勤奋，逐步完成从函授专科、函授本科向硕士研究生和博士研究生的跨越。在撰写博士学位论文的过程中，他为了用更多的时间进行写作，特地买了张行军床放在博士生工作室，困了就躺一会，不少个晚上就睡在工作室。如此拼命地学习和从事科学研究，最后他不仅按时毕业获得博士学位，而且科研成果丰硕，毕业不久就评上了教授，现在在一所大学的学院任院长。每当学生科研、工作取得成就时，我就深感欣慰，因为我认为：老师的最大成果不是他的学术专著、学术论文，而是他培养出来的高素质的学生。

在大自然中教与学

罗鉴银

习惯了走一路、看一路、思考一路，随时注意沿途景观和环境的变化。在飞机上俯瞰地面的地形、农田、城镇、村庄和道路，在火车或汽车上浏览沿途的风景。对于地理学科来说，现实环境无疑是最有效的一种课本，罗鉴银老师带领学生在大自然中学习知识，认识世界。

1. 提高教学水平的方式

我的教学领域为地理科学专业，我始终认为书本上的内容只是地理环境的一部分，地理的真实教材是大自然和人类社会，走出课堂到处都是具有丰富地理知识的生动教材，一个地理工作者只在书本里学习是远远不够的。对于一名高校地理教师来说，更是如此，一名教师只有亲眼所见，才能对书本知识具有更深的理解，才能为课堂教学补充更生动的案例，才能在面对学生各式各样的问题时凭借自己的知识与实践经历应对自如。当今社会，交通越来越发达，这可以说是所有地理工作者的一个福音。得益于这一点，到目前为止，我已到过世界各地的不少地方。我走过北碚、合川周边所有的大小山脉和河流，还把自行车骑到了拉萨、海南；我从不浪费出差的机会，不在旅行过程中睡觉或玩手机。我习惯了走一路、看一路、思考一路，随时注意沿途景观和环境的变化。在飞机上俯瞰地面的地形、农田、城镇、村庄和道路，在火车或汽车上浏览沿途的风景，已经成了我的无意识之举。我曾经乘坐飞机从法兰克福回国，在穿越过国境之前，我发现地面上的人烟极为稀少，但一进入国内就猛然觉得地面上的蒙古包密集了许多，道路也是纵横交错，密密麻麻地铺满了地面，这自然而然地就使我感受到中国人口对环境造成的压力之大。通过这种方式，我的专业能力得以常更常新，始终保持在较高的水平，对于学生的问题也总能给予圆满的解答，为此，我的学生也非常信任我。我还记得曾经有个学生在坐火车回家的路上打电话给我，询问他所看到的一条河流的名字，我虽未亲眼得见那条河流，但是十分开心和感动，因为这体现了学生对我的充分信任。

2. 指导学生的方法和体会

在教学中，我也经常带领学生到野外去实习，以实际案例来阐释理论内容。我的课堂之所以深受学生欢迎，也正是因为这一点。去年我带领学生去了青海湖、祁连山、河西走廊、阿拉善沙漠、冰川；前年去了长白山，考察了火山口和火山湖。

在30多年的教学中，除了讲授专业课以外，我做得最多的就是带学生实习。我带过两种实习：一是教育实习，二是野外综合实习。我带学生到中学去参加教育实习已有20多届，在中学与学生同吃同住，睡过大教室的铁架高低床，坐在床边听学生预讲，每节课我都非常认真地听和记录，并认真评价这节课哪里有错、哪里精彩。有时候学生一节预讲课30分钟,下课与我讨论要一个多小时,有些片段我还要给学生做示范讲解。野外综合实习是地理专业学生的一门必修专业课,这门课没有教材,必须要走出教室,以大自然和人类社会为教材。我带了十几年的野外实习,主要实习地是西南地区的云、贵、川、渝四省市,教师对实习地区的自然要素、人类活动、农业、工业、交通、城镇建设、民族特色和风土人情等知识都要有很好的掌握。仅峨眉山我就爬了近20次,从路南石林到九乡溶洞,在云南民族村与学生一起参加泼水节。我最喜欢的也是带学生实习,这和平日在校园里的课堂有很大的不同,平日在课堂上师生缺乏互动,而野外实习期间与学生吃住在一起,师生间有更多的了解。野外实习并非轻松之事,老师责任重大,不仅要不断给学生讲解实习内容,还要全程负责学生的安全,每一个小的环节,老师都要考虑得格外周到,在老师心里,学生的安全比自己的安全更重要。虽然我每次组织学生实习都有一定的压力,每次都要与学生一起坐两天两夜的硬座火车,但仍然感到十分开心。

通过这么多年教学经历的印证,我越来越觉得以现实环境为课本、教材,是一种卓有成效的教学方式。一方面,这种方式令我自身的专业能力得到不断充实,常更常新;另一方面,学生也喜欢这样的课堂,他们的专业能力也通过这种方式得到最大的巩固和提升。因此,如果说我有什么提高教学水平的方式的话,我认为这是最有效、最重要的一种。

3. 教学与科研的关系

在教学与科研的关系问题上,大部分高校教师会感到十分困惑。当今大学老师,尤其是年轻的大学老师压力很大,因为他们很难平衡科研与教学的关系。一方面,在当今高校,科研成为教师考核的标准。一名教师要想评职称,就必须搞科研,只有这样他才能有升职的机会。另一方面,作为教师,又必须要站好讲台。这就难免产生时间和精力上的冲突。可以说，这个问题是各个高校都普遍存在的，也是由当前中国的国情决定的。

首先，我认为，科研固然重要，但是作为一个教师，课堂教学这一环节必须要通过，因为这是师之为师的根本，是一个教师的基本能力。这一环节通不过，一个教师就会失去讲台和学生的信任，沦为一个只会写论文而不会教书育人的老师，而从教师的含义上讲，这样的教师是不能称之为教师的。

其次，在科研方面，教师也不应该只为利益而进行科研，而要从事与自己专业教学紧密相关的科研项目。有的科研项目虽然现在不能出成果，但是能为后者的研究做重要的铺垫。有的科研项目很快就出成果，但是这种成果对社会的发展并无多大的帮助。

当然，最好的是能同时抓紧科研和教学两个方面，这就要求教师付出格外的努力。我期望现在的年轻老师趁年轻多加拼搏，做到二者兼得。

把教育融进生命

宋乃庆

他把培养、爱护学生融进生命，用科研引领教学，在“不唯上、不唯师、不唯书”的学习和教学准则之下，一路前行。

1. 提高教学水平的方式

我觉得要提高教学水平，就要全身心地投入到教学工作中去。

首先，要把教学作为第一要务，把把培养、爱护学生作为生命中的一部分。

其次，要不断钻研教材，用科研引领教学。教师带领学生做科研虽然很费时间，但很重要，因为这是在教给学生学习、研究和发展的能力。多年来，我坚持让博士生、硕士生跟着我一起做课题、做研究，在编写中小学教材的时候，我甚至鼓励本科生也积极参与。因此，在我的科研项目中（包括一些我编写的国家级规划教材以及主持的多个中小学数学教材实验研究），都有我的博士生、硕士生及本科生的身影。在这样的教学方式下，学生们自然而然就掌握了进行科学研究的方法，并且他们在毕业以后的工作岗位中也能够很快适应并且迅速成长。从事教育事业这么多年以来，我一直坚信，教会学生做学问、做研究、做事情比什么都重要，而我也一直将学生的科研能力发展作为我自己教学成长、发展的一部分。

最后，要灵活运用，使学生容易理解，课内外要和学生互动、沟通、交流。

我就是通过这些方式来不断提升我自己的教学水平的。

2. 教书育人中的困惑与解决之道

我读研究生时，恩师陈重穆曾给我提出了“三不唯”——不唯上、不唯师、不唯书——的学习和教学准则。对于这三个准则，我一度觉得很困惑。后来，在经历了大学教学、科学研究和研究生教学之后，我才逐步理解并认同这三个准则。因为随着经验和年龄的增长、外界和自我要求的提高，我越来越发现一个人如果只知唯上、唯师、唯书，那么他很可能会陷入人云亦云、故步自封的泥淖，从而缺乏自我的创新与提升。意识到这一点之后，我开始尽量避免“三唯”，至于如何才能做到“三不唯”，我认为主要有三点：尊重领导，但不盲从领导；尊敬师长，但不盲从师长；认真读书，但不盲从书本。与领导、师长有不同意见时，要能善意提出，并能用有效的方法进行沟通。与书本有不同意见，也要敢于质疑。只有这样，我们才能不断向前发展、不断有所创新。

第二个困惑，就是如何处理教学与科研之间的关系，这也可以说是所有高校教师所面临的一个极其棘手的问题。有人认为要教学优先，有人则坚持科研优先，这一度令我感到无所适从。后来，我去向我的两位恩师王秀泉老师和陈重穆老师请教，他们建议我在坚持教学与科研并重的同时，用科研引领教学，这种方法果然收到了不错的效果。比如，我曾经主讲过一门“中学数学教材教法——数学教育”的课程，为了把这门课上好，我一方面协助王、陈两位老师编写中学数学教材，另一方面还申请了有关的科研项目。通过编写教材以及科研项目的引领，该门课程的教学成效极其突出。1989年，我们申报的“中学数学课程教材教法改革实验”“大面积提高初中数学教学质量”“提高初中数学课堂效益”等研究也获得了首届国家级教学成果奖。由此可见，教学与科研并重、科研引领教学的方法是确实有效的，它既能提高教师自身的教学科研水平，也能通过教育科研带动学生参与，培养学生的能力，可谓一举数得。

第三个困惑，就是有关团队建设的问题，即是否要建立团队、如何建立团队以及如何最大限度地发挥团队作用等。因为团队合作虽有利于利用各个教师不同的经验分解任务、快速作战，但也有不少问题，如意见分散、难于达成一致等。王老师和陈老师一开始就要求我组建团队，我记得我们第一次编写九年制义务教育初中数学教材（共6本）时，就组建起了一个有近60位教师的合作团队，我有幸先后成为副主编、主编。当时我还只是一位助教，但团队成员均是来自不同高校的教授、副教授、讲师及中学高级教师等，因此很难协调各种关系。好在有德高望重的王老师、陈老师的帮助，我妥善处理好了这些关系，不断推进教材的编写与实验进程。这一次经历让我亲身感受到了团队合作的好处，也让我积累了处理团队关系的经验。在之后的工作里，我始终重视团队的建设。

另外还有一个困惑就是：教学究竟要花多大心思？我的真实体会是：要倾注全部心血，将自己整个身心以及自己的所有能量都投入到教学中去。这样才能期盼学生切实得到提高，并争取更大的发展。

3. 教学和科研的关系

教学和科研的关系也曾经是我的困惑，后来在王老师、陈老师的帮助引领下，我一直坚持教学、科研并重。我认为，教学与科研的关系是相互促进的，并且应该是科研引领教学，教学在科研的引领下不断发展，反过来又促进科研的发展。例如，1999年国家提出西部大开发战略，2000年我组织了多所西部院校“构建西部教学团队，深化数学教育课程建设与教学改革，积极服务基础教育”，以此课题推动教学改革。为了实施教学与科研的互动，我们申报了“国家数学课程标准研制与实验研究”“师范生实习支教的理论与实践研究”“21世纪数学课程与教学改革研究”“国家课程标准小学数学教材研究与实验”等教学科研课题，同时又组织申报了中小学数学教育国家规划教材（2套），申报了数学教育国家精品课程、数学教育教育部特色专业，实现了教学与科研良性互动，有力促进了教学科研型教师的形成。在此基础上，2009年我们申报的“构建西部教学团队，深化数学教育课程建设与教学改革，积极服务基础教育”国家教学成果奖，一举获得国家教学成果一等奖。在不断研究的过程中，我们整个团队的教学与科研都得到了很大的发展，这些成果也激励着我们不断前进。

4. 教学故事

记得20世纪八九十年代我带本科生的时候，当时在做中学数学课程教材教法改革实验，有十多个本科生参与其中。那时候，我的学生们跟着我编写中学数学实验教材，跟着我到中小学搞数学教改实验。有同学甚至以此为基础做了一系列的有关“中学数学课程教材教法改革”方面的毕业论文。我在“全国中学数学教学大纲修改研讨会”上做大会发言并介绍本科生做出这些学位论文的时候，受到了教育部基教司、教材办南国芬、游铭钧等领导的高度评价。毕竟本科生去写中学数学课程教材教法改革的论文，是很不容易的，也是很大胆的。这些学生在学术上、在之后的工作上都得到了相应地成长和发展。

高瞻远瞩

谈锋

用前瞻的眼光看待学科，用发展的眼光看待教育，这是谈锋老师教育之路上的秘诀。

1. 提高教学水平的方式

为了使实验教学上一个台阶，1981 年我去北京参加了“现代植物生理实验技术培训班”，接触到了一些先进的实验仪器和技术，回校后筹建并开设了选修课“现代植物生理实验技术”。为了提高自己的实验技能，我又自学了《仪器分析》《分光光度法》《液相色谱原理》等专著，先后参加了上海分析仪器厂、美国贝克曼公司、佛山分析仪器厂举办的培训班，这些实践对我以后建设实验室和专业实验平台，以及开展科学研究打下了基础。由于对仪器设备比较熟悉，植物生理学教研室让我兼任实验室的管理员，我对这项工作认真负责，把实验室管理得井井有条。1990 年，教育部派遣了一个高等学校实验室评审组来检查工作，在我校随机抽取了3个实验室进行现场检查。我们植物生理学实验室被抽中，检查中不仅账、物、卡相符，而且仪器设备全部处于完好状态，清洁整齐。检查过程中，一位检查组的专家突然指着一台很不起眼的仪器要说明书，我对仪器说明书很熟悉，打开存放说明书的抽屉，瞬间就抽出了这台仪器的说明书交到专家手中，这成了检查组总结会上的典型事例。这次检查我们是唯一得到100分的实验室，给学校增添了光彩。1990年，我被教育部评为“全国高校实验室先进工作者”。

我在实验室建设中的付出也给我带来了机遇。1992年，教育部实验设备司司长亲自带队，要在全国抽调5位理科不同专业并对仪器设备熟悉的教师参加教育部高等师范专科学校实验室配置方案审定，指明要在西南师范大学抽调一名熟悉生物学仪器的老师参加。学校就派我到沈阳参加这项工作，经过10来天的努力，我完成了这一任务。这是我第一次到东北，住在沈阳师范学院的招待所。那次工作虽然辛苦，但是每天吃的东北大米饭真好吃，我从来没吃过这么好吃的大米饭，即使不吃菜光吃饭都特别香。这次经历又给我带来了以后的机会。1992年，四川省高校第9批日元贷款需要组织一个专家组，成都地区的专家已经落实了，还需要重庆地区派2名专家。四川省教委在向教育部汇报此事的时候，教育部实验设备司就直接推荐了我，这样我又参与了四川省教委日元贷款专家组的工作和重庆市教委高校实验室专家组的工作。在这些工作中，我接触到了许多新的仪器设备，学到了不少知识。从2000年至2007年，我先后到了20余所高校参加教育部高等学校本科教学评估工作。可能是我长期参与实验室建设工作的原因，几乎每次专家组分工都把硬件指标分给我，我也比较得心应手地完成了任务。评估中对学生实验能力的抽查，我往往是考核学生的实验操作和仪器使用能力，然后点评，给学校和参加考核的学生留下了很好的印象。

建设高水平的实验室和专业实验平台，除了不断提高管理水平，还有许多方面需要特别注意。第一，在引进先进、适用的仪器设备时，要有准确的定位和规划。1996年，我院开办了生物制药专业，作为植物生理学，我们将学科发展和实验室建设重点定位于药用植物次生代谢和有效成分研究上，服务于现代中药的发展。

第二，引进仪器设备一定要做好前期调研，做好性价比的比较。1982年，我们在引进UV-240紫外可见分光光度计时，就是在调研中了解到这台仪器是1981年日本首次得到国际金奖的一款仪器。我们在引进高速逆流色谱仪时了解到，我国在这种仪器上不仅有自主知识产权，而且处于国际先进水平。针对国内有北京和上海两个厂家生产的现状，我便利用出差的机会分别到两处实地考察，最后用准确而较合理的价格买到了理想的产品。

第三，设备的引进要有前瞻性和先进性，才能使我们的研究手段处于领先状态。我虽然是生物专业的，但是我校最早购置的双光束紫外可见分光光度计、高效液相色谱仪、高速逆流色谱仪、真空离心浓缩仪都出自我们实验室。由于我们实验室在药用植物有效成分的分离和纯化领域的硬件有极好的配套性和先进性，至今还有分配到其他高校的研究生经常利用寒暑假回母校来做实验。

第四，在实验室建设和学科发展上，要注意学科交叉。我对研究生有一个要求，不论你的论文是以生化制备为主还是以生物技术为主，你对这两方面的技术都必须掌握，这样你今后才有更广的适应性和科研潜能。懂生化制备的研究生很多，懂生物技术的研究生也很多，但是对两者都很精通的就不多了。我们实验室重点建设生化制备和生物技术两个平台，这两个平台都很受学生喜爱。

第五，坚持实验室开放的原则。仪器设备的使用效率是评价实验室管理水平的首要指标，我们坚持“仪器可以用坏，不可以放坏”的理念。我在管理实验室时，坚持开放的原则，经常有其他学科方向的老师、同学甚至外国留学生到我们实验室使用仪器设备。以高效液相色谱仪为例，我坚持仪器对外免费开放(自带色谱柱和溶剂)，大大提高了仪器的使用效率，实验室的高效液相色谱仪都是排队使用。我们还在实验室的黑板上画出一个月的日历，谁打算哪天使用，就在那天的格子中写上自己的名字，这天器材就归你使用了。一般当周是预约不到的，至少要提前一周预定，有时候工作量没有估计准确，当天实验没有做完，第二天已经有人预定，那就只有"开夜车"了，所以我们实验室经常出现通宵做实验的情况。同学们做实验都是蛮辛苦的，他们的勤奋、忙碌、探索和孜孜不倦常常给我留下无限的回味。退休时，我把两大本仪器运行的原始记录珍藏了起来，每当我看到泛黄的填得满满的实验日志时，就想到和同学们在实验室一起工作的日日夜夜。由于我们的实验经常大量使用有机溶剂，对身体是有害的，所以尽管我们在实验室使用一天高效液相色谱仪、高速逆流色谱仪或PCR都要用科研经费额外提供10元劳保补助，但还是微不足道。

随着学科发展的转型，教学内容也必须扩展。把植物生理学的发展重点放在次生代谢领域后，我积极筹建了"药用植物生化制备"课程。在这个过程中，我系统学习了《色谱法》《生化技术导论》《生物物质常用化学分析法》《生物化学制备技术》等书籍。在完成药用成分的制备过程中，常规的经典定性不能满足需要，通过色谱定性虽然前进了一步，但是仍然达不到学科发展的要求，必须掌握光谱解析的方法，才能达到药用植物有效成分鉴定的制高点。这对于生物专业出身的教师来说是有相当难度的，为此我又开始自学与紫外光谱、红外光谱、核磁共振光谱和质谱相关的专著，并将学习体会给同学们开设成讲座。在这一过程中，有利条件是我的兄长是《谱学方法在有机化学中的应用》一书的作者，他在四川大学主讲"波谱解析"课程，我在自学的过程中有不懂之处，就向他请教。后来我讲授的内容逐渐丰富，就编写了一本《天然产物的光谱解析》讲义，给研究生和制药工程专业的本科生开设成选修课，受到同学们的热烈欢迎。许多其他专业的研究生都选修了这门课程，制药工程的本科生无一例外地都选修了该课程，而且都会自觉地记好笔记。查看同学们的课堂笔记时我发现大家记得相当完整，说明我备课认真，同学们学习投入。

2. 教学与科研的关系

作为一名高校教师，既要教学，也要做科研，二者是相辅相成的。教学的内容和科研的领域都要联系实际，都要为生产和社会服务，才能受到学生和社会的欢迎，才有发展后劲。20世纪70年代，我在讲授“植物病理学”的同时，结合甘薯藤尖越冬苗的研究，发表了自己的第一篇学术论文《甘薯藤尖越冬苗灰霉病浸染途径的研究》。之后我在教学的同时，都会努力开展科学研究，迄今已经发表学术论文162篇。在这个过程中，我深感教学和科研是相辅相成的，教学使我在学科上有了全面而扎实的基础，科研的经历和积累使我的教学更加深入，更受同学们欢迎。在拓展教学领域的过程中，我始终从学生的角度考虑问题，做到理论联系实际，教给学生实用的知识，培养学生适应社会的能力。在“植物生理学”的教学中，我努力将应用性成果应用到课堂和实验教学中。2005年，我领衔的教改项目“突出应用特色，创建‘植物生理学’精品课程”获得了重庆市优秀教学成果一等奖。

在优先保证教学精力投入的前提下，我积极开展科研，既促进了实验平台的建设，也为研究生培养打下了基础。1992年，我开始招收研究生，先后招收了15届37名硕士和博士研究生。前期研究最多的是甘薯，这得益于我们学院李坤培和张启堂两位老师在甘薯方面的开创性工作为我提供了良好的研究条件。后期随着1996年生命科学系成功申报生物制药专业，结合中药现代化的大环境，我的研究重点逐渐向植物生物化学与生物技术方向转化，从生理、生化和生物技术的角度研究药用植物的次生代谢和药用成分，研究重点和研究生招生方向定位于“药用植物生理生化与生物技术”，研究的植物涉及银杏、绞股蓝、牛膝、灵芝、喜树、杜仲、栀子、番红花、少花桂、芦荟、紫苏、百合、松果菊、川赤芍、山茱萸、西番莲、桑葚、红花吊钟柳等。研究最多的当属含抗癌药物紫杉醇的红豆杉，在红豆杉的研究中我主持了包括国家863子课题在内的3个课题，解决了研究生培养中的经费问题和实验平台的建设问题，发表了与红豆杉相关的论文30余篇。应用性课题的研究终于取得了成效，在科研成果的基础上我于2001年我成功领衔申报了“生物化学与分子生物学”硕士点，为学科发展开拓了一个崭新的领域。

最后一课

王俊瑶

职业生涯的最后一节课怎样上？对于一位怀着对教育意犹未尽的热情和无坚不摧的责任的教育工作者来说，这个问题是个巨大的难题。王俊瑶老师在面对这个难题时，她给出了怎样的答案呢？

那是我的最后一节课，上完那节课后，我就要退休了。

职业生涯的最后一节课怎样上？我思考了几天。作为语文教学法的老师，我可不愿意随随便便就结束这节课。这节课不光要完成教学任务，还要对学生的人生有所启迪，给学生留下印象和提供实实在在的帮助。我觉得，这堂课结束的最后几分钟，应该和平常的课不一样。

为什么会有这种想法呢？大概是出于职业的良心，或者说是责任吧。在给每个年级的学生上完课后，总觉得还有好多话想对他们说。因为我们的学生，毕竟是在一种世俗认为是正面教育的环境中长大的。这种从小学到中学再到大学的教育环境，弊端就是容易造就一些认识肤浅、脱离实际、缺乏现代意识和创新精神的人。而且我们的社会正处在改革变动时期，人的情绪往往比较浮躁，学生一毕业就要面对复杂的社会，容易陷入思想准备不足、理想碰壁、锐气被消磨的尴尬境地。如果对自然、对社会、对人生多一些较全面的了解，那么他们就会坦然地面对社会、面对人生，也会少很多后悔和烦恼。

正是出于这种担心，我想把我的感受传达给学生。但是课堂时间有限，于是在2006级学期课程结束的时候，我用了几分钟，把德德玛的视频歌曲《岁月中秋》播放了一遍。在播放之前，我说了如下的话："今天是我给大家上的最后一节课，对于你们来说，只是课程结束，但是对于我来说，是从教生涯的最后一课。你们是我的关门弟子，上完你们的课，就意味着我退休了。想对你们说的话很多，语言这时候是多余的，不如用歌曲来传达我的意思。下面我给大家播放蒙古族著名歌手德德玛的歌曲《岁月中秋》，我的人生感悟都融在这首歌里。下面，我们静下心来，注意歌词的内容，仔细体味一下这首歌的情感。当然，理解这首歌需要人生的阅历，你们现在还可能领会不深，等你们40岁后可以再听这首歌，感触就很不一样了。"

这也是我为什么要在告别课上播放《岁月中秋》的原因。德德玛的《岁月中秋》，歌词和曲调都有一种厚重的沧桑感，初听虽然也很感人，但是真正能引起更强烈的共鸣，只有在孔子所说的有一定人生阅历的"不惑之年"。歌词中的人物形象，是一个漂泊在外、经过人生挣扎的中年人，深夜难眠、怀念慈母、怀念故乡时的自言自语，有愧疚、有遗憾、有醒悟、有思念，复杂的内心激情，在累积之后如决堤之潮一涌而出。青春易逝、时光不再、人生曲折的情感，只有蒙古族的这种长调才能完美地表现出来。用生命来聆听这首歌时，我们浮躁的心才会静得下来，我想学生也会有同感的。

在往届毕业生应聘的过程中，常常听到学生说，某某中学很傲气，非某些师范大学的学生不要,学生心里备受打击。实际上从我们学生的素质和我们的教学质量来看,一点也不弱于那些师范大学。我们老师心里虽然有数,但我们的学生自信心不足。同时考虑到往届毕业生就业后,也有一个职业焦虑期,在这个时候仍然渴望得到老师的指导和鼓励。于是歌曲播完后,我又说了如下的话来增强我们学生的信心:"你们毕业后,我虽然退休了,但退休不退岗,我的手机 24 小时开机,在你们觉得需要帮助的时候,随时可以打电话来。我可是你们的资源库哟,只要王老师在,不管什么难上的课,不管是哪个师大的和你赛课,都不要怕,我是你们的强大技术顾问。"

退休后,我的 QQ 签名公示:"一次教学,免费终身服务,欢迎学生、同学、朋友、同事咨询讨论各类问题。手机 24 小时开机等待。"我可能是全国第一个公开提出"一次教学,免费终身服务"口号的,给学生带来了极大的鼓励。

事实证明,我的"最后一课"超出了预期的效果。德德玛的《岁月中秋》成了我 QQ 空间的背景音乐。课堂的最后一课,已经延伸到网络上。其实,这最后一课,还没有下课,我很高兴。

热爱课堂，热爱教育，热爱生命

魏晓娜

一位热爱课堂的老师定能融入课堂，兼顾每一位学生，把课堂变活；一位热爱教育的老师必会坚持示范引领，勇于改革和创新；一位热爱生命的老师定会细心耐心，善于发现每一位学生的可能性。

1. 指导学生的方法和体会

我打心眼里觉得，我们学校的师范生在很多方面都是特别优秀的。我也经常跟我的师范生说这样的话："能够教你们我觉得非常高兴和自豪，因为我当年上本科的时候还没有你们优秀呢。"这些年来，我总是不断地发现，我的本科生们做出来的东西往往超乎我的想象。比如，有一次我给他们布置了一个同课异构的作业，即针对同一篇课文做出不同的教学设计。作业交上来后，我发现学生们对非连续性文本（与以句子和段落组成的连续性文本相对的阅读材料，多以表格、图像、音频等形式呈现，它的特点是直观简明、概括性强、易于比较）的运用非常棒。而我在很多地方做讲座时，却发现许多人都不知道非连续性文本的使用在作文教学中的好处。于是这时，我就把学生们交上来的作业作为优秀的案例来讲，让他们明白同样的课文可以通过非连续性文本的使用讲出不同的效果。所以在大学里，我很感激我的学生们，我们之间所产生的交际也更多在于知识方面，因为他们总会给我无限的启发。说实话，后来我发表的很多论文都是在本科生课堂上获得的灵感。我从来不觉得教学只是单方面的付出，而常能从中有所收获。我是非常喜欢上课的老师，如果不上课只搞科研，我的专业热情会急剧枯萎，我的专业灵感也会消失殆尽！

与此同时，我也自然而然地喜欢上了布置和批改本科生作业，因为我发现精心设计、认真批改作业，会令学生和教师都收获很多。前面说到我从学生的作业中获取了科研启发，而同时，学生也能利用作业不断地巩固他们的教学技能。此外，如果教师引导得到位，更可使他们对教师这个职业充满向往。比如，在2011级免费师范生课程结束的时候，我明显感觉到学生对语文名师的了解太少了，教师职业信念严重不足。于是在接手2012级“中学语文教学设计”课程时，我在新学期一开始就提出新的课程评价措施，把本学期课程成绩的40%分配到学习报告《我与名师结对子》上。其实也就是给学生开了一个有关语文名师著作的书单，然后让大家下去阅读并写成读书报告或论文的形式。这份作业从学期开始就启动，一直到最后一周提交。这次反馈的效果就很好。我的师范生在一个学期内基本上读完了我开列的语文名师著作系列，所交上来的学习报告质量非常高，有的甚至像一本书一样厚实，让我至今还珍藏着这份特殊的作业。我还记得有一个同学非常崇拜江苏的语文名师黄厚江，甚至直抒胸臆“愿做黄氏门下走狗”，这让我读来赞叹不已，惊喜万分。

在课堂上，我一直很喜欢和学生互动。过去我们有一些评委老师说，高校的课堂不同于中小学的课堂，没必要进行什么师生对话、课堂活动，只要老师讲得好就可以了，至于听不听完全是学生自己的事情。真的是这样吗？我觉得他们对这个互动可能有一些误解。大学中的师生互动不光是提问题，也包括一些活动设计。我当时还专门为此研究了活动设计的基本理论，并在自己的课堂进行实验，力求达到“人人有事做、时时有事做”的全员参与学习状态，建立班级学习共同体，改变教师唱戏学生看戏的局面。最后我很高兴看到实验成功，在我精心设计的活动下，学生有话能说、有话愿说。这一点似乎说起来简单，但其实是大学课堂的一个难点。我觉得我教学最大的成就感就在于，可以使大学课堂非常活跃。如果我想让学生说话，他们肯定会说话，而且有时候还会说个不停，无论是小组讨论还是到讲台上发言，积极性很高。这或许就是因为老师上课的价值取向不一样吧。我觉得我不是来传递知识的，也不是来讲课的，而是来带领他们一起思考并参与讨论的。当然，这种教学方式也有很多前提，或许和我学的是教学课程论有关。因为我本来就是学教学课程论的，所以在活动设计方面会有自己的一些理论和思考。

此外，教师不仅要教书，更要育人。而且我从事的工作是师范教育，师范生从我身上感受到的关爱将会直接影响他们将来的教学情感和态度。所以我很重视在育人方面的示范引领，一直刻意保持四个教学习惯。

第一，告知学生我24小时的联络方式。我总是会在第一次上课的课件上公布自己的联系方式，并告诉我的学生们在任何有需要的时候都可以联系我。直到现在，一些毕业了的学生第二天要上公开课了还会深夜打电话给我，向我征求意见或者诉说心中的紧张与不安。学生们总说我“像个中学老师”，因为我就像他们的中学老师那样平易近人、和蔼温和、满面微笑，而我出现的频率也像中学班主任老师一样，随时都能看得见、找得着，让他们随时都有依靠。

第二，我还喜欢珍藏点名册。不管我同时教多少个班级，我总是会努力地熟悉并了解每一个学生，无论是他们的模样还是性格特征，并在点名册上详细记录学生课堂表现的点点滴滴。我的点名册上有很多符号和标记，每学期结束后我都舍不得丢掉，于是都一一珍藏起来。而且，我会在最后一节课告诉他们：如果多年以后想了解你上课时候的情况，我都能有依据地说出来。

第三，温情点名。大学的教学科研工作确实比较繁重，但是不管多么繁忙，我都会利用一切机会向学生传递温情，让他们在点点滴滴中感受到老师对他们的关注。比如我总结的“温情点名法宝”。在学期第一次点名的时候，我总会字正腔圆而又庄重地念出学生的名字，而后微笑而诚恳地说：“你好，认识你真高兴！”这时，我往往会看到他们的眼中闪烁着莫名的激动——其实我这么做只是想让学生获得被尊重、被重视的感觉，明白老师是如此在乎他们每一位。继而，在每一个学期的课堂中，我称呼他们一般会用“亲爱的同学们”“聪明的同学们”“有创意的同学们”等，以此来对他们的表现进行积极反馈。在学期结束时，我也会进行最后一次告别式的点名。这时候我就一般不用点名册了，我会看着他们很亲切地、用很多种方式来称呼他们。比如，有的同学长得很像奥巴马，同学们亲切地叫他“奥巴马”，这时我就也亲昵地叫出“奥巴马”，或者把一个叫“李兰”的同学称呼为“阿兰”等——我这么做是想告诉他们我已经很熟悉他们了。最后，我还会用三言两语点评每个学生的优缺点，提出对学生的希望和建议——我这么做是想让学生们感受到老师的关心会一直陪伴他们。

第四，我希望自己的课堂能够积极传递正能量，因为师范生将引领着祖国的未来。面对多元的社会价值取向，未来一代人的生活态度和价值观往往取决于师范生自身的生活态度和价值观。因此，我特别重视向他们传递正能量。比如，有一次我给他们讲了《鲍鱼》的小故事来让他们明白，世界上确实有很多险恶的东西存在，但是我们既不能消极避世，也不能只知抱怨愤世，而要学会积极面对。我也曾送给学生一副颇有意思的“洋对联”。上联：Eat Well Sleep Well Have Fun Day by Day；下联：Study Hard Work Hard Make Money More and More（上联：吃得下，睡得香，天天快乐；下联：学得好，干得棒，年年有余）。我由衷地希望我的学生能够精神健康地学习和生活，并让身边的人也因为他们而努力学习、愉快生活。在我眼中，他们就像我自己的孩子一样亲。

我说过，我是幸福的，因为我的工作和我的兴趣是高度一致的。当我的工作不仅是为了生计，更是为了充分展示我的爱好和兴趣时，教学就变成了“上不封顶”的无限追求。

2. 提高教学水平的方式

首先，我始终坚持逐年推出“升级版”的教案，因为课堂总是我最享受的地方。学校要求上课必须有教案，可我不仅仅准备了教案，而且每年更新，逐渐升级：从传统的知识本位的“章节式备课”发展到问题本位的“专题备课”，再发展到了学生本位的“微课备课”。到了这学期，我甚至还准备把我的授课视频进行自费编辑，形成可以供学生随时点播的“慕课”。

其次，我还长期坚持自费运行本科BB平台。我们学校在2011年就资助过建设本科BB平台课程，当时我积极参与了课程建设，我所建设的课程被评为样本平台课程。但后来由于没有了任何经费支持，同批筹建的很多平台课就成了“僵尸平台课”，但我还是坚持运行BB平台。在连续几届的自费运作下，我从中发现了很多高校课堂运行的有效策略，申报了2014年重庆市教学改革项目“Blackboard平台课程‘中学语文教学设计’的课堂结构转型研究”，我的师范生也因此大大拓展了学习的空间。我发现他们对国内语文名师的研读和现代语文教育理论的掌握，非一般师范生可比。他们的教学设计作业和案例点评作业也具有很高的专业水准——这些成果到目前为止都还能够从BB平台上调出来查阅。

当然，我也总是精心设计和批阅课后作业，并进行创新试卷点评。其实，我们学校并没有要求教师一定要布置课后作业并进行批改。但是我始终认为教师对学生作业的态度会直接影响到学生的学习态度和学习质量。因此，即便是在同时任教4个班级共230多学生的情况下，我也总会给学生精心设计课后学习作业，并认真批阅。我甚至会针对每次期末考试的试卷给同学们做出实质性的点评，总结上一学期教与学的得失情况。这些评语和批改记录，充满了我对学生的欣赏、督促和鼓励，而这些至今也仍能从BB平台上查阅到。

最后，我还总是不由自主地带着教育理念进行各种新的教学尝试。比如说，受洋思中学“先学后教”的理念启示之后，我在师范生课堂教学中采用了“先学后教”“先教后练”“先练后教”三种教学方法，并对其进行比较研究，然后总结出适合不同教学内容的课堂操作策略。又如，我按照“案例教学法”的理念，采用“先观看再点评”和“试讲—观摩名师课例—对比分析”两种方法实施比较试验研究，总结出能促进师范生进行有效课例研读的操作策略……就这样，我带着特定的教育理念，在很多具体而细微的教学环节中，不断积累摸索，进行着课堂教学改革和教学实验，总结出了很多自己的师范生教学心得体会。

3. 教书育人中的困惑与解决之道

很多教师在教学中都会遇到如何应对差生这个难题，这也是我在刚参加工作时最头疼的一点。因为我们所谓的差生其实不仅是成绩不好，更重要的是他们性格顽皮、叛逆，许多教师一见到差生就头痛。但我一直跟我师范班的学生说这样一句话：“见到差生，一定不要讨厌，反而要高兴。”为什么呢？首先，我们的职业就是教书育人，把一个只知调皮捣蛋、不知上进的学生纠正过来，塑造成道德高尚、积极向上的人才，这不正是教师的职责所在吗？这就犹如医生面对病人一般，病人只有生病了才需要去医院，可医生从不会因为病人生病而觉得他讨厌，所以教师对待差生的态度也应像医生对待病人一样。甚至说，我觉得教师尤其要关注差生，因为优秀的学生其实不需要老师太多的管束。正如魏书生老师说的那样，名师都是踩着差生的肩膀成长起来的。每个人都是在问题中成长的，只有出现问题了，人才会想要去寻找解决问题的方法，从而提高自己。一个差生身上总是集中了最多的问题，因此也就最能促进一个教师的成长。如果我们不再将差生看作工作的障碍，而把他们当作研究对象，就像做数学题一般尝试用各种解决方法，对他们进行各种探索，这样，同差生的较量不就会变得有趣而充满挑战，也最有成就感了吗？

我记得自己刚开始当班主任时，有一个特别调皮捣蛋的学生，每天一看到他我就头疼不已。一开始，我一心只想让他怕我，于是我总会做出一些比较严厉的动作或者装作发怒的样子来教训他。比如，在他捣乱的时候，我突然一下子把教室的门踢开，厉声呵斥一句：“干什么呢？”诸如此类。后来我发现，这种方法确实能把他当时吓得一愣，但他愣住之后我却不知道接下来该怎么做，只能继续板着脸灰溜溜地走出教室。的确，我这样做只能镇住他一时，却无法起到长期的效果，更无法让他打心底对我产生敬畏。每次我出了教室，他又会乱起来，次数多了以后，他不再怕我，因为我除了瞪眼干吼，毫无威慑力，根本拿他没有办法。这给了我极大的挫败感，让我意识到自己根本不知道怎么去管理学生。即使有时候班上纪律好，那也是因为学生本身的自觉性，而不是因为有一个善于管理学生的老师。于是我迫切地找了一些相关的书来看，专门学习了班主任的管理方法。其中魏书生老师的书对我的影响特别大，他主张教学管理要民主、科学。我到这时才知道管理学生竟是一门很深的学问，并不是说老师一厢情愿地想要学生怎样，学生就会怎样。毕竟学生不是物品，而是拥有自由思想的活泼的人！从此之后，我就开始有意识地琢磨并调整自己的管理方法，尽量找到最恰当的处理方式。

仍旧以刚才那个“差生”为例吧。这都是后来的事了。我记得那是一个炎热的夏天，他因为打球迟到了，在我已经上课时才满头大汗地闯进来。我看着他满身黑黢黢、脏兮兮的样子，虽然极力按捺住心里的怒火，但还是忍不住说了一句：“你看你真像个黑鬼！”其实我说这句话本身并没有恶意，反倒是因为外面又热又晒而有些心疼他。我本来想就像妈妈数落儿子一样教育他两句，但没想到，他听了这句话之后一下子就火了，“嘭”的一声把球直接砸到了黑板上，然后扬长而去。当时教室里突然鸦雀无声，全班同学面面相觑，一句话也不敢说。我也感到一阵尴尬，不知道该说什么，只能佯装镇定地继续讲课，但心里一直在想着这件事情。下课后我就想：“我到底应该怎么办？我应该继续批评他吗？他是不是应当受批评呢？”想了一天，最后我决定还是应该鼓励肯定他。我自己也要做出反思并表示对他的尊重，因为当时闹成那样并非我的本意。于是第二天上课的时候，我当着全班同学的面向他道歉说：“昨天××同学的事情，我觉得我做得很不好，我要在此向他道歉。为什么呢？第一，天那么热，我不仅没有关心他累不累，反而说他是个黑鬼。尽管我本人没有什么恶意，但这个话的确是不尊重人的，难怪他听了会不高兴；第二，××同学虽然迟到了一会，但他还是来上课了，并没有要逃课的企图，反倒因为我那么一说，他逃课了。所以，他逃课的事我必须负一半的责任。在这里，我希望××同学能原谅我。作为你们的班主任，我以后也会改变自己，注意说话态度和工作方法。”从那以后，我再也没提起过这件事了，并且只要我发现他有一点优点，就会不断地去肯定他、鼓励他。比如，我无意中发现他会画漫画，就私下主动找他谈：“老师想请你帮个忙，我们班的黑板报每次评奖都不行，你不是画画挺不错吗，下次能不能由你来负责这件事，咱们班的荣誉可就靠你啦！”他听了非常兴奋，表示很愿意为班级争光，做得也很卖力。

从这次事件里，我发现对待差生只需要一招，那就是表扬与鼓励。因为差生也特别希望能获得老师的认可，表面的调皮很多时候都只是他自尊过度、敏感或者自负的表现。对于差生，你最好不要示硬，而要示弱，要走进他们脆弱的内心之中才行。

4. 教学与科研的关系

进入大学工作之后，我的工作重心有了新的变化。这时我面临的一个主要问题是如何兼顾教学和科研，因为现在的高校都是以科研为导向的，大家常常认为这与教学工作有许多矛盾和冲突。刚开始时，我也觉得这二者是很难兼容的，但一次教学比赛使我感受到它们是多么密不可分。

在一次我们学校举办的教师教学技能大赛上，我参赛所讲的内容恰好是我正在做的科研项目。因为授课对象是本科生，当时的我并未刻意追求什么教学效果，只是很自然地把自己正在研究的一些问题抛给学生，想听听他们对这个问题有何看法。然而令人惊诧的是，那些本科生的回答远远超乎我的想象，他们思维活跃，侃侃而谈，甚至想得比我还要更进一步。这件事让我重新认识到，以前我们总说教学、科研无法兼容，总是顾此失彼，然而现在我却从教学中获取了新的科研灵感。我感谢我的学生，也感谢教学。看到教学与科研的确是能够相辅相成、互惠共生的，我很开心。一方面，从教学的角度来讲，大学生需要对更深的、前沿的知识有所了解，这要求教师必须具备科研的素质和态度。我的教学理念、教学内容就是源于我的研究。比如，我潜心研究国际阅读教学的发展前沿，就能够很自信地向学生解释我国语文教学现状存在的困惑；我扎实研究实用类文本的教学价值，才能严格要求学生作业时使用思维导图、非连续性文本形式，从而使学生的思维习惯和文字水平得到很大提高。可以说，正是借助扎实的科学研究，我才在讲台上站得自信、站得稳当。另一方面，从科研的角度来讲，教师很可能在与学生的互动中获得启发，获取新的观点，正如我的很多论文研究灵感正是源自我在课堂教学中的问题发现和灵感闪现。比如，我的一篇A类论文《语文阅读教学"流行语"的解读与启示》，就是源自师范生向我提出的一个问题。可以说，正是因为我倾情于课堂教学和学生培养，我的论文选题才接地气、有价值，最能切中高效课堂教学的要害。

5. 指导学生的方法和体会

那次参加教师教学技能大赛的经历也开始让我在教学方法上做出调整，因为它让我意识到大学的课堂教学确实与中学是不一样的。在大学课堂上，不光是教师自己讲得好就行，更重要的是，教师要引领学生做研究、搞创新，要思考问题，而不是只应付考试，把课本上的知识点倒背如流。所以从那以后，我开始转向使用一种研究式的教学方法。首先，我会在课堂上加大学生们自己的讨论力度，从不设置答案。因为人文学科中的许多问题其实是没有所谓的标准答案的，只要能自圆其说、论述完整，都可以算作答案。不仅如此，我还会以编书的形式把大家组织起来，以刺激学生的阅读和研究。因为编一本书，总是需要阅读大量的文献的，并且是有需要地、针对性地去集中阅读。我看到我的学生们在这样的形式中所获得的知识和能力远远胜于平时的课堂学习和教材学习，于是在这些方法之上，我又尽量引领学生自己去做一些研究。我一直特别强调学生要创新，因为如果在大学这种相对自由的环境里他们都没有创新能力的话，那么到了工作岗位上，他们更不可能做出有创意的东西了。总之，我希望自己教出来的学生是“活”的，而当他们身为人师时，也同样能够带出一批批有创造力的学生。例如，我在给他们讲教学设计时，总是讲完一个固定格式后，立刻告诉学生，真正的高手绝不是按葫芦画瓢、亦步亦趋的，所以我还会多角度、多方面地给他们呈现一些更好的、有创意的东西，不断激发和培养他们的创新意识。

寓教于乐，师德如山

吴能表

他像一位父亲一样，严厉却慈祥，让孩子们感受到能量满满；他用娱乐的方式授之以理，寓教于乐；他时刻关注学科动向，及时更新。“父爱如山”，师德亦如山。

1. 指导学生的方法和体会

了解我的人都知道，我对学生的要求一向是很严格的。我从2015年开始做班主任，带生科院2014级的一个班将近一年了。我认为他们作为师范生，将来是要当老师的，所以对他们比对一般的学生更加严格。像一些板报、手机信息，是绝对不允许有错别字的。再比如，阿拉伯数字后面一律用圆点而不能用顿号等，我都会严格要求。其他人可以偶尔犯错，但当老师的人决不能犯错，因为他们将来是要去教别人的。或许他们漫不经心的一个小错误，将会导致一大批学生犯同样的错误。此外，我还要求他们应当有“四大人生”：一是奔跑人生，对身体、心灵、交往都有好处;二是阅读人生;三是思考人生;仅仅停留在思考层面还远远不够,所以第四是书写人生。我常常放狠话,如果做不到就不要跟我混了。并且,我时时刻刻都在强调的一点就是对学生素质的培养,因为灵魂和内涵比知识更重要,所以我常说,教育就是忘掉所有在学校所学的东西之后剩下的那部分。能够记得起的是知识;而记不起的、内化于灵魂和骨髓的东西才是真正的教育,才能称之为教化;而它所改变的那些理念上的、基本的东西,才是我们所说的素质。很多时候,我们的确要掌握创业技能,但生活实事也不能忽视,因为一技之长可以让人很快找到工作,但只有综合素质才能成就一生。并且,不管社会怎么变,只要综合素质在那里,我们就不会有什么问题。所以在担任班主任期间,我为了培养学生的素质,专门带领大家开展了一系列活动。

例如,我带领他们开展"阅读人生"的活动。我将我的班主任经费全都捐献给我的班级作为公费,然后要求我们班36个同学共同列一个无重复的书目,再按照书目给每个人买一本书。我要求他们一年之内至少要轮流看完一遍。我还给大家每个人买了一个大笔记本,用来写日记,因为我希望他们用心观察生活,并能够记录下来。又如"生日宣言"活动,我们班每个月过生日的同学会集中在一起过生日。过生日的同学负责做生日宣言,要说出自己的目标,并在大家的监督下执行。我还要求学生在自己生日、父母生日和重要节假日的时候都要给父母打电话。我希望他们学会感恩父母,并展望未来。还有"纪念春节"活动,就是让每个同学回家用手机录制一段5~8分钟的视频,主题为"我的春节"。开学之后所有同学一起来交流,逐个点评,从中欣赏不同的风土人情,大家也都非常喜欢这个活动。

我还要求每个同学寒假期间给我写一封信,把想说的话说给我听,并通过邮局寄给我。这样做的目的也是想让同学们回归本源,学会反思。开学以后我依然分组进行座谈交流，主要内容包括心理成长方面和文本规范方面等。不仅如此，为了更好地帮助学生学习，努力拓展课堂外教学，我自己购买了大量电子书并上传到学生交流QQ群，供学生免费下载和阅读，并实时在线答疑和讨论。我还专门向全班提出消灭补考重修的行动，并注重过程监督，使学生养成诚信素质。更重要的是，我专门给学生制订了师范生能力提升层级计划。比如，一年级的时候要求他们能把故事讲清楚；二年级时能够进行演讲；三年级时能够顺畅地讲课；四年级时能做辩论。我始终认为，不能一年级的时候就去做辩论或者演讲，因为这种层次性一旦没有了，以后再去接触就会觉得没什么意思，所以我会提前给他们做一些规划。每个月我都会抽时间与他们做一些交流，鼓励他们做一些讲课训练，我来做评委点评。

前不久，我刚刚带学生做了一个活动，就是由我出题让他们抽题进行即兴演讲。其实在上一学年我就要求他们首先学会朗诵，并且自己去做主持。但是即兴演讲不用主持，演讲的选手是随机抽取的，然后再到我这里抽题，抽到以后准备3分钟，然后就上台开始演讲。这次活动同学们的表现令我十分满意，他们也觉得有很大收获。此外，我还要求他们办板报。这个不一定要印出来，但至少要做成电子版让我看。我把全班36个人分成六组，每组负责一期板报。每一期板报完成以后，我都会认真地召集组员过来座谈，一起讨论这次板报的成功之处和不足之处。这项活动主要是考虑到他们今后会当老师，使他们在这些方面也能够应对自如，包括板报的用语、选题、排版、审美等。

另外，关于分组的问题，虽然一个班36个人是可以共同进步的，但我个人比较倾向于组织结构化。我把每个同学放在一个格子里，也就是一个组里，同寝室的不能在同一个组，这样做的目的就是把交流范围扩大，大家会提升得更快。每个组自己起一个名字，并制订一个小组计划，每学期都会安排几次活动，活动是循序渐进的，非常丰富，如中秋节欢聚、趣味运动会、讲课比赛等。

去年我们班级被评为了“优秀团支部”，最后同学们在期末总结中都说道：“我们班虽然被评为‘优秀团支部’，但是很遗憾没有被评为‘优秀班集体’。”我则直接告诉他们：“你们想都不要想。”为什么呢？一个学院那么多班集体，如果一个班得了两个奖，那其他班怎么活呢？并且我们的目标并不是为了获得“优秀班集体”或者“优秀团支部”这样的荣誉称号啊！我们是为了让每个同学都能得到发展。哪怕没有这些荣誉，我们也不能为外界的东西所干扰啊！如果我们达到了每个同学都发展的目标，并获得了荣誉，那肯定是值得高兴的事情，但是绝不能功利地去追求这些东西。我如今身为教务处处长，我也希望老师们不能为了被教育部评审为“优秀”而努力，而是要为西南大学的教育水平得到真正提高而奋斗。目的达到了，成为名师我们高兴，但没有成为名师我们也很坦然。

我很庆幸，自己在学生工作这一块做得还挺让学生们满意的。去年年底全班36个学生每个人给我寄了一张卡片，里面还有我的照片。他们默契地给我做了一个册子，上面记录着我们这一年的点点滴滴，让我倍感温馨。记得一位来自贵州农村的卢姓同学因为家庭贫困，加上自己身患重病，家中不堪重负，多次想中途退学。因为我也是农村出来的，深感一个贫苦孩子的不易，放弃大学或许也就放弃了自己的一生。于是我多次主动与他的家长谈心，最后硬是把这个学生留了下来，让他最终完成了自己的学业。在他毕业之时，他的父亲竟专门从贵州送来半袋红薯表达谢意。这种朴素的真情实在令我感动不已。

还有一次，我无意中发现了地理科学学院的一位学生在学校BBS上写了一篇“身在地科，心在生科”的帖子。他在里面这样写道：

“不知道该怎样表达自己的心情，是自己的失败还是……也许大学四年读完了，让我印象最深刻的一个位学老师是生科院的吴能表老师。最初认识他是在‘生命伦理学’选修课上。本来对大学老师的责任感没有抱任何希望，但是，是他，让我见识到了一个集知识、幽默以及责任感于一身的老师，真正地授学生以‘渔’。自己很少主动去听讲座，但是他的讲座我一次都没有错过（只要是我知道的）……老师那种对教学的热情深深感动了我。我觉得能成为这样老师的学生很幸运，幸好在大学我遇到了一个以后能给我留下深刻回忆的老师。他们说在大学里有一个你深深佩服的老师很难得……呵呵，我遇到了，我很幸运，生科院的同学们，你们好幸运哟，珍惜哟！”

不得不说，能得到学生这样的认可，我很荣幸。

我经常告诫我的学生，大家都是小树苗。看到大家都在成长，所以我们成长的速度不能比别人慢。不然，旁边的树苗长得太快，就会遮住我们的阳光而使我得不到营养。我真心希望我的学生都能多多吸收阳光雨露的滋养，快快长成参天大树，而我就负责给他们浇水施肥，看着他们一天比一天好。这个园丁的比喻或许很土，但很真切。

2. 提高教学水平的方式

虽然我的工作经历比较复杂，既做过教学，又做过管理，但因为我刚开始工作的最重要的那十几年一直是做学生工作的，有许多时间都是在学生中度过的，所以我对学生一直有着某种特殊的感情。那些日子也给我留下了非常深刻而美好的回忆。因此，我非常看重育人这个层面，对于学生也向来十分关照。

一方面，我总是尽量积极地参与他们的活动，与他们交流，多了解他们的精神面貌；另一方面，我也经常开办一些讲座，告诉他们应当怎样读大学，对他们进行积极引导。当然，我在其他大学也做过类似的讲座，并且在辅导员培训中也讲过“怎样上好一堂课，育好一批人”的课程等。其实，很多高校老师都在纠结科研和教学如何兼顾的问题，在我看来，科研确实很重要，但如果纯粹只去追求科研上的成就，那么受损的是无数学生，也就是未来的人才。因此，如果有人问我应当以教学为中心还是以科研为中心的话，那么我的回答是："都不是。"教学是基础，而科研可以提高人的培养质量和思维创造能力。大学的中心任务应当是培养人才才对。从教23年，我始终做到在教书中育人，在育人中教书，尽力追求自己倡导的教学三境界：传授知识、培育情感、提升品位。我知道，教书育人的工作看似平凡，却要求老师们必须有着高度的责任感和一丝不苟的教学态度，这样才能够真正地为人师表。

世界处在不断运动变化发展中，每一天都是新的，尤其是生命科学的发展，更是日新月异。作为一名教师，我必须主动追踪学科发展，把握学科发展动向，这是首要的一点。我一直努力把学科的新动向体现在自己的教学中，并且通过自己的思考与筛选提出问题，让学生通过讨论参与进来，这样可以在激发学生学习兴趣的同时，极大地提高教学效果。例如，为了搞好"植物生理学"教学，我一方面广泛阅读相关学科领域的杂志，如《生态学报》《植物生理与分子生物学报》等能反映学科前沿的刊物；另一方面注重理论联系实际，利用周末或假期深入田间地头，采集第一手教学资料，丰富教学内容，增加学生的实际感受。又比如，新兴学科"生命伦理学"是一门受众广泛、关注度高的学科，因为我们身边的点点滴滴都可能涉及伦理冲突，如动物伤害、器官移植、转基因食品等，所以我平常就很关注新闻热点，注意收集生活案例，分析法律问题，并将它们运用于我的教学之中。除此之外，为提升教学效果，满足不同层次学生的学习需求，我还会自己掏钱购买视频采集和制作设备，不仅自学视频制作技术，收集制作大量的视频教学案例，还制作个人教学网站，上传各种学习资料超过500G，免费让学生下载使用。学生们也都非常喜欢。

在时常更新教学内容的同时，我也十分注重改革教学方法，提升教学效果。我向来注重教育理念和教育思想的提升,我常说,一个普通教师和一个专家型教师,同样都是教师,同样都是45分钟,讲授的也是同样的知识,甚至采用同样的教学手段,从表层效果看似乎相差不大,但从深层次(也就是对学生发展的影响)看却可能存在天壤之别。我要追求的就是通过深厚的教育教学底蕴,影响学生的终身发展。于是我除了积累丰富的专业知识之外,还总是利用业余时间认真研读心理学、学习学和教育科学等领域的知识,不断更新和提升自己的教育教学理念和教育思想。至今已形成了10万多字的思考与感悟,可以说为课堂教学效果的提升奠定了良好的理论基础。

与此同时,我也总是积极推进教学方法与教学手段的改革。2013年,我就开设了“植物生理学”研讨课,打破了传统教学模式。我主要是通过小班教学,关注教学的有效性,大胆采用研讨式、问题引导式和案例分析式教学方法来激发学生的学习兴趣和提升教学效果。同时,我还根据教学内容的性质,在“植物生理学”教学中适时让学生有机会走出教室,深入森林与田野,感受植物生长发育的奥妙;在“生命伦理学”教学中,我让学生走进社区、深入生活,在学习与体验中学会感悟生命、关爱生命、珍惜生命。我在教学中始终坚持以学生为主体、教师为主导的教学定位,希望把课堂的话语权交给学生,能够平等地与学生交流和探讨。

当然,真正的知识来源于实践,而不是书本。我知道,没有实践支撑和检验的理论是靠不住的,没有经过实践的知识也还不是你真正拥有的知识。我十分注重理论联系实际,要求学生能深入生活,强化对他们解决实际问题能力的培养。例如,我通过植物生理学试验教学,让学生真正明白水分、矿质代谢在植物生长发育中的作用;通过豆芽的制作,让学生体会光照、植物激素在植物生活中的效果;通过让学生走进社区,体验安乐死立法难处何在,让他们了解百姓对转基因食品的态度及隐忧,明白伦理原则的真谛“行善、自主、不伤害、公正”并不是书本上那么抽象和遥远,而是对生活中活生生的案例的总结,从而加深他们对伦理求善的理解。作为老师,我自身也在不断地用行动阐释着伦理的基本原则。记得那次昆明发生了“301事件”,我于一周后前往昆明出差。虽然公事日程安排很紧,且住的地方离昆明火车站较远,但我还是忍不住前去吊唁那些无辜的亡灵。当时完成工作后已经是晚上9点了,我自费打车去了事发现场,往返近3个小时,回来已经很晚了,但我心中无怨无悔,因为那些灵魂得到了一丝慰藉。

开阔视野,触类旁通

张诗亚

要打破教育现实的束缚,就必须开拓视野,触类旁通。张诗亚老师带领学生打开了更宽阔的视野,走向了更广阔的领域,实现了更丰富的自我。

在教书育人的过程中,说实话,我遇到的最大的困惑即我国的教育评估体系,我认为我国当今的高校评估体系是存在一定的问题的。首先,1952年的院系调整就存在一些弊端,使得高校的行政权力越来越大,学术权力越来越小。此外,系科分类也有颇多不合理之处。比如,想当然地人为划分学科,其实很多知识在中国传统学问中是不区分的,但现在人为的系科分类却将其分成狭小的专业,在这些专业中,只上这一科的课程,只写这一科的文章,只做这一科的学问,这其实是十分荒谬的事情。人们常说中国"文史不分家",但"不分家"的又岂止是文史。中国文化历来主张天人合一,天地万物和人类文化本就是一个共生系统,人为强行的系科划分,不啻于对这个共生系统完整性的破坏。

我认为要想解决这个问题,需要让学生在兼顾自己本专业的同时打破本专业的局限,开阔视野,掌握一定的学习方法,知道如何在这个广阔的领域中去形成自己的发展路线。我始终坚持做学问要注重文献、考古、田野的结合,我也一直坚持培养学生形成这类自主意识,主动参加与专业相联系的课题研究。

培养未来的人

张永红

“十年树木，百年树人。”一个人从大学进入社会以后，大学带给了他什么？我们带给了他什么？我希望的是，即使他们将知识上的东西全都忘了，但仍有很多东西内化到了其行为和思想甚至人格当中。这是张永红老师对教学的一份追求。

1. 好教师应该教给学生什么

教学，是要传授知识的，是可以改变教师和学生的教学生态的，这是我们每一门课都希望达到的最基本的教学目的。与此同时，我们也可以从中去提炼对我们自己有价值、对学生有价值，甚至是对我们这个专业有价值、对社会有价值的东西。关于这些方面的提升，传统的方法就是传道、授业、解惑。尤其是“解惑”，它不仅是解决疑惑，更要从没有问题变得有问题。也就是说，要提出一些有价值、有意义的问题。在此基础上，我们才能从更多的层面来讨论教学。

那么，教学应当是什么样的呢？或者说，一门好的课程应当包含什么要素呢？首先，我们说一个老师好，从普遍认知上讲，可能是老师长得帅、风趣、知识渊博。但是靠老师本身来吸引学生是很难的，因为有些东西是没法改变的。比如，老师的声音可能不是很动听，普通话不够标准，或者不能以有趣的方式展现专业性的知识。因此，教学还是要回归到课程本身的意义和价值，以及在学生那里能得到怎样的反应。我每当在与学生沟通交流时，经常会试图去触发他们的思考，希望可以促使他们自己提出问题，并在这个过程中训练到他们的思维方式和思维模式。此外，我们也不能仅仅关注学生对我们的直观评价。很多时候，不管学生认不认同，不管学生觉得我们讲得是否有趣，关键是在这背后，我们教师的喜怒在哪里。我更想追问的是，十年树木，百年树人，那么我们树的人从大学进入社会以后，大学带给了他们什么？我们带给了他们什么？我希望的是，即使他们将知识上的东西全都忘了，但很多东西已经内化到了其行为和思想甚至人格当中。这就促使我们去反思教育是否需要一种前瞻性，因为只有具备了这一点，我们才能说我们培养的是未来的人。我们不能仅仅停留在学生当下所谓的成绩好或者参加了如何多的活动，而是要看到学生未来的发展。无论他们今后是去做学术还是找一份好工作，我们都应该对他们进行有系统的培养，包括他们的动机、他们的人格以及他们的行为系统等。所以在师院班每年的培训课中，我都会给学生们讲积极心理的构建、压力管理以及怎么做一个优秀的教师。

2. 指导学生的方法和体会

我经常对我的学生说，我们每一个人，不论是作为教师还是作为一个普通的人，其实都不外乎五个方面。第一方面是现在的体验，即人的直观感受和情绪体验。比如，对一个人的第一印象、对味道的第一感受、对自己喜好的判别等。第二方面是我们做某件事的意义和价值所在。这种意义常常不局限于个人意义，也包含扩散的团体意义、社会价值等。第三方面，我们必须回到我们自身这个客体，看到自己的优势是什么。或许有的人善于写作，有的人善于表达……每个人都应该去寻找自己的优势。以前我们老讲木桶理论，要弥补短板；而现在我们常常更加关注每个人的优势，因为一个人要达到全方位的完美是很困难的。我前段时间构思的一篇文章中就将“发现并且利用优势”，改为“构建并且使用优势”。的确，可能有一少部分人一生下来就有某些天赋，但大部分人的突出能力是在后天培养出来的。我在文中所使用的“构建”一词，还包括别的类似的关键词，诸如“协作”“欣赏”“探索”等，其背后都有着很深的内涵。第四方面，由于没有一个人是一个孤岛，这就涉及人际关系的问题。而人际关系内部又有两个层面，即积极的人际关系和消极的人际关系。比如说，我们主动去接触对自己的成长有利的人，这就是积极的层面；但有时候也会对身边长得漂亮、成绩好、家庭条件也好的同学产生嫉妒，这就是消极的层面。老师当然希望学生都能够去挖掘人际关系中的正面力量，相互促进，共同成长，同时尽量消除嫉妒、愤怒等负面因素。现今很多大学生不爱惜自己的生命，有时候就是因为没有一种正确的比较方式。第五方面，就是每一个人在他的位置上必须要有自己的成就。这不仅是个人层面的，更是社会层面的。比如，一个人可能在事业上没有太多成就，但他（她）是一个好父亲或好母亲，这也是一种成功。

总之，我在和学生的沟通当中，一直希望把“五位一体”的观念——如何构建自信心、怎样寻找人生的意义、怎样构建和使用自身的优势、怎样建立积极的良性人际关系以及怎样使自己在自身领域中取得更大的成功——融入学生未来的一生之中。我认为这才是教师应尽的责任。

我还常常跟我的学生讲,以后你们出去一定要把握好三个方面。第一是专业知识。因为作为这个专业的教师或这个领域的专业人员,首先要培养专业上的高素养。第二是方法。因为每个领域的方法论是很关键的,经验只能在某个小范围内适用,而方法才是通用的。第三是专业的解读。这是别人认为你是否专业的一个评判标准,不论是从学科专业的角度来讲还是从教师这个职业的角度来讲都是可行的。

我现在也总喜欢叫我的研究生去自学五门课。第一门课叫"资料搜集"。我希望他们不论是看书、听讲座、阅读文献甚至出去旅游都能够提前进行资料搜集。第二门课是"调查和实验设计"。第三门课是"对资料的整理、归纳、分析和统计"。第四门课是"表达及表达过程中的处理、感受和行动"。表达有两种方式:口头表达和书面表达。在口头表达上,我要求他们能在三分钟之内把一个专业概念口头表达清楚。在书面表达上,我要求他们每天写500字的文章,包括他们看到的、听到的、触摸到的等他们所收获的。"表达过程中的处理"就是说自己在表达处理中的思考过程。孔子说:"学而不思则罔,思而不学则殆。"其实我还认为:"感而不思则罔,思而不感则殆。"因为你只关心自己浅层的喜怒哀乐而不去思考,就会陷入迷茫;你不在乎别人和自己的感受而只有理性的思维,也不会有所得。第五门课叫"生活实验课"。我希望我的学生们能够主动学会去观察、研究我们的生活和学习,也包括身边的同事和朋友,因为这样才能让生活更加丰富而精彩。

3. 教学与科研的关系

我从来不会去刻意地做科研,而常常把科研作为一种手段,在科研中去思考怎么与我的教学结合起来。科研对于我们思维方式的锻造是很有帮助的,而我有好几篇科研文章又都是通过教学中的实验得出的成果。比如说,我曾在"积极心理学"课上做了一个实验。当时我把学生随机分成四个组,给每个同学准备一个小本子记录自己的任务。第一组是“感恩”,每一周要写几件特别值得你感谢的事。第二组是“发现你的优势,并且是如何使用你的优势的”,同样是每周写下几项自己的优势并且是如何使用的。比如,我善于写作,我这周写了一篇文章并且成功发表了;我发现另一个同学有思想但文字表达能力欠缺,于是我帮助他完善文字表达:这就是使用了我的优势。第三组是“畅想最美好的未来”,想象十年后的自己,也包括规划现在。第四组是“写十件事”,写下这周所做的十件事。这时,第四组有几个女孩子就提出不愿意做这个任务,要求换组,因为每天像记流水账一样很无聊。我当时只能委婉地要求她们继续尝试一段时间。但一周之后,她们却主动来告诉我不用换组了。因为刚开始无事可写,只能写一些吃饭、睡觉的琐事,但在写的过程中,她们就慢慢开始思考这些表面的琐事,如吃饭是否可以吃得不一样,从而去观察:为什么食堂里的这个菜比那个菜好吃呢?为什么这个师傅比那个师傅打的菜要多一些呢?我可不可以用什么方式来促使师傅给我打多一点菜呢?我是不是可以去得早一点,笑容多一点呢?这其实就是在思考生活、研究生活了。而对我来说,这样的一次教学其实也是科研,因为在这个过程中,我们实际上正是在研究人性和人的心理。所以,教学和科研是不应当割裂开的。我们写出来的文章应该是大家都看得懂,也愿意去看的。而这些学生的成果也应该对他们的人生产生一定的影响。这样,教学、科研与人生就能完美地融为一体了。

生活处处是课堂

张跃光

"走出教室处处是课堂。"张跃光老师把教学融入实践里，把教育融进生活中。他用勤奋的耕耘和睿智的眼光来经营教师这份令他"魂牵梦绕"的事业。

1. 教书育人中的困惑与解决之道

一名教师在刚开始工作时遇到的最大难题是不能清楚明白怎样当好一位老师，比如自己到底应该怎么去做，会不会得到学生的信任和爱戴，能不能把学生教好教出色，等。产生这些问题的原因其实就是经验的缺乏，那么该如何解决呢？我觉得一言蔽之，就是学习，通过各种途径——自己主动学习、向老师请教、向外界借鉴等——不断地学习新的知识和经验，寻找适合自身教学的方式和方法。

我所教的动物学这门课程，实践性是很强的，教师教授这门课程需要和实际紧密结合起来，让学生感兴趣，这样才能吸引学生的注意力。

比如说，动物学里有关鱼的种类的知识称：世界上共有三万多种鱼，长江里面有几百种鱼，嘉陵江中也有一百多种鱼。这时学生总会问我："老师，你认识多少种鱼？"甚至还有学生会问："老师，你吃了多少种鱼？"当我回答完我都吃过什么鱼后，他们还会追问鱼的味道怎么样。所有这些问题，都是书本上没有的，如何回答才能激发学生的兴趣，这就是一门技巧了。比如说，嘉陵江里有一种鱼叫铜鱼，还有一种与之相似的鱼叫圆口铜鱼。这时我会问学生："为什么这两种鱼叫铜鱼？他们与其他鱼类有什么不同？"通过这种方式吊起学生的胃口，引起他们的好奇心。等学生们绞尽脑汁时，我才会趁机告诉他们："一般情况下，我们吃鱼都是要在下锅之前就把鳞片除去的，但是这两种鱼在烹饪之前却不需要去除鳞片，因为它们的鳞片中含有丰富的胶质，煮熟后鳞片富有黏性，口感很不错。"像这一类的知识，是很难从书本上学到的，教师在把这些知识补充给学生的同时，也激发了学生的学习兴趣。

北碚的水产市场里，除了少量的鱼是家养的之外，大部分鱼都是在嘉陵江里捕捞的。我刚开始上课的时候，经常一个人到水产市场去认识、熟悉鱼的品种。市场里的鱼和实验室里固定的标本不同，它们不仅种类繁多，而且是真实的、活生生的、灵活多变的。看到这些鱼，我就发现自己对鱼的了解程度还很低，或者说仅仅停留于抽象的课本、标本之上。因此，只要一有时间，我就会去北碚的水产市场溜达，观察各种活着的鱼的生长、活动状况。久而久之，我还和市场卖鱼的渔民们建立了很好的关系。后来，我就把这种方法运用到教学中，每到星期天，我就会对学生们说："走，我们到市场上去看鱼。"他们对此兴致都很高，每次去都兴致勃勃的。去一次我们大概可以观察到二三十种鱼类，这些鱼都是鲜活的，体色是正常的，不像实验室中的标本是固定后的颜色。所以学生们观察了鱼类之后，完全可以记录下来，整理成一个报告，这对于他们的学习帮助也是很大的。

再比如关于鸟类的知识。我和我的学生曾经做过一个统计，我们学校的鸟类周年内大致可见到70余种。如此众多的种类，可见校园就是一个很好的实习基地。所以在讲授有关鸟类知识的时候，我经常带着学生们去看、去观察学校的鸟。我还经常一个人去校园里听鸟的鸣声，去观察鸟的飞翔姿势、站立姿势、在哪里筑巢、筑什么样的巢等。作为一名老师，首先自己要认得这些鸟的品种，才能带着同学去观察。上课时我也会模仿鸟的鸣声给同学们听。这些生动的教学方式，往往能够引起学生极大的兴趣，也有利于他们对知识的吸收。

还有，只要学校有野外工作的机会，我一定会参与其中，因为这样可以获取到更多的实际感受。还记得1985年暑期，教研室组织我们去江津的四面山观察和采集标本。那时国家法律还没有禁止捕猎，山民们一般都依靠打猎为生，我们去采集标本时也带着一把猎枪。有一天外出时，我们在一处灌木丛上发现了几只很有实验价值的鸟，本想捉一只带回实验室，不料拨开灌木丛却撞上了一条1米多长的毒蛇竹叶青。感觉到有人到来，它立刻摆出了攻击的姿势，巨大的身躯正对着我们。顿时，我们全部的人都吓得不敢动弹。幸好，毒蛇的运动速度一般都不快，趁着它还没来得及发动攻击，我赶紧拿枪制住了它。竹叶青虽有毒，但是一种非常漂亮的蛇类，因此我也顺带将它带回实验室制成标本。这件事虽有些凶险，但也给我留下了极为深刻的印象。在课堂上，每当给学生们讲到这类知识的时候，我也会将这个故事作为一个实际的案例复述给学生，这样，竹叶青的形态就能更深刻地留在学生的脑海之中。像这样的例子其实还有很多，教师们要善于把这些实践经验运用到教学中去，使同学们真真正正地喜欢这门学科。

总之，要想上好一门课，首先，要对课程内容完全熟悉；其次，还要能够对学生的知识面有所拓展。教师如果只专注于书本知识肯定是远远不够的，因为学生们可以自己主动去看书，因此相对来说理论上的知识是比较容易接受的，真正难的实际上是实践上的知识，这就需要老师拥有这方面的经验。并且，有时候书本上的知识是不全面甚至是错误的，因此在上课前我一般会先将书本上错误的地方告诉学生，而如何发现书中的问题则来源于平时不断的积累。作为一名教师，需要不断地充实自己，积累素材，千方百计地想好怎样将一堂课上好，让同学们有所收获和启发。

一名教师在教学过程中一定会遇到很多问题和困惑，最重要的是老师应该提前想到自己会遇到哪些问题，学生会提出什么样的问题，在学习过程中学生又会面临什么样的问题，并把这些问题提前告诉学生，这样更有利于激发学生的学习动力，获得学生的尊敬。

令我很感动也很欣慰的是，教书这么多年以来，接触了那么多学生，还是有很多学生是非常喜欢我的。学生们的认可是激励我不断前进的巨大动力。

2. 教学故事

要说难忘的故事，可以举几个例子。鱼类学的基础知识是我们专业研究生必须具备的，但同学们都反应鱼骨头的识别记忆特困难。因此，逢年过节我就请他们到我家吃饭，教他们如何做鱼，大家一边吃一边描述每块骨骼的形态，并说出一块一块鱼骨头的名称。我还要求他们吃完鱼后将所有的鱼骨头清洗出来，再认识一遍，并带回宿舍或实验室学习巩固。在这样的过程中学习，效果出奇的好，这种方式也给同学们留下了深刻印象。今年暑期有同学远道回来看我，还津津乐道地与其他人说起这类故事。

记得有一年一名生科院的本科生报考我的硕士生，面试的时候这位同学一句话都没有说，什么问题也没有回答，却一直在那里流眼泪。后来向其他面试老师了解之后，得知这位同学是很优秀的，但是因为性格内向的原因，所以在面试的时候表现得很失常。后来我还是录取了这位同学，并且告诉他："经过三年的学习，你一定要改变你的性格，变得更加开朗、活泼。你作为学生，我作为老师，这至少是我们接下来这三年一个共同的目标。"后来通过三年的努力，这位同学实现了我们的约定。

就是这样的小故事，在不断启发和鞭策着我，作为老师，要学会去了解学生，了解学生的性格、特长，或者是问题，然后有针对性地做一些开导、辅导和训练，有意识地培养和锻炼学生。比如说，为了训练学生的讲话和演讲能力，我们实验室从很早就开始实行实验室报告制度，要求每位学生每周都要到讲台上去做实验报告，在学生做报告的过程中，从学生的站姿到仪表到语言的表达，我们都会进行一步一步的训练，使学生在胆量及表达水平上都能有所突破。

虽然学习期间做过不少训练，但也不排除有的学生学了几年后到要找工作的时候，会遇到很多挫折。我记得曾经有一位学生，找工作面试的时候发现不了自己的能力，甚至不知道自己会做什么。于是我就帮这位学生分析，这三年时间，他学了什么，做了什么，到底会做什么。后来这位学生找到了自信，能够明白自己有能力，也是能够做好很多事情的。第二次面试的时候，这位同学就被成功录取了。另一位学生是我们实验室的硕士研究生，毕业后到科学院读博士，博士毕业以后到高校去面试，但是被拒绝了。这位学生后来打电话告诉我情况，我问这位学生当时是如何向别人推荐自己的，同时告诉这位学生，不要过于强调自己博士所学的专业就是最好的，而应该将自己在学习过程中最有特色的地方推荐给别人，找自己的特长去和高校对接。果真第二次去面试的时候，这位同学就被这所高校接受了。

在实际生活中，有的学生可能性格内向，有的学生可能家庭困难，有的学生可能不善于对自己进行总结和归纳，作为老师，有责任去帮助学生。这种帮助不仅仅局限于学习和科研,更多的是要帮助他们在思想上成长。

3. 教学与科研的关系

一直以来,我都认为教学和科研两者之间是不矛盾的。就教学来说,我们更多关注于如何把一堂课上好,如何使学生真正地学有所获;就科研来说,我认为它对教学工作是可以有很大的补充和推动作用的,也就是说科研可以丰富我们的教学内容。因为在做科研的时候,我们会去阅读大量的书籍,查阅大量的资料,了解他人的工作进展情况,掌握更多的信息,这些知识反过来也可以运用到课堂中去,使教学更为丰富。

另外,教学与科研之间的时间协调问题,也是高校教师需要注意的。有时候因为教学任务比较重,我们在实验室的时间就会相对少一些;有时候在科研上有一些好的想法,需要集中一两天的时间去突破、攻克难关,我们在教学上的时间就会变得比较紧张。因此,协调好教学与科研之间时间分配的关系是非常重要的。

作为一名高校教师,我始终认为教学是魂,科研是梦,这是一份让我们魂牵梦绕的事业,要毕其一生把它做好。教学与科研是并不矛盾的,它们相辅相成,互相推动。两者之间的冲突也是可以解决和调整的,比如说我们可以把更多的空余时间利用起来,少玩一会儿,多研究一会儿。有的人总说教学和科研是矛盾的,做得了教学就做不了科研,做得了科研就做不了教学。但是我相信,时间是挤出来的,挤一挤总会有的,教学和科研能够兼顾。

追求幸福

周鸿

教育给了人们知识储备,给了人们生活技能,给了人们处世之道,但同时,也教会了人们去追求幸福。

我曾经发表过一篇论文,题目是《论教育导向人生的精神幸福》,这篇论文所论述的就是我心目中所认为和期望的教育。我觉得教育是引领个体精神至善、至上成长的过程,根本目的在于导向人生的精神幸福。

时代在进步,经济在发展,当今社会对人民生活的评价标准已经不仅仅是国民生产总值了,还有国民的幸福指数,即每个国民的安全、快乐及幸福的内心感受。不得不说的是,近年来我国社会的物质文明得到了极大繁荣,一定程度上,人们在物质方面不断体会到一种满足的幸福感,但这并不意味着人们在精神和心灵上也是完完全全幸福的。因为物质虽然可以满足人们的生理需求,却无法填充人们内心的空洞;在拜金主义盛行的社会中,人们往往会迷失自我,形成一切以金钱为标准的畸形人格，为了成功变得贪得无厌甚至不择手段，身处这种社会风气下的人们是无法感到快乐和幸福的。有关研究表明，受过良好教育的人会更加快乐和幸福，其原因不仅在于良好的教育可以带来更高的收入，更在于教育可以使人们更好地理解快乐和幸福的含义，即“不是因为有钱，一个人才快乐和幸福”，恰恰相反，“因为一个人有快乐和幸福的积极心态，所以才能够赚取更多的财富”。换句话说，快乐和幸福对于经济增长和工作绩效具有正面的促进作用。除此之外，教育还是对抗无节制的自由主义、个体选择至上的重要手段。

因此，除了单纯的知识传递外，我希望当今教师们都能明白教育的另一种作用，那就是让学生们理解什么是真正持久的快乐和幸福，从而增进这种快乐和幸福。教育虽然要为经济发展服务，但它绝非单纯的经济工具，毕竟经济的发展并不是社会发展的全部内涵，财富的积累也不是人生的最高目的。教育的本真，在于促进人们的精神成长和发展，使人们通过教育达到至善、求乐、审美、自足与自我实现，并且可以享有和追求精神幸福。

总的来说，教育是一项具有长远意义的事业。通过教育让人们理解什么是真正的快乐和幸福，不断促进和增强人们的幸福感，让每个国民都能成为遵守市场规则的公民。教育对于建设一个健康和谐的社会是有极大的作用和价值的。

赋予教学以激情，赋予学生以真心

周鸣鸣

教师不仅要教给学生知识、技能，还要向学生传输科学的方法和正确的价值观，这是教育工作中最根本和最难的问题。周鸣鸣老师为这道难题献上了一份精彩的答案。

1. 提高教学水平的方式

以我自身的经验来说，一位老师要不断提高教学水平，主要有三种方式。

一是自己要不断学习，除掌握好学科体系、基础知识外，阅读经典教育著作也很重要。学习时，结合自己的教学实际进行思考，会很有收获；还要不断地了解最前沿的学术信息，然后将其纳入教学中。我所在的美育团队中有一位老师，虽然我的年龄比她大，但为了学习，她的活动我基本上都参加，甚至我退休以后，还要去学。我从领导岗位上退下来的时候，学校领导找我谈话，问我有什么要求。我只提了一个要求，那就是去学习，后来我被派到北师大去做高级访问学者。刚到北师大的时候，我有许多课都听不懂，包括最新的一些教育信息，前沿的教育观点，现代的一些思想家、哲学家、教育家的教育思想等，所以这次学习对我的帮助是极大的。在这次学习期间我还买了上万元的书，后来装了7个大纸箱才运回家。

我们学校的美育团队也很不错，其中，赵伶俐教授在美育研究方面在全国都是顶尖的，她的书我都非常认真地阅读、学习。此外，我是中国高校美育专业委员会的常务理事，从学会里也了解到了许多最前沿的信息。我还喜欢通过视频把最新的信息和作品纳入教学中，为此我买了很多光碟，有时候也会在电视上找节目。把电视节目录下来，剪接制作，需要花很多功夫，但这样的课非常受学生欢迎，因为视频很生动，胜过我一个人去讲课。

二是不断反思、总结。课后我会反思自己这节课收获了什么，每节课我都会有新的发现。我觉得整个教学过程充满了创造性，每一天、每一节课我都沉浸在新的创造当中。所以不管上过多少次的课，我每次都还是要认真备课，增添反思后的新内容。

三是向学生学习，挖掘学生在课程建设中的作用，尤其是学生的作业。作业不仅是检查学生知识和能力水平的重要环节，其成果又可纳入课程建设的内容中。

2.教书育人中的困难与解决之道

很多人害怕遇到问题和困难，尤其是在工作中，稍微大一点的问题就会令大多数人战战兢兢、如履薄冰，这其实是一种非常消极的想法。我认为做事业遇到什么问题都很正常，并且要“逢山开路，遇水搭桥”，遇到问题努力解决即可。我很喜欢自己所从事的教师职业，但从最初站上讲台，提心吊胆害怕讲不好，到上好课，这需要有一个慢慢积累的必然过程。

首先，备好课是上好课的基础。如何才能把课备好呢？我认为所谓教学，就是教师要教，学生要学，因此教师备好课的关键是，既要备教材，也要备学生，一面吃透教材，一面吃透学生。这是一项最重要的基础工作，只有两边都做好了，才能上好课。当今社会是知识爆炸的社会，各种知识和技能不断更新，但与此同时，经典的基础知识框架结构依然很重要。如何才能将两者结合起来，将教材的知识激活？这就需要不断结合现实中真实的问题，把知识讲活，从而把学生激活，让学生掌握知识以后能够进行实际的运用和创造。因此在备课中，还要紧扣教学目标，建构起知识的逻辑框架，注意收集最新的、学生最熟悉的身边的事例去说明教材的论点。

其次，如何让课堂活起来？我的体会是，要找到一种与学生对话的感觉。那么，如何才能找到这种对话的感觉呢？我认为，最重要的是要激活学生，即激发学生的主体学习兴趣和积极性。上课最忌讳的就是满堂灌，教师把教材抄在黑板上，学生照着黑板抄下去，这是极其可怕的一种教育和学习模式。一名真正出色的教师是能够激活学生的学习兴趣和学习潜能的引导者，而非单向的传输者。让学生自己去学、自己去建构、自己去创造，远胜过教师单纯的灌输。那么，如何才能激活学生的学习兴趣和潜能呢？我认为，一方面，结合课程找到学生需要解决的问题是关键；另一方面，加强与学生的交流互动，在推动学生思维发展的同时也带动学生的情感发展亦极为重要。总而言之，通过与学生的交流互动，找出学生需要解决的问题，激发学生的学习兴趣和潜能，从而产生与其对话的感觉，这些对于带动课堂的活跃度是非常有效的。记得有一次重庆市举办针对新教师的培训，我被选为培训导师，负责主讲其中的一节课。一节课的内容其实很少，但培训的班级有十几个，每个班我都要讲。这时，有的老师就同我开玩笑道："周鸣鸣，你这个人讲课一直很有激情，但这一次给十几个班讲同一个题目，看你还有没有激情?”我笑了笑,没有反驳,但我知道自己的激情不会因为重复讲一个题目而消退。怎么可能消退呢?因为虽然所讲的内容没有变化,但授课的对象却是变动的,每到一个班,我就要迅速掌握那一个班学生的特点、兴奋点,从而激发他们的学习兴趣,找到与他们对话的感觉。这样一来,每堂课对于我来说都是全新的,都能激发我去挑战。从这方面来说,找到与学生对话的感觉,不仅能够提高学生学习的积极性和活跃度,也能保持教师对于教学的新鲜感和激情。基于这样的教学理念,即使在上网络课程时,我也不认为自己只是对着屏幕讲,而是仍然感觉面对着很多学生,我在跟他们对话。我觉得上课,只要找到对话的感觉就很好。我很喜欢怀特海的那句话:“教师的语言要像刚从河里抓起的鱼那样鲜活。”屏幕是没有生命的,而学生是有生命的,和有生命的学生对话,课堂才会鲜活起来。

再次,我认为教学最重要的是如何让教给学生的东西“过手”,即不仅使学生理解、懂得,更使其能够运用、能解决现实中的问题。由此,实践环节很重要,教学内容要联系实际,教学方法要结合实际。我喜欢将学生熟悉的事物和人物,甚至他们的作业编进教材;也喜欢带学生到野外感受、欣赏自然美,带他们去实地考察某一地的文化,感受优秀人物的心灵美和其创造的社会美。我还会将学生生活的寝室的美化纳入教学考核内容……总之,让学生将所学的知识落实到实际生活与学习之中。

作业是检验学生学习情况的重要环节,能考查学生的审美欣赏、审美表现和审美创造能力,因此,我非常重视学生的作业考查和评价。为了激发学生的兴趣和创造性,我对作业设计的指导思想、作业的考察目标、作业的呈现形式及评价方式等各方面都提出了要求。在学期开始,我就会向学生提出课程考核的方法和要求,作业的完成时间则延至期末,目的是给学生充分的时间去准备、思考和寻找灵感。我希望学生能在最有创作冲动和灵感的时候去完成作业,将作业做成艺术品。作业的内容一般都是开放性的，重在对知识的运用。在教学过程中，我还会结合课程内容，不断将已完成的优秀作业在课上进行示范，并及时进行作业点评，这样可以激发学生的积极性和创造性，后面学生的作业也会越做越好。学生在作业中表现出的创造性，远远超出我的想象，让我惊叹不已。每一篇作业都十分有意思，我常常陶醉在学生的作业中，以至于通宵达旦地批改作业。尤其是冬天，天气特别冷，我坐在电脑前批改作业，有时候感觉肚子饿了，想站起来吃点东西，却怎么也起不来，像是凳子上有吸力把我拉着。原想改了这一份就起来，但等我回过神来，作业已改完了，时间已经是早上五点钟了。当然，学生的作业中也有需要教师去鉴别是否为原创性的内容。比如，曾有一名学生交了一篇特别精彩的文章，是关于化学诗的。我怀疑是从网上下载的，就在课堂上点评作业时问他："这篇文章是你自己写的，还是从网上下载的？"他很诚实地告诉我说是下载的。但是我说，我还是要表扬你，因为你在众多的文章中找到了这篇很有价值的文献，为化学美育教学打开了一扇新的窗口。同时我也批评了他，因为作业要有严格的学术规范，查阅的文献一定要注明出处。

这是我随便找来的几份作业评价，那些充满个性化、流淌着师生间真实情感的对话交流，现在看来依然会被深深地感动。

周老师：

您好！

我是把两份作业放在一起发过去的。老师，您的课上得太好了，但很遗憾的是，安排在大四上学期，因为和考研相冲突，有几次课我没去上，我知道这是我的损失。如果不是在这个时间，我一定每次都认真听您讲课！在这里我向您道歉，希望得到您的谅解！

祝老师永远年轻，像现在一样充满活力！

From:学生 孙海燕

孙海燕：

你好！

谢谢你对我的鼓励，我会更加努力！

能结合研究生考试谈对化学家的理解，这样更深刻和实际。对化学美的描述也比较丰富，而且写出了参考文献，这非常重要也很好。只是不知在查阅参考文献时自己参与的深度如何？最好是在别人的基础上进行联想，而不要照抄。如果是抄的别人的，会影响自己的创造性思维。记住，如果引用了别人的原文，一定要加引号，并注明出处。

祝天天进步，考研成功！

周呜呜

11.28

亲爱的周老师：

您好！

说实话我真的想不起在化学学习过程中感受到过的美，即使在做实验的时候为那些奇妙的现象和绚丽的色彩惊叹过，但现在却无法描述出来了。所以我把作业写成了这样，我想您是能理解的。

郑彩霞

郑彩霞：

你好！

看来你真是学习理科的逻辑思维方法，一时很难形成自己对事物的感性认识和描述方法。实际上你现在写的论文难度够大了。我看你还是能写出一些属于自己的看法，但由于对化学美育从理论到实践积淀的缺乏，难于形成自己的思想，不可避免地落于照抄别人文章的俗套，而失去自己的灵感和创造性。不过审美修养和经验的积累是一个过程，不可太急。喜欢你的诚实和率真。

继续努力！

周呜呜

11.29

周老师，我是正在准备找工作的学生，我最大的缺点就是缺乏您的那种自信和乐观，缺乏自信导致我心理素质很差，只要是经历稍微有点不寻常的场合，我就紧张得不行，而且思绪混乱，脑子短路，手还发抖呢！您能帮我吗？

柯利平

柯利平：

你好！

谢谢你的信任，将你的困惑告诉我。我因马上要出差，15日回重庆，到时我们面谈。你是哪个班的呢？作业简短，但是你自己综合得来的，并图文并茂。

请注意，你忘了写班级，这样会给登记成绩带来困难。

祝你天天进步！相信你一定会成功！

周鸣鸣

2007.10.05

陈卜元：

你好！

你的电子书做得太棒了！画面非常美，音乐也很好听！你将科学世界赋予了童话般的美丽，使人充满幻想。你要收集这么多资料已经不容易，再做成这么美的电子书是要花很多功夫的，不过我想你是乐在其中。这本书还可以做得再深入一些，将每一位化学家的主要贡献和事迹都做上去，让这本书越来越厚，越来越有价值。3班周文杰做的关于居里夫人的电子书也不错，你们可以交流一下。

祝你在创造中愉快学习！

周鸣鸣

2007.10.23

兰子莲同学：

你好！

你的资料图文并茂，内容丰富而精彩，详尽地说明了普里戈金对人类未来发展的重大贡献。尽管目前我们对普里戈金所做的贡献的理解还很有限，但正如你在小评中所写："随着信息社会的发展，普里戈金的历史地位肯定还会进一步提高，最终达到哥白尼加牛顿的水平和可信度。既然未来不是定数，我们的世界在不断建构中，人类的主观能动性就有了巨大的客观必要性和可能性。"这些体会是你在认真学习和理解文献的基础上写的。人类对自然和社会的认识，自哥白尼、牛顿、爱因斯坦到普里戈金揭示的科学规律和真理给予了我们哲学和方法论启示，并已经、正在和将要成为推动着人类社会前进的巨大动力。

祝你每天都有新的收获！

周鸣鸣

2007.10.5

尊敬的周老师：

您好！

首先感谢您阅读我的作业。我写的是尹应武老师，但是我查阅了很多资料，对尹老师的介绍几乎是雷同的。我想用PPT把它表现得更丰富一点，但我总觉得还显不足，我还在努力地完善。还有就是我想我的期末作业就写我们的项目，现在我们正在做实验中，等到比较成熟的时候，我就把它用PPT的形式做出来，您看可以不？

学生：贺华

2007.10

贺华：

你好！

结合课题做作业，这是一种很好的思路。建议将标题改为"我眼中的化学实业家”，内容还可以更充实。期末作业结合选题，也不错。

继续努力！

周鸣鸣

2007.10.17

记不得是哪一年，我第一次参加全国化学教育年会，带了《化学美育课程建构与学生作业设计》的论文去交流，在会上展示了学生的作业，反响很大。有位老师略带幽默地告诉我说：“周老师啊，你的化学美育在全国化学教育学会家喻户晓，无人不知啊。”还有位化工出版社的编辑，看了我的展示以后，强烈建议我出一本《美丽的化学》。遗憾的是，事情太多，这本书直到现在仍未完成。

3. 教学故事

在我的教学中，有趣和难忘的事情实在太多。在中学时，让我很得意的有几件事情，至今还记得。初中时，有一次考地理，全班只有6人及格，我考了97分，另外五位都是60几分。我上课非常专心，所以觉得题目一点也不难，老师看我考得好非常高兴。还有一次外语作业，老师夸我的作业达到了文学艺术的境界，连我自己都不敢相信。还有一次我们出墙报，整个版面都是我策划的。校长挨着看每一个班的墙报，走到我们班的墙报面前，看了一会儿，夸奖说：“这个小孩很有想象力。”我当时听了非常高兴，到现在都记得。由于初中努力学习打下的扎实基础，我在高中时期就越学越轻松。有一次物理考试，我得到全年级唯一的100分。这些事现在想起来都是比较有趣的事情，当然对我自己也有所激励。

这些年来，最让我感动的是在2008年，我满60岁生日那一年发生的事情。2008年5月我到上海开“科学与艺术大会”，有几位我带过的本科已经毕业正在上海华东师大和复旦大学读硕士的学生，知道我去上海的消息，他们到车站接上我，然后一起吃晚饭。正吃着，他们突然拿出一个蛋糕放在桌上,我还傻乎乎地问今天谁过生日?原来他们竟然还记得我那一年满60岁,所以提前给我过生日,给我一个大大的惊喜!这份对老师的真情和诚意,让我感动不已。

在我满60岁那一天发生的事情,更是让我终生难忘!平时,我并没有过生日的习惯,而60岁生日那天,我又要去天津参加全国高校美育年会,还要完成“十五”美育课题结题报告,带去交给专家评审,时间很紧,完全没有时间去想自己过生日的事情。当时我正担任化学化工学院首届创新班班主任,那天,班长王靖辉给我打电话说有事情,希望我到学院去商量。我说我真的很忙。她说:“周老师,无论如何您都要给我们一点时间,哪怕半个小时都行。”我问有什么事情,她也不说。于是我就重新计划了一下时间,提前半个小时到家,让送我去机场的车先送我到学院,然后从学院直接到机场。车开到化学化工学院门口,我看见班长已等候在那里。一下车我就急急忙忙地跟着班长上了楼。走到教室,没开灯,室内很暗,也没人。我就奇怪地说了一声:“怎么没人啊?”这时,突然讲台前边的屏幕亮了,屏幕上出现了写着“祝周老师生日快乐”的美丽画面,同时响起了生日快乐的音乐。我再回头一看,一群学生像是从地里突然冒出来的,他们端着点了蜡烛的生日蛋糕,兴高采烈地随着音乐一起唱着生日快乐歌。一切如梦幻般,我惊呆了!后来,有同学给我讲:“周老师啊,你一直不来,我们这一堆人在楼梯口等着,又不能动,又不能出声,还要悄悄跟着你上楼,把我们憋得好惨啊!”他们真是给了我很大的惊喜。同学们还送我一本相集,里面有每一位同学的照片、对我的祝福和一段段我与他们每个人发生的故事。我当时忙着赶往机场,来不及细看。从天津开完会回来后,我拿出来细细品赏,与同学们相处的每一件事情都涌向脑海,我边看边流泪,那是教师才能感受到的幸福眼泪!还有一份礼物是5位女同学跪在地板上,用了整整一天时间刻的60个不同形态的“福”字。还有一位女生用金黄色的丝线绣的十字绣，用相框框起的“师魂”二字……

记得有一次我带高教所首届综合教育专业的学生去考察北碚文化，又遇上我的生日，但我没有告诉大家。活动是从早上8点开始，一直到下午六点钟才结束。最后参观完复旦大学旧址，结束课程，我在高速公路桥下面做总结，这时有学生打电话给我送生日祝福，被下面的学生听见了。这时，全班同学就站在桥下为我唱歌，祝我生日快乐。这样的场景也让我至今难忘！这是学生与老师的心的交流。

教学的最终目的是育人，即教师不仅要教给学生单纯的知识、技能，还要向学生传输科学的方法和正确的价值观，这是教育工作中最根本和最难的问题。2002年，我在北京师范大学访学时，博士生导师檀传宝教授的观点对我产生了很大影响。他认为，教育学生的根本任务就是培养学生获得幸福的能力。对此，我非常赞成。我觉得，不管是哪一门学科的教师，最终教给学生的都不只是那一门学科的知识和技能，还有让学生获得幸福的能力，知识和技能只是学生获得幸福必备的工具。也就是说，教师应该是学生人生幸福的引领者，教育要不断提升学生感受和获得幸福的能力，否则，学生感受幸福的能力就停留在很低的层面。我经常问一些小孩最让他们高兴的事情是什么，他们回答说：逛街、吃、睡觉……很少涉及对学习、劳动、创造的幸福感受。由此看来，人生有价值而又很快乐的生活，是需要每个教师通过自己的教学传授给学生的。

在尚未退下领导岗位之前，我的主要工作任务虽然不包含教学，但教学与我的工作是紧密结合的。在教学与科研的关系上，我一直坚持将科研与工作、教学结合起来，因为教学与工作中的问题非常多，任何问题拿出来都可以作为研究的对象。我是以对待科研的态度进行工作与教学的，我的科研项目和成果都与我的工作和教学结合得非常紧密，因为我始终认为，科研是为了解决教学和工作中的问题，而不是为科研而科研。我很喜欢说的一句话是：“在工作中创造，在创造中工作。”

传承师道，传递爱

邹显春

他用真情引领每一个学生，用一颗真心换来无数颗真心。他以高尚德行传承师道，也传递了爱。

1. 提高教学水平的方式

中国先哲有言："大学之道，在明明德。""师者，所以传道授业解惑也。"我的理解是：大学之本，即让一种优秀的德行更加彰显；而师者之本，则首先在于传承这样一种师道。

作为一名高校教师，我一直秉持着"凝心静气做学问，为人师表带学生"的信念。这漫漫20多年来，我一直牢记教师责任，用"学高为师，身正为范"八个字严格要求自己。当我站在微机房的三尺讲台之上，用真情引领着每一个学生，使其能够明智、明理、修身、进德，向他们传递做人做事之道，授之以可持续发展之知识，解其成长之困惑时，我是充实而满足的。在这日新月异的信息时代，我也试图把不断发展的计算机教学与时代需求及日益多元化的学生个性发展融为一体，努力尽到既教书又育人的教师本分。归结起来，主要有以下几个方面。

第一是立足教学，强化创新。信息化时代的最大特征，就是计算机知识的更新速度快，所以我们计算机教学呈现出其他任何课程都没有的“求新求变”的特点。我对教育教学理念更新这一块尤其重视，在计算机公共基础课程教育中，大力倡导“自主学习、个性发展”的理念。每学期开学前，我都要组织教师团队研讨本学期课程教学改革方案；每学期结束时，我也要组织教师认真总结和反思教学改革的成效和存在的问题。我希望通过团队教学，能让学生们感受到不同教师的教学风格，确保他们“学有所学、各得其所”。

第二是立德树人，诲人不倦。我一直坚持把教书和育人工作紧密结合起来，注重人文关怀，以德服人，以情感人，以理化人。学生良好行为习惯的养成是很重要的，而老师首先要以身作则、率先垂范、身体力行。这20多年来，我在免费师范生计算机基础课程教学中的教师团队建设以及师范生教育中倾注了大量心血，为数学与统计学院、物理学院、外国语学院、文学院、教育学院、心理学院、化学化工学院、美术学院、音乐学院等多个学院的学生讲授课程。很多学生还给我发来过这样的邮件：“邹老师，您上课的风格不是我想象中绝大多数计算机老师那样死板、教条式的。您给我们传授的更多的是为人处世的态度，以及在学习方面的一些方法与收获。也许这才是您所讲的真正的‘师者，传道授业解惑也’。”

第三则是立身教学研究，服务教学改革。近年来，我与全系老师们一道，在计算机基础教学改革中，做了一些尝试性工作，取得了一定的成效。我们希望在推动计算机基础教学改革中，把“计算机基础”课程定位为思维方法和技能工具，将文化情怀培养与知识情怀培养相结合，更好地服务于专业应用和学生的职业发展需求；希望学生们能利用信息技术的思维方法和技能，并依据他们自我的差异和兴趣进行自主实践，从而更好地服务于其职业需求和个性发展。例如，我们率先在西南地区探索无纸化考试系统，得到上级部门的肯定，新华社、《中国教育报》、教育部网站等媒体也发布了相关新闻。

第四，服务管理，协同发展。我作为学校公共计算机教学的负责人，非常注重提升服务质量和服务意识，以及和国内同行的交流与合作。我总是从计算机基础教育事业的发展大局出发，积极倡导先进的教育教学理念，与学会同行一道，积极推进教育教学改革与创新、教学资源的共建与共享，为计算机基础教学改革和整体质量的提升尽着自己的一份微薄之力。

2. 指导学生的方法和体会

这么多年过去了，我指导学生最大的体会仍是以学生的成长为快乐。要为学生做力所能及的事，而不为个人名利。我一直认为，作为教师，在教育中感受价值、感受快乐，努力为学生做好物质上和精神上的服务，这才是我们的根本。有时候，对于我们来说或许只是举手之劳，但对于很多学生来说却是雪中送炭。当然，我们的帮助也绝非只是一味地授之以鱼，而是在帮助的途中尽量让他们从困难中获得人生感悟，学会通过劳动去创造价值。例如，我曾遇到过有的同学因心理的长期郁积不能释放，导致自闭等问题的出现。对于这类同学，我只能尽量让他释怀，不能释怀的就得绕道走，慢慢融化它。这个融化的过程也就是逐渐走进他的内心世界的过程。我要让他接受我，这个过程常常是很痛苦的。但无论何时何地，只要有孩子需要我的帮助，我一旦了解到，必定会伸出援助之手。

在教学研究中，我仍然是做这方面的事，也有几次获得了市政府的教学成果奖。但不论得不得名利，我仍旧坚持做自己喜欢的事情。现在也常有我曾帮助过的学生对我十分感恩,并提及报答之事。我告诉他们,请把这份爱送给需要的人即可。我希望能让爱传递下去,仅此而已。

当然,因为我是从事计算机教学的老师,所以我在工作中一般是利用网络平台和课堂与孩子们进行真心真情的交流,以解决他们学习与生活中的困惑,有效地将教书和育人结合起来。与此同时,孩子们也时常回馈我以真情和鼓励,这让我感动和终身铭记。在我的每门课程里,与学生的交流记录,承载着我与他们共同成长的点滴。例如,一些学生常常会寄来书信以表达对我的感激之情。这种师生情谊我始终保存着,现实录一篇如下。

学习上的导师,生活上的益友

——致邹显春老师

2011级骨干九班王祖方　　学号:112011313990525

形容老师的诗句有很多,"落红不是无情物,化作春泥更护花""春蚕到死丝方尽,蜡炬成灰泪始干"……但我眼中的邹老师是润万物而无声的春雨,给大地带来了绿色,而自己却无声地消失在泥土中。他不是春蚕,吐出丈量生命的银丝;他也不是蜡烛,燃烧了自己照亮了别人。他只是茫茫人海中的一个普通的人民教师,但他的睿智和人格深深地影响和感动了我。他给予了我们一生受用的学习和研究方法,启迪了我们的智慧,赋予了我们坚持不懈的奋斗精神和自强不息的生活理念。

他是我在西南大学研究生基础培训时的信息技术老师,说实话,见他第一眼时,并不觉得这个其貌不扬的中年人有什么特别之处,但短暂的交流之后,我看到了这个老师的与众不同之处。一个学期下来,我甚是敬佩这位可亲可敬的老师,现在我就简单地谈谈我心中的邹老师。

言传身教，为人师表

他是一个守时、认真负责的老师。也许大家认为，一个准时上课、准时下课的老师就是一位称职的老师。但你是否见过比学生还积极的老师？邹老师就是这样一个人：他总是提前二十分钟或半个小时到教室，而最后一个离开教室的还是他，这使得很多以前经常迟到的同学都能准时甚至提前进教室。在课堂上，他总是不厌其烦地为同学们解决学习中的疑难。也许你会说，老师就是专门传道授业解惑的嘛，这很正常，但一个学期，每次课都这样，你不觉得需要很大的毅力吗？我认为就算是一个血气方刚的青年教师也未必能够做到。他的行为既得到了学生的尊重，也为学生树立了一种积极生活、严谨学习和做学术的榜样。

立足实际，授人以渔

也许你认为大学的课堂应该是这样一种场景：上课铃响，老师走进课堂，翻开书本滔滔不绝地讲解；下课铃响，老师夹着课本离开教室。然而，邹老师的课堂却不然，你会看到另外一种场景：学生是课堂的主人，老师只是一个抛砖引玉的引导者。我还清晰地记得我们的第一堂信息技术课，那是一堂与众不同的开场白。讲课的内容不是书本上写好的信息技术的引论，而是关于如何转变角色、如何尽快适应研究生生活和学习的探讨。他说："研究生，顾名思义是要做学术研究的，所以我们应该学会在探索中学习，学会研究并付诸实践，从实践中获得我们想要的答案。"在他的课堂里，学生的思维是活跃的，学习氛围是自由的。只要是有利于学习的，他就鼓励大家去做，鼓励大家创新，真正把信息技术贯彻到我们的学习实践中，并耐心地给同学们解决在计算机日常应用中遇到的种种问题和困难。

他经常对我们说："授人以鱼不如授人以渔，研究生需要独立地去思考并解决实际问题，我觉得我应该教会你们如何学习而不是死记硬背，你们需要锻炼学习能力而不是机械地复制书本知识。"他经常给学生创造一些自主学习的机会，如让我们分组合作进行学术交流和演讲，教我们如何利用信息技术知识写学术论文等。同时他还教导我们要有团队精神，要求我们组成良好的团队去处理学习和生活中遇到的问题。在每次学习的过程中，他都要求我们组成学习兴趣小组，在集体中发挥各自的力量，用大家的智慧解决学习和生活上的难题。

和蔼可亲，爱生如子

学习中他是我们的良师，生活中他是我们的益友。我们是大班上课，每次上课都有一百多人，但邹老师却如父亲一样关心和爱护着每一个同学，他慈祥的脸上总是带着笑容，他总能神奇般地从学生的脸上读出他们的心情，然后利用休息时间和他们交流。不管学生遇到什么困难，他都永远站在学生身边，做学生坚强的后盾。每次下课，你总能看到他和同学们一起交谈的情景。

我还记得邹老师对我的鼓励。我出生于一个贫困的家庭，由于父母常年多病，大学期间我一直用自己的双手去挣钱读书。大学毕业后，我很想继续深造却没钱。后来我报考了少数民族骨干研究生，这是一种国家对少数民族的优惠政策，旨在提高少数民族人才层次和素质。正是因为有了这样的优惠政策，我才得以顺利读研。但天意弄人，母亲病情加重，家中房屋成为危房，因此我每次上课都不能集中注意力，脑海里全是忧虑。邹老师在课堂上觉察到我的学习状态不正常，主动找我交谈。他给我讲述他的人生，并鼓励我克服一切困难，要我坚信“精诚所至，金石为开”，要我坚持到底，千万不可半途而废。

在以后的日子里，他经常开导我，并帮助我找兼职。在邹老师的开导和帮助下，我虽然感觉还是有很大的压力，但总算看到了远方的灿烂阳光，对生活充满了信心。

这就是我眼中的邹老师：学习中的良师！生活中的益友！

教 学 智 慧

如果说前面的内容只是一些客观的人生经历与教学理念，那么我们在这个部分便更用心地记下了那些凝结于其中的精华。无论是“对自己影响最大的人”也好，还是“教学、人生感悟”也好，或是“给青年教师、学生的建议”也好，无不是诸位老师在谈及教学人生的经历之外，于个人体验之上的真情流露和智慧结晶。在这里，他们一边深情地怀想着对自己影响深远的恩师，一边又把这无尽的关爱施与自己的后辈和学生；在这里，他们或回顾往事，或遥想将来，或用一个个生动的实例阐发自己的人生感悟；在这里，他们把自己的心剖开，把自己最宝贵的记忆和经验无私地倾囊相授给每一个人。因此，我们在这一部分中，不仅可以收获到知识、经验、方法，更能感受到诸位老师为教为学的拳拳之心。

端正态度，坚定信念

曹华清

随着互联网技术的不断更新，当今世界在信息化的道路上越走越远；知识也不再像以往一般，神秘、遥不可及，而是唾手可得。当此之际，作为知识传播媒介的教师，还能教给学生什么？这既是曹华清老师提出的问题，也是所有身处本时代的教师面临的最严峻的问题。

1. 教学感悟

其实老师对学生的好，真的就是一种纯粹的好。我常常跟学生们讲，不管是小学、中学还是大学，甚至到了研究生阶段，老师都是真正发自内心对你好的人。老师是绝对不带有任何私心和功利心的，一心只想让你未来有条好的出路的人。因为老师与学生之间不存在功利，老师更从未想过学生的报答。当你们踏上工作岗位之后，同事之间可能有工作竞争，也可能有利益竞争，这些关系恐怕不容易处理得如此简单。但我仍希望能在任何一种环境下都做一个纯粹的人，因此反复告诫我的学生们一旦成为老师，一定要对学生一样的纯粹，并一视同仁。

我总是在想，在当今信息如此发达的知识经济时代，一名教师能教给学生多少东西呢？这真是不好说。但可以肯定的是，我们能给他们支持，给他们辅助，就像给他们一根触手可及的拐杖一样，让他们安心。这个就很重要。其实教师的工作有时候也很枯燥，而陪伴也是在和学生们一起成长。比如，我在带学生实习的时候，常常要听一个学生讲四五遍同样的内容，但当我在重复倾听的过程中发现他一遍又一遍地有所进步之后，又很高兴，很有成就感。我亲眼看到他们离成功又近了一步，又怎会觉得乏味呢？不得不说，表面上的枯燥当中其实也蕴含了很多希望和乐趣。

教学这么多年，我一直强调的就是对教育必须有一种态度，因为我知道我的学生们将来都是要去做老师的。我基本上每年在给新一届学生上“中学历史教育”这门课的时候，都会在课件最前面放两张幻灯片。第一张幻灯片放的是“春雨”，因为春雨润物，我们做老师的工作也正如同春雨润物一般，而不是拿着鞭子去教育，不是扯着嗓门去吼。我希望我的学生将来也是这样去对待他的学生。第二张幻灯片则是一只北极熊站在一块薄冰之上，似乎很容易就要掉到水里面去，寓意是我希望他们对待自己的教学始终要战战兢兢、如履薄冰。但是战战兢兢、如履薄冰绝不是我站在讲台上面对他们感到不自信，而是我担心他们不理解我这门课，担心他们学完我这门课后，对中学历史教育仍然不理解，仍然游离在这个大门之外。那么，我这门课就失败了。我觉得这也是一种态度。而且我总告诉他们，老师负的责任是非常大的。我给你们上一学期的课，那就相当于你生命中有一学期的每周两节课都是和我一起度过的。那回头再想想，你这漫长而短暂的生命里的两节课有意义吗？算算人一辈子有多少年呢？每周两节，一学期十八周，就是三十六学时。除了这门课，我还在教别的课，加起来你可能有好几天都是和我一起度过的呢！那么这几天你的生命有意义吗？有价值吗？这个问题多么重要啊！如果台下坐的孩子们整整一节课都因为老师的原因而感到不幸福、没价值，我们做老师的应当感到失败。所以我说我们要负责，所以我说我们要战战兢兢、如履薄冰，因为这是站在对生命负责的高度来说的。我真的特别担心会辜负你们这一段生命时光，因为我觉得这个理念很重要。可能现在说起来有点空，但是你只要承担起作为一名历史老师应承担的责任，就不会觉得它空了，因为每个人的生命都是由一秒一秒构成的啊！如果他的每一秒都过得幸福，那么他就是幸福的。不过，别人我不能把握，可我自己能掌握的这几点，我一定要把握。所以反复说我的战战兢兢、如履薄冰，就是担心你们当中有人跟着我过的这段时间感觉不好。如果真有什么不好之处，那么你们一定要向我提出来。而这些话不仅是我对你们讲，而且要你们跟你们未来的学生讲。你们将来教书站在讲台上时一定要记住这句话，那就是孩子的生命始终是和你在一起的。

除了“春雨润物”和“如履薄冰”的教学态度之外，我也感悟出了一种教学信念，或者说是我对学生的信念，就是我必须相信学生，这一点很重要。不管哪个老师，都必须相信自己的学生能成为有用之才。我一直相信我的每一个学生都有成为优秀老师的潜质，这就是我所说的信念。而且这也真的是事实啊！为什么大家进校的时候会有面试呢？这就是在看你的口头表达能力和你展现的整个精神状态。我的学生都会成为优秀老师，而我自己要做的就是努力把学生的潜力挖掘出来。比如，我们有个学生，他在朝阳中学实习。一开始，他讲课讲得不好，老是非常紧张，也无法组织好语言，我心里也跟他一样非常着急。于是，我和他一起把教材分析透彻了之后，让他回去再看看，第二天上午再讲给我听。结果他第二天给我试讲的时候明显进步了很多，我当时就使劲表扬他，说他进步好大，比他昨天讲得好多了！然后哪些地方还要改一改，我又给他重新提一遍，他不断地修改了后又试讲，反复练习。当时我听了好多遍他的试讲，听完之后一直鼓励他、帮助他。接下来是他的第一次正式讲课，我就告诉他第一次课一定要打响，因为如果第一次没有发挥好，对方学校的指导老师认为你讲得不好，学生也对你有意见，那后面的日子就很难了。我拍拍他的肩膀说："不怕，为了打响第一炮，我们共同努力！"后来一节课他一共讲了四遍，反复讲反复修正，结果他第一次课上得非常成功，对方指导老师很认可他。而就因为这次课，他也从中获得了自信。所以不是说他对这次课的准备只是一次性的行为，而是通过这次宝贵的经历可以认识到他自己是可以做一名很好的老师的，对自己也有了信心。后来我给很多学生都举这个例子，说其实在座的每个人都有做一名优秀老师的潜质，关键是你有没有付出努力。当然，我也会努力去帮助我的学生实现这个目标，因此绝不会嫌弃一开始讲得不好的同学。因为每个人有自己的优势，也有自己的不足，这很正常。重要的是我绝不能失去对学生的信任，而要毫无条件地相信他们终有一天可以成为一名很好的老师。

当然，作为历史老师的我也要求学生必须坚持一种对历史教育的追求。我袭用著名教育家赫尔巴特说过的一句话："历史应当成为人类的老师。"我一直觉得他说的这句话很正确，那么漫长的几千年历史凝聚成一点智慧让我们去理解和感悟，这是多么重大和庄严的一件事情呢！所以我常把这句话分享给我的学生。当然，即使我们在教学中再怎么如履薄冰、小心翼翼，也难免会有走神失误的时候，这时候就需要我们勇于承认自己的错误，即时止损。我前阵子在给学生做教材分析时不小心说错了一个东西，我后来才意识到，但马上纠正了这个错误。所以我也希望我的学生将来在课堂上一定要自信，但若是真错了也能敢于承认自己的错误并且立刻纠正它。做人、做事的信念以及真诚和尊重都是很重要的。

最后，对学生的引导也很重要。很多年前，大概是我在给2008级上“中学历史教育”这门课的时候，讲到了历史唯物主义中的阶级分析法。记得当时我说这个东西至今仍是不过时的，结果一个学生突然很激动地站起来说老师您太“左”了。我有点儿惊讶，但并没有对他置之不理，而是马上要他们专门对此进行了讨论。结果，大多数同学认为阶级分析法在阶级社会肯定要有，并且阶级分析不等于阶级斗争，每个阶级在刚开始的时候都有进步性，也有局限性，但随着生产力的发展和时代的进步，就会显得落后了，而一旦落后了就终究会成为阻碍社会进步的力量，只要阻碍社会进步就必然有人去推翻它。大致的结论就是如此。下课之后，我还找这个同学单独交流了一会儿，没想到他却给我说了一个更偏激的观点。当时他非常激动地告诉我，中学里学的东西让他中了毒，于是在大学之后他只能自己看书来解毒。我耐心地对他解释说，你觉得你现在是在解毒还是在走向另一种偏激呢？如果你把一两本书上道听途说的观点奉为你所谓的真理，那不也是中了另一种毒吗？如果说你想成长，就应该打开眼界，吸收不同的观念，并对其进行比较，然后得出你自己的结论，而不是像现在这样抓住了一点就否定以前的一切。你是学历史的，而且又那么喜欢读书，这是多好的事啊！但越喜欢读书的人，越应该有独立思考的精神和意识，并且独立思考一定要建立在你的理性分析基础之上。如果我们再回到刚才的问题，你觉得过去存在阶级吗？他说当然是存在的，只是我们要怎样去认识它呢？这时我发现他已从刚才的偏激状态转为一种对真理的渴求状态。所以我们做老师的关键在于如何引导学生理解知识，而不是强行告诉他答案，这是没有用的。学生有自己独立的思考，老师和学生之间也是平等的。所以老师对学生要有更多的宽容，一定要知道他是一个正在成长的人。我经常告诉自己的学生，如果你一旦因为什么事在课堂上和学生吵起来甚至发展到武力威胁，那就是你的失败。管理学生一定要注意方法和技巧，要既能维护好纪律又不能影响师生关系。所以最好的办法就是要对学生有爱心，真诚地去对待他们，并且要一视同仁地对待成绩层次不同的学生，善于发现他们各自的优点，并给予适当的引导，让他们能够健康成长。

2. 人生感悟

在我看来，事业和家庭是人生幸福的两大源泉。没有事业你就会和这个世界脱节，从而也难以找到生存价值；但是没有家庭作为后盾，也会是莫大的缺失。所以，尽管我的工作很忙，但周末的时间我还是尽可能留在家里陪伴家人。

不过在家里的时候，我老伴也经常抱怨我，说怎么就我一个人最忙。而我也总会告诉他，其实学校的其他人也很忙，只是你没看见而已。这让我想到了一句话："人活着就是为了含辛茹苦。"我有时候也想，人生确实是苦的，但只要我们有了信念，苦就不再是苦了。人生在世，每个人都会感到辛苦，但人最怕的就是没有信念，因为有了信念之后什么困难都是可以克服的了。毕竟不同的人有不同的观点，或许对同样一件事，有的人会觉得快乐，而有的人却只觉得是苦吧。

做人生的领路人

曹廷华

教师之传在德不在识，是以《礼记·文王世子》曰："师也者，教之以事而喻诸德者也。"可见，教师并非单纯传授知识的机器，而是学生人生的领路人。吴宓诸公既是曹廷华老师的恩师，亦是当代教师的楷模。

1. 对自己影响最大的人

在我的读书和教学生涯中，中文系的众多老师都对我产生过良好的影响——或师德，或学问，或淡泊名利、忍辱负重等生活态度。其中，对我影响最深的，应首推吴宓老师。"文革"期间，学校去梁平搞运动学习时，我同他住在一个寝室，是上下铺的室友关系。吴宓老师给我的印象有三：第一，他是一位很有节操的人，敢于坚持自己认为正确的东西。他很尊崇中国传统的儒家思想，儒学修养很好。"文革"时期主张"批林批孔"，要求全国人民打倒孔家店，如果有人反对或者不服从，就会受到严厉的批斗。在这种形势下，他依然坚持本心，绝不随波逐流，宁愿自己受批斗也坚决不玷污古圣贤一丝一毫。第二，他是一个很节俭的人。当时他的工资在老师里面算是比较高的，但他的生活十分简朴。更难能可贵的是，他虽自身节俭，对朋友却非常大方，如有朋友生活窘迫，他总是要解囊相助、慷慨大方。除此之外，他还经常资助贫困学生。第三，他的学识非常渊博，贯通中西，学富五车。总而言之，吴宓老师是一位真正有德操、有学问的学者和教授，值得我们永远崇敬。羞愧的是：在“文革”中，我也曾参与过对他和其他老师的批判，至今心中仍惴惴不安。

另一位给我极大影响的，是时任文学院系主任的魏兴南老师。魏老师是研究中国古代文学的专家，也是研究魏晋文学的卓越学者。他的为人用八个字来形容就是：待人宽厚，学问渊博。

再一位就是李景白老师。他是我的写作课老师，但他的学问绝不止于写作，他是一位学养深厚、一丝不苟的学者。他的课讲得也极好，简洁畅达、重点鲜明。

还有一位是徐永年老师。相对于前几位老师，他要年轻一些，但是他才思敏捷、艺能多面，长于古典诗词又长于书法篆刻，是当代的书学大家。他上课非常随和，知识点讲解得非常精细。

最后还要提到我读书时的辅导员席德莉老师，她待我们像大姐姐待弟弟妹妹一般温和友爱。她擅长把干瘪乏味的说教变成交流式的谈心，这种工作方式，当时很难得，现在也还并不普遍。

当然还有很多给我指引的老师，在此我就不一一详说了。在我的印象中，这几位老师对我产生的影响是比较深远的，就像润物细无声的春雨一般滋润着我，帮助我成长。借此机会，我要向他们表达深深的谢意和敬意。

2. 给青年教师的建议

我个人认为，学生的成长主要得益于老师，所以学生应该感恩老师；同时，老师的教学生涯，又是学生成全和成就的，所以老师对学生也要懂得感恩。至于教学相长，“师不必贤于弟子，弟子不必不如师。”从这个意义上讲，我对青年教师有三个建议：一是希望他们从“教而知困”中潜心读书，不仅把读书当作提升自己教学的需要，也当作读书人的人生需要；二是希望他们能专心执教，即把心力、精力都用于作为自身职业的教学中，用心去教而不是用嘴去说，教一堂课有一堂课的知识进展和逻辑延伸；三是用心科研，研究教学所需、社会所需、实践所需。而科研所追求者，创意也，新意也。“苟日新，日日新，又日新”，这或许是科研用心之所在。“潜心、专心、用心”，此三心，为教师教学人生之要，姑妄言之耳。

诗意地栖居

董小玉

在董小玉老师眼里，教育除却知识而外，更是激情、能力、实践、思想、智慧、信念、理想、关爱等的汇集。无论是青年教师，还是学生，都要有激情与梦想、责任与使命、思想与智慧、信念与关爱。

1. 对自己影响最大的人

首先，母亲在我的成长道路上影响最深，她的善良仁慈、勤奋刻苦、一丝不苟、不倦备课、诚朴坦诚让我一生铭记。

其次，在教学与科研生涯中，书籍对我的帮助最大，我深感生命中一定要有一些垫底的书，这样才会有生命的风向标。如西方文化界的“三朵玫瑰”——苏珊·桑塔格、西蒙·波伏娃、汉娜·阿伦特，这三位西方当代最重要的女性知识分子，她们在文化界各自散发着思想的芬芳，深深地影响着我。

西蒙·波伏娃曾宣称“我绝不让我的生命屈从于他人的意志”。她头脑明晰、意志坚强，具有旺盛的生命力和强烈的好奇心，是享誉世界的法国著名作家和社会活动家。她的代表作《第二性》，以及曾荣获法国龚古尔文学奖的《名士风流》，令我心仪。汉娜·阿伦特这位德国哲学博士，雅斯贝尔斯是她的导师，她是20世纪最伟大、最具原创性的思想家之一。她曾在加利福尼亚大学、普林斯顿大学、哥伦比亚大学等开办讲座，后担任芝加哥大学教授。她的《人的境况》对我影响较大。苏珊·桑塔格被称为“美国公众的良心”“文学批评的帕格尼尼”。她在诸多领域呼吸和思考、开拓和挖掘，所生产的批评都是第一流的。她在知识圈里引领着时尚、散发着偶像般的光芒长达40年。这位“大西洋两岸第一批评家”的《重生：苏珊·桑塔格日记与笔记（1947—1963）》《反对阐释》等是我的至爱。从她的日记与书籍中，我认识到是阅读让桑塔格成才，正如她所言：“除了懒惰，什么都无法阻止我成为一个作家，一个好作家。”写作让桑塔格成为另一个“我”，“写作是一种美的行为，是一种自我的心灵愉悦，允许自己成为另一个‘我’，并最终界定自己，实现个人拯救”。她对阅读写作的无限热爱，持久地浸润和温暖着我。

2. 给青年教师的建议

历经教育工作的风风雨雨，收获一次次的感动与快乐，我才真正地感悟到：教育是由激情、知识、能力、实践、思想、智慧、信念、理想、关爱等汇集而成的。在这里，我想和青年教师们分享几点体会。

首先，谨记教师的神圣感，用勤勉之心铸就教育的力度。“博学而不穷，笃行而不倦。”只有勤于学习，善于思考，乐于实践，才能在研究中教学，在教学中探索，在探索中创新。其次，谨记教师的使命感，用责任之心提炼教育的纯度。责任感、使命感，这两个沉甸甸的词汇意味着教师要去承担，要去点燃，要去擦亮——承担生命的重量！点燃灵魂的火光！擦亮心灵的纯度！最后，谨记教师的荣誉感，用关爱之心积攒教育的温度。教师要用一颗关爱之心酿造教育之美，爱得真切、爱得理智、爱得艺术，让我们的生命不荒凉、不孤独、不浮躁。

美国诗人谢尔·希尔福斯坦有一首诗叫作《总得有人去擦亮星星》，做一名合格的教师，我们的使命就是去擦亮“星星”，让他们发出耀眼的光芒。教师就是一个擦亮星星的人！

3.给大学生的建议

第一，别放弃读书的习惯，让阅读净化你的心灵。互联网时代，我们更容易接触到文字、信息，也更容易精神空虚、心灵荒芜。希望大家能把阅读作为一种信仰。让纸质阅读和电子阅读互融共生，成为充实心灵的“强大磁场”；让“深阅读”和“经典阅读”相得益彰，成为净化心灵、创造人生可能性的“无形殿堂”。有书，就有好时光！有书，就有高品位！有书，你就不孤独！

第二，别让社会把你变浮躁了，擦亮自己青春的双眼。现代生活节奏加快，我们被裹挟在社会的浪潮中匆匆前行，甚至会被社会的浮躁俘虏了内心。但是，作为知识分子，作为读书人，我们有灵魂、有思想、有性情，应当成为社会的脊梁和硬骨，成为中国一颗颗热气腾腾、生机勃勃、释放正能量的心。

第三，别让冷漠抵消了爱，学会好好爱自己和他人。所谓幸福，其实就是好好活着，好好爱自己，好好爱他人，学会欣赏、拥抱竞争对手。最高的幸福则是给予、关爱、责任，因为人生本质上就是一种承受，一种大义的担当。无论生活有多忙碌，都别忘了感激他人的付出，感恩他人的关怀，以及回报社会的大爱。

不管世界潮流如何变化，请永远保持正直、善良、勇敢、踏实、独立的品质，“诗意地栖居在大地上”。

4. 教学感悟

在教学工作中，我最大的感触就是教学犹如一条流动的小溪、一个活的场域，在这个场域中熔铸着师生的知识情怀和梦想期待。教学是长青的、流动的、充实的；教学也是一门分享、交流、传播、涵泳的艺术，它是由激情与梦想、责任与使命、思想与智慧、信念与关爱奏响的生命旋律。我们不能轻视教学，更不能简化教学。在教学路上，我们需要记住几个必不可少的关键词——爱、信、勤、智、情。

师之爱是生命的音符。“润物细无声”，教师要用自己的言行，浇灌学生的心田，不只是培养学生专业成才，更要培养学生精神成才，帮助学生树立浓郁的人文情怀、健康的心理状态、坚强的意志品质，用爱弹奏学子的心扉！

师之信是生命的花朵。这个“信”包括自信与信任。这“二信”的获得需要读书充电，读书滋养灵魂，提升境界！提高“二信”还要保持快乐的心境，微笑是自信与信任的源泉，它使课堂绽放思维的芬芳。

师之勤是生命的足迹。书山有路勤为径，学海无涯乐作舟。回顾自己的读书经历：西南大学—东北师大—吉林大学—华东师大—北师大，学海荡舟带给我美妙的路途风景，勤奋能踩出一条斑斓的路径。

师之智是生命的星空。教师要点燃智慧的星火，智者要有开阔的眼界、宁静的心境、包容的胸襟。智慧要求举一反三、融会贯通，要求授有新意、言有新意、写有新意，智慧让生命充满灿烂的星光。

师之情是生命的阳光。这个“情”主要指激情。激情让人朝气蓬勃，充满活力；激情让人摆脱单调，享受阳光。生理的青春已远离我而去，但精神的青春却依然洋溢，激情让我们生命的天空彩霞朵朵。

胸襟宽广学做人，呕心沥血干事业，激情饱满度岁月，诗意盎然话人生，这就是我从教30多年的为师之道！

终身学习,唱出好“戏”

段豫川

即教即学,即学即教。在段豫川老师看来,“老师从始至终都是一名学生”,因为教学正如逆水行舟,不进则退,一位合格的教师,同时也应是终身的学生。

1. 对自己影响最大的人

在教过我的老师中,有几个是给我印象特别深刻的。

首先,对我帮助最大的是秦少伟老师。秦老师的课讲得非常好,他的课语言中肯、有穿透力,且内容思想性强,上一层到下一层过渡得十分巧妙,极具有启发性。他讲马克思的《资本论》和《政治经济学》,尤为出色,他经常说的一句话是:“经济管理学院的学生最大的本事是要能透过现象看本质。”正是秦老师使我下定决心接他的班,站上和他一样的讲台。秦老师曾经还说过一句话也让我深有同感、获益匪浅,他说:“当好一名教师,最根本、最要紧的应当是爱学生。”意思是只有爱学生,把学生当作自己的孩子，才有学习专业的动力，才会毫无保留地把知识、智慧传授给学生。这句话后来成为指导我教学的一项基本原则。

其次，是王方宝老师，他是原西南农业大学纪委副书记。在我读研究生期间，王老师给了我很多锻炼的机会，比如他一直让我负责指导每年的新同学如何进行专业学习（相当于新生导学）。他曾经这样评价我："小段最大的本事，就是给他一点时间、一些资料、一个题目，他用两三天就能整合归纳成一篇讲稿。"整合运用信息正是当教师应当具备的能力，王方宝老师对我这一能力的肯定和认识，不断激励着我在未来的教学工作的道路上努力拼搏，越走越远。

再次，是唐汉安老师。我硕士研究生毕业后留校工作的第二年，国营农场在原西南农业大学经济管理学院举行领导培训，主讲人即唐汉安老师，在此期间我有幸成为他的助教，随堂听课。唐老师的教学能力让我深深折服，从他主讲的农场管理中，我深刻意识到备课的重要性，并学到了一些备课方法。

最后，除了老师以外，在这么多年的教学生涯中，学生们也给了我很多帮助，给我留下了很深的印象。我很清楚，没有学生的配合，没有学生对知识的真切渴望，就没有我在教学路上前进的动力。我也一直提醒自己，要做品牌教师，不能忽悠学生。我印象很深的是有一次，一位学生在答卷最后写上了这样几行字："段老师的课，上课前盼着上课，上课时积极性高，上完课精神倍好。"我觉得这几句话是对我最高的奖赏，这也更加坚定我争取在学生心目中更有地位、更有形象的信念。

2.给青年教师的建议

说到给青年教师的建议，这也可以说是我的感触、我的教学体会，或者说是我的经验：（1）教学，永远在路上。在教学上，保持现状就意味着落后。当面对一批新学生的时候，一定要想办法，有更多新的点子、新的表现;要给学生带来一些意外、一些惊喜;要有点儿新的朝气、新的创新举措,跟以往不同。(2)热爱学生,关心学生。作为一名教师,就应该多多思考有关教学的问题,关注学生成长的事。(3)当教师,功夫在课后。作为一名合格老师,就必须勤于学习,多看书,多积累,多思考。面临繁重的教学任务,如何协调好、完成好,全在于平时的积累。(4)用心来教学。有说"得人才者得天下",我说"得人心者得发展",对每一个人来说都一样,获得人心,才有利于发展。

3. 教学感悟

在教学中,我的感悟可以用一句话来概括,即"善于表现,善于学习"。善于表现,善于学习,也就是既当老师,又当学生。

善于表现,作为一名教师,理应学会表现,教师在讲台上,就像演员一样要表现自我,凸显自我。还记得在读研究生期间,我非常喜欢积累名言、箴言、格言等,后来我将这些素材运用到教学当中,在不断提升自我的同时也不断教育学生、影响学生。有人说,一流的教师讲思想、讲方法。我以此为标准来要求自己,信守"保持现状就意味着落后"的信条,努力有效地驾驭教学过程,把讲台上这台"戏"唱好。

善于学习,老师从始至终都是一名学生,向书本学习,向有经验的人学习,通过各种渠道学习。比如,在平时的教学工作中,我广泛收集各种与教学相关的视频材料,广泛阅读相关书籍,不断提高和积累自身的知识水平与教学经验。

正派为人、尽心为师、潜心为学

何向东

正派为人、尽心为师、潜心为学，是何向东老师毕生的追求。“桃李报我山河丽，我付桃李一片情；不为浮华遮望眼，愿作春泥化落红”，是何向东老师最浪漫的归宿。

1. 给青年教师的建议

要做一名优秀教师，我认为就是：“按本色做人：师者，须诚恳正直，有良知，有爱心，自信自尊，塑完美品格，做道德高尚之人；依角色定位：师者，须勤奋严谨，通古今，知天下，潜心钻研，追学科前沿，做学识渊博之人；循特色发展：师者，须因材施教，懂方法，尚科学，开拓创新，成独特体系，做敏锐善思之人。”

“师高则弟子强”，教师的个人品格与学识水平直接影响着学生思想、知识水平的高低。高尚师德是教师人格力量的源泉，是教育工作顺利开展的前提。为人师者，一方面要注重自身道德品质与职业素养的提升，严格要求自己，不断学习，不断更新知识储备，不断丰富育人理念和思想，努力做到为人师表，给学生树立榜样，用自身的人格魅力影响学生做人、做事的态度；另一方面还应当搞好专业科研与教育科研，提升学术造诣，增强科研能力，从专业的视角，用科学知识、方法与思想去丰富和拓展教学内涵。

大作家托尔斯泰说过："如果教师只有对事业的爱，那么，他是一个好教师；如果把对教育带来的爱和对学生的爱融为一体，他就是个完美的教师。"我们应当不止追求进步、创新，还要追求这样的完美。

2. 对于青年教师的培养

青年教师是实施素质教育、推进教育现代化的生力军，青年教师的思想政治素养和业务工作水平关系到学科课程发展的未来。因此，本人深知对青年教师的培养具有重要意义。对青年教师的培养可以从以下几个方面着手。

抓思想，树立正确观念。提高青年教师的思想政治素质，是培养青年教师成长成才的首要环节。除了定期组织理论学习外，我还注重把思想政治素质教育贯穿于日常各项工作过程中，引导他们将个人的成才与学校的奋斗目标及国家的需要紧密结合起来，用事业发展目标来激发他们的工作积极性与创造性，使他们树立崇高的使命感和责任感，在工作实践中勇于奉献、艰苦奋斗。

树雄心，勇挑工作重担。青年教师在工作中普遍存在着角色转换难、缺乏经验等问题。为此，我经常与一些博士、硕士谈心，在思想上鼓励他们自信、自强，对自己高标准、严要求，要立志建设好哲学学科与课程。我还时常把与青年教师交流的心得与学校其他导师交流分享。

勤练习，熔铸深厚功底。青年教师思维活跃，可塑性强，如果加以合理引导，定能在短期内取得较大的提高。为此，我一方面组织开展大量教学研究活动，设立更多奖项，鼓励他们施展才华，鼓励他们冒尖。青年教师受到了鼓舞，各显其能，相互学习，教学技巧与经验都有较大提升。另一方面组织他们多听优质课、研究课、示范课，鼓励他们向师德高尚、业务过硬、知识渊博、经验丰富的中老年教师学习，通过“传”“帮”“带”等形式对青年教师进行全面指导。我给教师们讲的“怎样上好课”，至今还保留在政治与公共管理学院网页上，它曾在青年教师中引起强烈反响。

重科研，提升专业水平。教育科研是提高教师素养的“源头活水”，每一位青年教师都应当积极参与其中。我为他们营造了浓厚的科研氛围，支持他们积极从事科学研究。一方面，吸收他们参加我主持的课题尤其是重大课题研究。例如，王静博士曾参加我主持的国家社科基金项目“广义模态逻辑与新型计算语言研究”及结题成果的写作；马昊等参加了我作为主要合作者与西部负责人的教育部重大项目攻关课题“中国公民人文素质现状调查与对策研究”。另一方面，我还积极参加青年教师的科研课题开题报告，并给予必要指导与帮助。此外，我还创造条件鼓励和支持青年教师参加各种学术交流会议，拓宽视野，博采众长，建立广泛的学术联系，逐步扩大在学界的影响。

搭平台，拓展锻炼机会。青年教师需要更多的机会和平台去锻炼自己，让他们在教学第一线见世面、长知识、增才干。我总是有意识地把一些重要的教学任务交给青年教师，让青年教师挑重担，增强其工作的独立性。在评审各层次的研究课题时，我总是呼吁向青年教师倾斜，多给他们机会。我申报课题时也尽可能吸收青年教师参加，或者带领他们参与教材编写。我主编的普通高等教育“十一五”国家级规划教材《新逻辑学概论》，我作为首席专家编写的“马克思主义理论研究与建设工程”（简称“马工程”）——普通高等教育“十二五”国家级规划教材《逻辑学导论》，就吸收了本人所在团队4名青年教师参加编写工作，外校的编者也多为青年教师。

寄希望，制订培养计划。青年教师的基本素质与学历层次关系着高等教育发展的未来，我对青年教师在未来高等教育事业中的重要作用寄予厚望。我鼓励为更多青年教师制订适合其自身发展的培养计划，营造适合其健康成长的环境，使高等教育后继有人，使办学质量不断提高。为此，我建议安排他们分期分批赴国外访学或读博士后。本团队有4名青年教师出国均达一年以上。对出国深造的青年教师，从哲学学科建设经费中补贴每人1万元，使他们深受鼓舞。

倾关爱，倡导人性管理。对青年教师的培养，首先是对人的培养。需要根据青年心理和生理的特质，给予即时的关心和帮助，为他们排忧解难，包括个人问题、家属的工作安排等问题，做他们的贴心人。

3. 教学感悟

从教几十年，我十分强烈的感受是：必须处理好正派做人、当好老师和潜心做学问三者的关系，而正派做人是前提。

“桃李报我山河丽，我付桃李一片情；不为浮华遮望眼，愿作春泥化落红。”教师含辛茹苦，付出的是心血，收获的是学生由衷的敬仰，是学生频传的捷报，是学生茁壮的成长。这是我体验最深、引以为豪的人生乐趣。尽职敬业，为国育才，是我矢志不渝的人生追求。

天生我材必有用

黄大宏

"天生我材必有用"。在黄大宏老师看来,世人并无聪明与否之分,无论是青年教师还是大学生,只要能够找准自己的长处,然后以热情和坚韧熬煮,无不能成功。

1.给青年教师的建议

我对青年教师的建议只有一条,那就是一定要具备饱满的教学热情,这是除丰厚的专业素养外,成为一名优秀教师的基本和首要条件,我们甚至可以说,教学热情比专业素养更为重要。因为现今的大学教师评价机制都是以科研为导向的,我们评价一个大学教师如何,首先是看他的学术科研做得怎么样。这样一来,教学就受到了极大的忽视。并且,科研水平是可以凭借论文、著作等来衡量的,但教学水平却难以评估,因为教学效果极有可能在十几年之后才能显现出来。那么在这样的现实背景下,一个大学教师愿意在学生身上倾注多少热情,实际上全凭自愿,大学的教育说起来其实就是一种良心的教育。因此倒不如说,专业素养和教学技能其实都只是教学的手段而已,而教学热情才是成为一名优秀教师的核心。

2.给大学生的建议

在大学里,因为学生人数众多,教学时间有限,老师和学生的见面交流时间其实很少,更不用说让老师逐一地关注每一个体了。所以在这种情况下,学生必须主动地去找老师交流,而不是被动地等待老师的注意。而老师对学生的态度也很大程度上取决于学生自己的态度。如果学生的学习态度坚定,对自己的专业充满热情,教师自然愿意在他身上倾注更多的心血。但如果学生只是想拿个文凭找工作,教师也不会对其多做强求。因而当我面对学生的时候,确实是有区别对待的,但是这绝不是单单地以资质好坏而论,这其中的问题较为复杂。坦白说,我认为一个人的智商高低、资质好坏绝不是成败的关键,关键是能否找到自己的特长、找准自身的定位,然后全身心地投入并持续不断地去努力。

其实我一直认为自己是个资质平庸之人,对于物理、数学等抽象逻辑知识以及外语、方言等各种语言我都难以驾驭。现在想想,我之所以能够站在大学讲台上,一方面是确定了自己的兴趣和方向,发挥了自己的长项。毕竟大学毕业后那6年的工作实际上是对我的一个检验,它既让我认清了自己不擅长的领域,也让我更加确定自己的追求。当然另一方面,也离不开我自己持续不断的坚持和努力。我知道,这个世界上的聪明人有很多,然而也正因为聪明,他们往往浅尝辄止。但知识的深度是永无止境的,很多问题并不在于入门有多快,而在于进去之后能够走多远。再说,当今社会的分工已经相当细致,社会给我们提供了非常丰富的发展方向来选择。如果一个人在某些方面确实具有一定的天赋并且足够努力，那么他自然可以朝着最尖端的方向发展，就好比一个钻头的尖儿。反之，如果一个人的反应实在不如旁人敏锐，也没有关系，因为他还可以做一些基础的工作。况且，所谓尖端和基础的高低，其判断标准也不是唯一的。每个人所从事的工作领域、性质、深度其实都是不一样的，但都有绝对的发展空间。比如，有人说袁隆平院士在科研理论方面并没有太大的突破，但他培育的杂交水稻却能够惠及全世界。这种巨大的贡献是绝对不可抹杀的。因此在我的眼中，可以说人没有聪明与否之分。每个人只要发现自己的长处，各尽所能地去做自己能做的事情，并做到最好，这就可以了。

3. 工作感悟

我毕业之后，先在学校的科研管理部门工作了6年，做的主要是跟教学科研无关的行政工作。这看起来似乎与我的人生追求有所偏差，但对我来说，这偏离正轨的6年却有着极大的价值，同时也是我必不可少的成长过程。这些经历丰富了我的人生，也提高了我的综合素质。一个人的能力还是要尽可能丰富一些，毕竟社会环境不同于学校环境。况且，在一个人成长的过程当中，也有很多事情是不可预知的，而人生也正因此才充满了乐趣。不仅如此，古人讲，学而优则仕，也就是说学和仕本来就是不可分的。学是读书，仕就是经邦济世、为社会服务。如果一个人满腹诗书、才能过人，却将自己囚禁于狭小的圈子之中，从不涉足社会，也从未想过为社会做贡献，那么读书本身就成了一件有缺憾之事，是不完满的了。而作为一个学者，更应该注重增加一些实践工作的经验，而不应当是脱离实际、与世隔绝的。此外，更重要的是，在我毕业以后的6年里面，无论是做行政还是经商，都从反面告诉了我不适合这些工作，让我看清楚自己真正想走的路是什么。如果不是对行政的厌倦以及经商受挫，可能我也很难下决心回归学术吧。

当然，我也常常会想，其实很多工作接触多了，的确会有不过就是那么回事的感觉。因为任何工作都是有套路的，也都无法避免重复。我们甚至可以说，套路就是规范，是一种行为反复重复而且有效的标志。但问题在于，即使我已经知道了一份工作是怎么回事，当有人要把这件事情交给我，我又是否能做好呢？或许，从知道到做好、从浅尝辄止到变成一个专家，这里面的学问才是最大的。其实不只是行政，这世上有许多工作在重复的过程中都会令人觉得琐碎、无聊且没有意义，但它们真的是没有意义的吗？肯定不是的，因为如果它们没有意义，为什么还存在呢？如果我的眼光只是局限在个人或者细节本身上，很多时候的确很难看出它们的意义所在；但当我把自己摆在一个决策者的立场，从更全面的角度去观察全局时，我就会发现每个细节和重复大都有其存在的理由了。比如说，有人觉得有没有同别人打招呼或关心一下别人似乎无关紧要，但其实不是的。人不是那么简单的动物，而是有着异常复杂的情感和心理的，人与人之间也不可能完全凭借工作关系连接到一起。说到底，这些工作关系、工作效果也往往要基于情感的交流，而情感的交流经常是通过一句简单关心的话来完成的。所以很多事情不用那么斤斤计较，万事万物都有其存在的价值。

4. 人生感悟

人生涉及方方面面。如果从一个教师的角度来反观人生，我想，这应当是一个逐步学会宽容的过程。这个“宽容”是指对学生从单纯的要求到理解、甚至产生同情的过程。

其实在很长的一段时间里，我的教学都是单向度的。我希望学生能够完全按照我的要求去变成我所期待的人，就像一个专制的家长那样。但随着年龄的增长，我逐渐意识到体察学生的重要性。我需要通过回顾自己的成长经历和亲身体验，来理解我的学生在成长过程中所经历的艰难和曲折，以及他们为成长付出的努力。这是一个我从单向度地要求学生，到理解学生，再到与学生一起成长的转变过程。

由此也可以说，实际上每个人都永远地处在成长过程中，不仅是学生，也包括老师。孔子说“四十不惑”，那个“不惑”的确是指冲破了一些人生认识上的障碍，但也依然会有新的困惑产生。比如，现在的我终于可以大胆地承认，我一点也不聪明，所以我不可能变成一个顶尖级的科学家、元帅、百万富翁。这些在40岁时我都能明白，而且我都可以坦然地去接受，因为我已经找到了自己的人生定位。但是，新的困境也随之而产生了。比如，我现在常常觉得自己承担的责任太多，时间不够，没有足够的精力去做自己最想做的事。这些责任不仅有家庭方面的，也有工作方面的。放眼望去，我们这个年龄的人，在各个部门几乎都是骨干了。三十多岁的人还在积累经验，到五十六七的又该退休了，而所谓的年富力强说的正是我们。社会的主要任务实际上就是由我们这个年龄段的人来完成的。而且，我们往往又被社会看成专家，在个人的发展之外又增添了许多为社会服务的责任。可以说，我们要面对的东西实在太多了。在这种情况下，热情和坚韧实际上是我整个人生最重要的精神支柱。所以我最想说的是，只有等你成熟的时候才会知道，你不必聪明到什么程度，不笨即可，只要你愿意努力而又能够坚持。

理解人生，点燃心灵

黄希庭

教育之本在育人。回顾恩师，黄希庭老师再一次证明此“育”并非简单的知识传递，而是对学生能力和品质的培养。在给青年教师的建议上，老师亦再一次强调了终身学习的必要性，并提出要正确对待荣誉，养成戒骄戒躁的教学及科研态度。

1. 对自己影响最大的人

在我的求学和教学生涯里，许多人都曾对我产生深刻的影响，其中包括我的老师，也包括我的学生。

首先，师恩似海，对我影响最大的四位老师是李子英、孙国华、张增杰、沈迺璋。李子英老师是我的高中班主任，我从温岭高中毕业时，正是他对我填报升学志愿的建议使我走进了热爱终身的心理学殿堂。当时我填报的第一志愿是北京医学院，第二志愿是北大生物系，第三志愿才是北大心理学专业。李老师看了我填报的志愿以后找我谈话，建议我把北大心理学专业改为第一志愿，去学习心理学专业。当时我对心理学知之甚少，对李老师的建议颇感奇怪，便问为什么？李老师回答说："心理学是以人心为研究对象的学问，而人心是世界上最重要也最难以捉摸的东西，因此心理学是最具挑战性也最有价值的一门学问。我希望你能有勇气攀上心理学这座高峰，为我国的心理学建设出一份力。"李老师的这番话，第一次激起了我对心理学的浓厚兴趣和向往，我进入心理学领域的第一步便是由此踏出的。李老师还举了巴甫洛夫的例子来激励我（巴甫洛夫因为他的条件反射理论而为广大中学生所熟知），他告诉我巴甫洛夫是一名心理学家，且凭借对心理学的杰出贡献而获得了诺贝尔奖，希望我能够向他学习。我听从了李老师的建议，更改了志愿，从而进入了北大心理学专业。可以说，我的心理学人生之路是李老师给我指出的，我深深地怀念他。

1956 年，我满怀喜悦地来到北京大学。能够考取北大的学生都觉得自己很优秀，每个人身上都充满了骄傲之情，我们心理学专业的学生亦是如此。但当我们进入哲学系的心理学专业时，发现哲学系只有几间房、几位教授，与数学系、物理系、外语系、中文系等相比，心理学专业不管是名气还是人气都要低得多。这样一比较，我们不免有一种深深的失落感。对此，时任北大哲学系心理学专业主任的孙国华教授在迎新会上专门以"不卑不亢"，即既不自卑，也不高傲的精神教育我们。孙老师举止文雅、风度潇洒、仪容大方、说理透彻，他在迎新会上的一番话深深地刻印在了我的心里，"不卑不亢"不仅成了我为人处世的一项基本原则，也成了我做学问的一项原则。后来我也用这四个字来教育我的学生。人生无论遇到多大挫折、取得多大成绩，都应怀着一种不卑不亢的心态，满怀信心地去迎接挑战。

1961 年本科毕业后，我来到原西南师范学院教育系，学校安排我做张增杰教授的助教。张老师是一位极其勤奋、严谨且富有创造性的学者，他的教学效果非常好，我讲课的经验和模式基本上都是从他那里学来的。张老师还非常平易近人，对后辈爱护有加。我作为他的助教，上课前想帮他做一些小事情，如拿挂图或小黑板等，他都不让我做，但每次我去找他请教问题，他都会很快把手上的事情放下来跟我交谈。我记得很清楚，有好几次，他正在用早餐，看见我来了，便把碗筷放下与我交谈。这诸多的打扰，现在想起来，我都觉得很内疚。总而言之，张增杰老师的为学、为人以及教学经验都对我产生了很大的影响。

沈逌璋教授是我的研究生导师，他学识渊博，曾留学法国，精通四门外语，他的研究兴趣广泛，推崇学术自由和民主。我记得9月初我们第一次见面，他给我一张读书目录，让我自己回去好好学习，然后告诉我说平时不要去找他，一个月后才可以去找他。一个月后我把阅读的情况向他汇报，包括我在读书中的收获及阅读过程中思考的问题。他听完后，先是点头首肯，继而便告诉我，你提出的哪些问题可以在哪本书、哪本杂志上找到答案，你回去继续认真阅读。就这样，大概只有半个小时，辅导便结束了，后面的几次辅导都与这一次差不多。到了第四次，我就不再去找沈老师了，因为我悟出了他的用意，他是要我学会自学，靠自己去寻找答案。开始时，对于沈老师的这种教学方法，我有些难以接受，心里常有怨言。而现今，我则由衷地感谢老师的引导，正是他当时"逼"我自学、无师自通，才有了后来我逼自己搞好教学和科研的勇气。

除了以上四位恩师以外，还有很多优秀的教师也曾对我产生很多影响，在这里就不细说了。师恩难忘！现在我也经常以我的老师为榜样来教育和影响我的学生和我的孩子，如"逼"他们无师自通，而不是手把手地教，一味地进行知识传输。

学生对我的教学也有很大的促进作用。教学相长是教育学的一条基本原理，在教学中，本科学生对我有不少帮助。例如，我对价值观问题的研究，就是我在讲授“普通心理学”课程中的“动机”一章时，有学生问为什么价值观是人生的一种动力？当代中国青年价值观都有哪些特点？用什么方法可以测量价值观？对于这些问题，当时的教科书都找不到答案，只有到现实生活中去研究，才能找到答案，从而促进了我对它的研究。教学中学生们会提出很多问题，我鼓励他们独立思考，多次表示欢迎他们对我写的教材和讲授的内容提出批评或持不同的观点。有一位学生不同意我讲义中“兴趣是一种认知倾向”的观点，他认为“兴趣是一种情绪或情感”。我觉得这种意见有道理，建议他参考相关文献看是否可以把这两种观点结合起来。后来他写了一篇小论文，提出了“兴趣是一种带有情绪色彩的认知倾向”的观点。后来通过考试，这个学生被我录取为研究生。

在教学中研究生对我的帮助更多。在他们的心目中，我不仅是他们的老师，还是他们的亲人和长辈。我鼓励他们在钻研研究课题之外还要锻炼身体，尽可能扩大知识面，发展新的研究思路。我们经常切磋学术问题，经常研讨时代要求与人格修养等人生问题。从中我常常了解到他们的新思想和新看法以及独到的判断力和学术自信心。教学相长凝结出深厚的师生情谊。毕业后，学生们在事业上取得成绩，甚至结婚、生子、孩子上学等重要时刻都会写信告诉我或寄照片给我。我在微信上发布自己的学术动态，他们都纷纷“点赞”鼓励。我由衷地感受到做教师的幸福！

2. 给青年教师的建议

我们要热爱教师这份工作，爱岗敬业，因为教师所从事的是点燃心灵真善美的神圣工作，是我们党实现“两个一百年”奋斗目标、实现中华民族伟大复兴中国梦的奠基性工作，我们没有任何理由不爱岗敬业。怎样做好这份工作？我想就我的经验对青年教师提两点建议。

第一条建议是：要努力学习并树立终身学习的信念。不管一个人是博士还是博士后，站到讲台上，他面对的都是一项全新的工作——教书育人。教书育人就是培养人才，正如卢梭所说："只有一门学科是必须要教给孩子的，这门学科就是做人的天职……我宁愿把拥有这种知识的老师称为导师而不是教师，他的工作是指导孩子怎样做人。"但对于青年教师来说，他们往往缺乏通过教学来培养德、智、体、美全面发展人才的经验，因此这方面的经验是青年教师首先应当抓紧时间努力学习的。只有能够承担起教书与育人的双重职责，一名教师才能称得上是"受欢迎的经师和人师"。此外，青年教师还应具有这样的意识，即坚持终身学习的信念，永远不要放弃学习本专业的知识。首先，教师要想传送给学生一杯水的知识，就必须要有一桶水的知识储备；其次，当今时代是信息和互联网+的时代，知识和技术的发展日新月异，曾有人做过这样的估计——现代每5年发展出来的新技术可以淘汰过去50年甚至100年积累的技术，这真可谓是学无止境了。在此种语境下，某一时刻的新知识过不了多久就会变得漏洞百出、老旧不堪，因此教师作为知识的传承者，必须不断更新自身的知识宝库，才能输送给学生最新鲜的养料，即使是自己本专业的知识亦是如此。只有怀揣"活到老，学到老"的信念，耐得住寂寞，持之以恒地学习新知识和新技能，踏踏实实做学问，一名青年教师才能成长为一名成熟的优秀教师；若一味急功近利、投机取巧，或只抱着学校里跟着老师学到的知识而不思进取，这样的人是不可能做好一名教师的。

第二条建议是：要正确对待荣誉，把荣誉视为做好教学工作的新起点。青年教师如果经过自身的努力在教学和科研上做出了成绩，受到了国家或学校的肯定与奖励，这确实可喜可贺，值得珍惜。但同时，青年教师切忌骄傲自负，忘记自己踏踏实实做学问的本分。这里我想讲点自己的体会。1981年,我与张增杰老师在《心理学报》上发表的《5至8岁儿童时间知觉的实验研究》一文被美国学者全文翻译刊载于《中国社会学与人类学》杂志上。1982年6月,我的第一本教材《普通心理学》在甘肃人民出版社出版,受到国内心理学界的极大好评,被许多高校采用为教材或教学参考书;1988年,该书获国家教委第一届普通高等学校优秀教材二等奖。1988年,由我主编的三本教材和教参在人民教育出版社(《心理学实验指导》)、上海人民出版社(《大学生心理学》)和西南师范大学出版社(《心理学》)出版。这些成果可以说给我带来了很大的名声,一时间,学界内外都知道了西南师范大学还有我这样的一号人物,大家还赠给我"拼命三郎"的绰号。有不少学校想吸引我离开西南师范大学到他们学校去工作,北有首都高校,南有天堂高校,还有西部著名高校。说实话,我一度动摇过,但校党委书记王长楷同志闻讯后两度登门与我促膝谈心,并答应解决我校心理学发展的实际困难,我最终留了下来。之后,由我领衔,在学校党委和行政领导的支持下,在和同事们的通力合作下,我校的心理学学科有了极大的发展,心理学学位点从无到有一点点地建设起来:建成了基础心理学博士学位授权点(1993)、心理学博士后科研流动站(1999)、国家重点学科西南师范大学基础心理学(2002)、心理学一级学科博士学位授权点(2003)、重庆市人文社科重点基地心理学与社会发展研究中心(2003)。我还协助同事建成了西南民族教育与心理研究中心(2004)、人格与认知教育部重点实验室(2003)。回顾往事,我深感庆幸,试想,当时如果我去了其他高校,那我不但会失去这里良好的学术环境(对我们知根知底并给予切实支持的校党委和行政领导,初具规模并有良好学风的学术团队,融洽的人际关系),失去教师能够安心、踏踏实实做学问的良好条件,还会浪费大量的时间和精力。因此,珍惜时间,也珍惜自己的声誉,把声誉视为做好工作的新起点,切忌骄傲自负,是每一个青年教师都应谨记在心的。

3. 教学感触

我最大的感触是:教学是为了育人。这个道理虽然浅显,但要做好不容易。另一个感触是:心理学研究与教书育人二者是完全契合的,其契合点就是探寻心迹、理解人生、点燃心灵的真善美。

教学与人生的能量守恒

廖伯琴

通过对于“为何要学习物理?”这一问题的追问,廖伯琴老师亦对教育的本质进行了反思。她一针见血地指出中国教育的缺陷:无论是教师还是学生,对于所学知识,均是只知其然,而不知其所以然;只重视拿高分,而不重视实际能力和素养的提高。

1.教学感悟

2000年,女儿以优异的成绩获得全额奖学金赴美留学,已获得博士学位的我以为今后的生活节奏可以放慢一些。没想到,新中国成立以来力度最大的一场基础教育课程改革开始了,而我经过盲选、层层审核,获准负责关于中华人民共和国《义务教育物理课程标准》和《普通高中物理课程标准》的研制工作,主编国家新课标初中物理教材(2册)和高中物理教材(12册),以及主持各类国家级的物理新课程培训等。随着基础教育课程改革的深入，我对教育，尤其是物理教育的功能有了新的感悟。

作为受教育者，为何要学习物理？我问过若干师生，大部分人回答的第一个理由是因为高考，接下来是因为物理有用，是科学素养的组成部分等。记得我在中学时代就问过类似问题，当时得到的回答是“学好数理化，走遍天下都不怕”，不过为什么“不怕”则不清楚。当时，作为中学生的我真不知学习物理的意义，只是喜欢解题，喜欢追求高分，渴望取得优异成绩。现在想来，当时不仅是我，就是教我的老师，对“为什么学习物理”也不一定很清楚。2000年，我国进行了第八次基础教育课程改革，作为国家《义务教育物理课程标准》和《普通高中物理课程标准》研制组的负责人，在进行物理课程的国际比较中，在对中学一线物理教学的调研中以及在对物理课程功能的理论探索中，我对物理课程功能的认识提升到一个新的境界。

要认识物理课程的功能，首先要了解什么是物理学。物理学是人类科学文化的重要组成部分，是研究物质、相互作用和运动规律的自然科学。它一直引领着人类探索大自然的奥秘，深化着人类对自然界的认识，是技术进步的重要基础。20世纪初建立的相对论和量子论，引发了物理学的革命，对化学、生物学、地质学、天文学等自然科学产生了重要影响，推动了材料、能源、环境、信息等科学技术的进步，改变了人类的生产生活方式，对人类文明和社会进步做出了重要的贡献。

物理课程应体现物理学的本质，反映物理学对社会发展的影响；应注重学生的全面发展，关注学生应对未来社会挑战的需求；应发挥在培养学生科学素养方面的重要作用，培养学生的物理核心素养。而物理核心素养是学生在接受物理教育过程中逐步形成的适应个人终身发展和社会发展需要的必备品格和关键能力，是学生通过物理学习内化的带有物理学科特性的品质。学生的物理核心素养的关键成分主要由物理观念、科学思维、实验探究、科学态度与责任等四个方面构成。物理观念是从物理学视角形成的关于物质、运动、能量和相互作用等的基本认识，是物理概念和规律等在头脑中的提炼和升华。科学思维是从物理学视角对客观事物的本质属性、内在规律及相互关系的认识方式；是分析综合、抽象概括、推理论证等科学思维方法的内化；是基于事实证据和科学推理对不同观点和结论提出质疑、批判，进而提出创造性见解的能力与品质。实验探究是指提出物理问题，形成猜测和假设，获取和处理信息，形成结论，以及对实验探究过程和结果进行交流、评估、反思的能力。科学态度与责任是指在认识科学本质，理解科学、技术、社会、环境（STSE）的关系基础上形成的对科学和技术应有的正确态度以及责任感。

2. 人生感悟

人的一生是有限的，在生命的历程中，我们会逐渐感悟到不一样的生命意义。当立于讲台，面对学生求知、信赖的眼神时，我在生命历程中感到了教师的责任；当看见一线教师逐句领会我们研制的中学物理课程标准，看见上千万的学生学习我主编的中学物理新教材时，我在生命历程中感受到了教学研究者的使命；当累致胃出血卧病在床，看见学生焦急的目光时，我感受到了师生情感的温馨；当每年与毕业的博士、硕士研究生或本科生合影，看到他们依依不舍时，我在生命历程中感受到了收获；当向国家领导人汇报课程标准研制工作，向由院士、大学教授等学科专家以及一线教师和教研员组成的审议组陈述课标研制历程及新课标的特点时，我在生命历程中感受到了课程改革者的使命；当站立在国际讲坛上，向不同国度的同仁宣讲中国的物理课程改革时，当与诺贝尔物理学奖获得者或布什政府教育顾问讨论我国的课程改革时，我在生命历程中感受到了作为中华民族教师的自豪与光荣；当我荣获

“全国模范教师”“全国教育系统巾帼建功标兵”称号，并连续两届荣获“全国教育硕士优秀教师”称号、重庆市巾帼英雄奖及五一劳动奖章时，我在生命历程中感受到了获此殊荣的压力……

一晃几十年过去了，到了该总结教学人生的年龄。几十年的人生经历告诉我，物理学的能量守恒定律及熵增加原理等在我们的日常生活中无不处处体现。能量守恒不只是简单的物理定律，更是人生的真谛，要懂得付出的意义。熵增定律说明自然过程的不可逆，人生无不是这样不可逆。要珍惜当下，珍惜缘分。

做人、做事、做学问，尽心、尽力、尽责任

李强

教师是一个塑造人的职业，是天底下最崇高最值得人们尊敬的职业，这是李强老师的信念。因此，在给青年教师的建议中，他强调，教师对待自己的工作一定要认真，并且要在认真的基础上平等地对待学生、关心爱护学生。

1. 给青年教师的建议

毛主席有一句话我觉得说得特别好。他说："世界上怕就怕'认真'二字，共产党就最讲认真。""认真"二字，也是我这么多年工作始终坚持的原则。我认为一个人不管在什么情况下，都要认真地做好自己应该做的工作。就比如说教学吧，一个教师在课前备课、课上讲授、课后批改作业、阅卷等所有环节都必须做到一丝不苟才行。因为这种认真，说小一点，是对学生负责；说大一点，是对学校乃至国家负责。我记得有一年我同时给700多个本科生上课，也就是说在批改作业时我需要改

700多份。有的同学可能觉得700多份作业，老师肯定不可能一份份全部看完，于是就想蒙混过关。其中有两个同学就抱着侥幸心理交了同一份作业，也就是说除了姓名、学号外，两个人的内容是完全相同的。但是他们万万没想到的是，我竟然真的逐份批改了所有人的作业，并在700多份作业中发现了他们的小伎俩，将他们的作业精准地挑选了出来。当时我站在讲台上，并没有当众点名，只是希望这两个同学能够来我办公室主动认错，不忍伤了他们的名誉和自尊。他们当时惊讶极了，也很感激我对他们的维护，一下课就来找我。他们甚至偷偷向我坦露了自己以往在其他教师的课堂上也这么做，但是从未失败过。他们以为所有的教师在面对成百上千份作业时都不会有耐心全部看完。此后，他们给了我一个评价，说我是一个极其严格的老师。但其实我不这么认为。我觉得自己只是比旁人多了一点认真而已。

事实证明，一个真正认真工作的教师，的确是会感染、打动学生的。我听很多学生说过，他们喜欢认真的老师，哪怕他对自己的要求很严格。对于年轻的老师，我认为还是应当要干一行爱一行。既然已经选择了教师这条路，就应发自内心地热爱教师这个职业，用心经营好自己的工作，而不是只是把这个职业当作一个跳板或一种无奈之下的选择。我想，工作能否做好，其实主要是看你爱不爱它。你只有真正热爱自己的工作，才会心甘情愿地花时间和精力去做好它。看看我自己，我都已经教了这么多年书，对自己的教学内容可以说是相当熟悉了，然而直到现在，我还是保留着上一次课备一次课的习惯。因为我从许多年前就是真正地热爱着教师这个职业，我希望自己的每一节课都是精心准备的，所以从不敢对自己和学生有所敷衍。我希望自己能够成为他们真正的良师益友，既能够在课堂上以严格的要求来规范课堂纪律，以高标准来督促学生的学习，又能在课后将学生当成朋友，无私地给予他们信赖与帮助。这才是我心中最理想的教师形象。

我们做教师的，更要在认真的基础上平等地对待学生。其实也就是我们通常所讲的，一碗水要端平。如果我们总是表现出对某某学生特别喜欢、特别好，而对别的学生有所厌恶，这很容易刺伤学生的自尊心，使他们不能正确地认识自己。因此，每学期开始，我都会对我的学生说："在我的面前，所有的学生都是一样的。哪怕你的父母是县长也好、省长也好，我统统不管。这些所谓的权力或者金钱在我这里是一概无用的。你们这上百个人在我眼里都是我的学生，仅此而已。"我觉得这是教师需要恪守的一个最起码的准则。

当然，我们在严格要求学生、平等对待学生的同时，也需要关心学生、爱护学生。因为学生毕竟还是学生，他们正处在成长的过程中，无论是思想上，还是生活、情感上，都难免会遇到一些问题，而这些问题其实或多或少在我们自己的青年期也出现过。这时候，为他们提供一些必要的帮助，并给予他们一定的关心和指导，是作为教师的本分，就好比家长对待自己的孩子一般。与此同时，只要我们能够真诚地去关心、爱护学生，愿意为学生付出，学生也绝对会信赖我们。在多年的工作中，我一直坚信这一点，因为我教过的学生当中，有好几位都跑来向我借过钱。借钱可不是一件小事！我记忆最深刻的是一位新疆的学生。那时他因为过年没有路费回家，就过来向我借了1000元钱。现在回想起来，这都已经是十几年前的事了。那时候1000元可不是一个小数目。况且一般来说，大学里的学生如果在金钱的问题上出现了困难，都会首先去找自己的同学或者朋友。即使是真的需要向老师求助，也多半会去找自己的辅导员而不是任课教师。可是谁会想到要跑来找我这么一位非专业课的公共政治课老师呢？而他告诉我的原因也令我非常感动。因为他觉得我虽然只是一个公共课老师，但是从平时上课的言行举止中看到了我的为人处世之风。他眼中的我是那么亲切和善而又值得信赖，似乎只有找我借钱才不会被瞧不起。所以当时，我在详细地了解了他的情况之后就毫不犹豫地给了他1000元,而最终他也信守承诺地将钱及时归还。所以,我一直觉得学生能够找自己借钱是一件值得自豪的事情,这说明学生喜欢且信任我。当然,我的帮助也并非是毫无原则地任由学生予取予求,我更不希望自己的帮助仅仅停留在物质层面。一旦有机会,我也希望能够教给学生一些实用的方法或人生的道理。就像在这次的借钱故事中,我发现这位新疆的同学完全没有写借条的意识。这在经济往来中,是极为粗暴而轻率的行为。并且,他在我的要求下书写借条时,采用的是阿拉伯数字"1000",而非大写的"壹仟",这也是极不严谨的一种做法。我非常严肃地告诉这个孩子:"如果你现在面对的是一个心怀不轨之人,那我完全有可能把1改为9,或者在1000后面再加几个0,那你该怎么办呢?"我笑笑接着说,"如果这样的情况真的发生了,你连后悔的余地可都没有啦!"这时他才恍然大悟,又从中学到新的一课。由此我也发现很多学生都非常缺乏应用文写作的常识,而这些看似简单的东西很有可能会让他们栽大跟头。于是在这件事情过后,我就专门开了一门应用文写作课程,希望能够帮助更多的学生去规避一些不必要的风险。

有趣的是,我的学生除了跑来找我借钱的,也有跑来向我咨询情感问题的。那大概是一天晚上的课,课间的时候有一个男生突然找到我,问我能否在放学后同他聊一聊,因为有一件事情让他非常苦闷,他不知该怎么办,也不知能找谁说。我当时见到他一脸渴求却又有些惴惴不安的神情,没有多想便答应了。可是说实话,之前我跟这个学生几乎没有说过一句话,我们之间唯一的联系就是每周一次的课堂。他并不是一个活跃的学生,在课堂上也从未发过言,所以在我看来我们之间的关系应当是很生疏才对。当他来找我的时候,我着实吃了一惊。他的问题听起来其实也很普通,就是和女朋友闹了点小矛盾。他们有一天晚上在一起散步的时候,突然发现一棵大树被风刮倒压在了一根电线上。女孩子觉得这是一个很严重的安全隐患，于是希望男生能马上打电话报告给学校的相关部门。可男孩子呢，一方面苦于天色已晚，另一方面也确实不知该联系谁，因此只想敷衍过去，而没能立刻采取措施。女孩子一下子就有些不开心了，认为他没有公德心，竟索性不再理他。他觉得很委屈，但又不知道该怎么办，因为这件事他都已经几天都睡不好、吃不好了。他说完事件的经过之后，忐忑不安地看着我。

其实，这在我看来真的是一件很小的事，不过是两个年轻人都钻了牛角尖，一时赌气罢了，更没必要提升到道德层次上来论是非。可惜身处感情旋涡中的年轻男女却很难看清这一点，即使看清了，若无旁人的劝解，他们也不愿意主动承认自己的错误。于是我把这些话讲给男生听了，并给他提供了一些个人的建议。巧的是几天后，我在超市里竟然又偶遇他们，发现他们已经和好如初了。他们两人亲密地挽着手走在一起，远远地看到我就激动地同我打招呼，还向我敬礼。

后来，这个男生一直记着我，他毕业后工作了一年，又重新回到西南大学读研，在此期间，他还经常来看望我，听我的课。我也曾私下忍不住问他，为什么当年会突然找到我，而不是去找其他朋友或者接触得多的老师呢？他非常真诚地告诉我："您在课堂上的一些表达和行为，如严格要求学生、对所有的学生都一视同仁等，都让我感觉到您是一个有正气而且确实真心为学生着想的老师。当我不知该找谁倾诉的时候，您让我觉得您是一个可以信赖的人。"这番话让我既感动又自豪，同时又使我充满了力量，因为它说明我一直以来坚持的原则是正确的。

其实这些小问题在年轻人的身上是很普遍的。亲切地倾听他们的苦恼，适当地引导他们，是我们每个大学教师都不应逃避的责任。一个其他学院的学生，能够信任我一个公共课老师，向我寻求帮助，我觉得作为一名教师，能够有这样的经历，值了！这些学生就像我自己的孩子一样，是如此地认可我、喜欢我，我还有什么理由不更多地去关心、爱护他们呢？

当然,以上只是从普通的教书育人的角度来谈的。如果是针对高校教师的话,我认为我们在抓好教学的同时也不能放松科研。高校教师毕竟也是教师,首要任务依旧是站稳讲台,认真对待自己的教学,尽到育人本分,但科研与教学并不矛盾,而是相互促进的。一方面,科研可以支撑教学,从而更好地推动教学工作的开展;另一方面,教学相长,教师在教学中与学生交流碰撞,也会产生许多意想不到的火花。因此,高校教师也应当尽量适应国家和学校的评价机制,最好是教学与科研两不误。

2. 教学感悟

我从初中开始,就认为教师是一个很不错的职业。并且,随着年龄和阅历的增长,我愈加确信了这一点。可以说,我一直认为教师是天底下最崇高和最值得人们尊敬的职业,因为,它是一个塑造人的职业。人,是人类社会最基本的组成单位,正如池塘没了水会枯竭一样,社会没了人也不再是社会了。如果我们想要确保社会的存在和发展,那必须得首先保证人的存在和发展。不仅如此,一个社会若想持久地发展下去,也需要人的健康成长。然而,一个人的健康成长不仅依赖于父母,更依赖于教师,因为教师是人类知识和经验最专业的承载者和传播者,也是塑造人类品质最重要的人。正因如此,教师也成了最有挑战性的职业,因为,它没有失败的机会。如果从商品生产的角度来看,其实很少有人会担忧工厂里产出的次品,我们甚至规定了不合格率以给工人留下犯错的空间。我们知道,这些次品的影响力是有限的。它们大多数仅限于自身,并且可以回炉改造。但人不同,一个人若成为次品,便很难有改造的机会了。并且,成为次品的人,其损害绝不止一件商品的价值。一个班级里的学生是多么各不相同啊!他们当中有各方面都品学兼优的,有学习成绩好但在道德素养方面略差的,也有道德素养很好但专业素质略差的……但不管这些学生是什么样子，他们最终都必然要流入社会，都要在不同的领域谋取职务。如果我们培养出的学生次品太多，那社会的发展就没有了人才资源，有些品行差的学生甚至还会对社会产生巨大的危害。因此，教师承担的责任是远远大于其他职业的，我们做教师的一定要意识到这一点。有些老师看到不听话、不争气的学生，会很生气，甚至想要干脆放弃他。这是绝对错误的。试想，如果连老师都放弃了学生，那还有谁能够给予他们——这些人类的未来——以正确的指引呢？因此，我在自己的教学生涯中，一直努力把学生当作自己的子女一般。当然，即使是一母所生的孩子也往往是参差不齐的，然而绝没有哪个母亲会把不听话的孩子赶出家门。我想，老师对待学生也应大致如此吧！

其实，我也知道现在很多青年学生不太喜欢政治课，甚至觉得政治课完全是对自由思想的一种压制。这种想法在青年阶段是很正常的。却是十分狭隘和幼稚的。意识支配行为，一个国家、民族若没有一个相对统一的认识和价值取向，只能成为一盘散沙而任人宰割。苏联为何解体呢？不正是因为主流意识形态瓦解，造成思想一片混乱吗？如果以家庭为例的话，与拥有上亿人口的国家相比，家庭当然只能称得上是一滴水。然而，若家人的想法各不相同，父欲东，母欲西，儿欲北，这个家庭也实在难以维持。家庭尚难维持，那么我们就更不用说拥有56个民族、14亿人口的大国了。可以想象，如果我们国家没有一个能为大多数人基本认同的价值取向，那么外界稍微有些风吹草动，国家便会四分五裂、分崩离析。因此，意识形态的安全才是重中之重。尤其是在“一国两制”的背景之下，一个国家如果思想乱了，就会变得各自为政、无所适从，从而陷入极为糟糕的境地。五马如何分尸？就是因为五匹马都朝着五个不同的方向跑，这才能分尸。如果五匹马都朝着同样一个方向去努力呢？如今很多青年学生由于年龄、阅历等条件的限制，其思想往往无法达到这一高度,因此境外的敌对势力主要是在我们的青年群体中进行其所谓的民主主义或普世价值观的宣传与渗透。这是很值得我们国家的青年们警醒的。其实青年学生自己想想也能明白。比如说,如果班级要搞一个活动,班级里可能有50个同学,若这50个人各有各的想法,每个人都希望活动能按照自己的想法开展,那么这个活动究竟该如何开展呢?这恐怕永远也开展不了吧。因此,小到一个家庭、班级,大到一个学校、国家,其实都需要一种大家共同认可的、相对集中的思想。说白了,就是心往一处想,劲儿才能向一处使。

当然,我们思想政治理论课教学的方式方法也确实需要改革。我们也一直在努力探索,比如通过网络给学生学习基础理论知识,再在课堂上进行专题的讲授和拓展,以加深学生对问题的理解和思考。除此之外,我们也可以通过一些社会调研,增加学生的感性认识。

3. 人生感悟

我这半辈子最大的感悟,总结起来就是我们学院的精神:做人、做事、做学问,尽心、尽力、尽责任。

从做人的角度来说,我觉得一个人首先要胸怀坦荡,不做亏心之事;其次,要有一种知足常乐的豁达态度,不要老是同别人比较,更不要以名利挂怀。毕竟人生在世,有高潮亦有低谷,有发达亦有落魄。如果我们一味地同别人去比较,就很容易陷入事事不如人的怪圈,从而很难快乐起来。或者说,一个人要有善于满足的能力,努力做好自己的事情即可,不必与他人争短长。比如,同一届的学生,毕业之后,因为机遇、环境等种种因素的影响,必然会有些人发展得好一些,有些人发展得不如意。这其实就是人生的常态,我们不必对此过于计较。一个人,只要不为名利等身外之物所累,知足常乐,做好自己当做之事,这就够了。归纳起来,也就是要有良好的心态。与古代相比,现代社会是一个充满竞争的社会，我们也面临着比古人大得多的前所未有的压力。在这样的情况下，有些人因为承受不了重压而选择结束自己的生命。我们看到，青少年的自杀率一直居高不下。前几年，湖南还出现了一例令人触目惊心的小学生跳楼事件。在这样的压力之下，保持良好的心态是非常有必要的。因此，课上课下，我时常告诫我的学生：再大的事情都会有解决的办法，在任何时候，遇到什么样的困难，都不要走极端。古人常说，桥到船头自然直。如果我们已经尽了自己最大的努力，那么顺其自然就可以了。

心怀仁爱，胸怀热情

刘承宇

同李强老师一样，刘承宇老师也强调对于学生的关爱之心，他认为："一名优秀的教师必须以仁爱之心对待每一个学生，不管他是贫穷还是富有、乖巧抑或顽劣。"他还认为教师必须对自己的职业充满热情，因为只有这样，才能最大限度地发挥自身的潜力。此外，他还很重视"管理的艺术"。

1. 给青年教师的建议

什么样的老师才是好老师呢？我认为，首先，他要对教师职业充满热情。不论工作条件多么糟糕，环境多么恶劣，只要由衷地热爱这份工作，全身心地投入其中，就能最大限度地发挥自己的潜力，才能具有成为一名优秀教师的前提条件。扎实的基本功也是必不可少的，这个基本功不仅指教学技能、书本知识，还包括丰富的人生阅历和实践经验。因为说到底，知识本身是无用的，只有用来解决问题才能变成真正的力量。其实很多时候，学习英语本身是件很枯燥的事情，但只要与实践结合起来就变得非常有意思了。比如我在厦门读博期间一直在市政府和海关兼职做翻译，因为我不想做一个死读书的人。翻译工作不仅使我巩固了英语课堂上学到的理论知识，它的材料还会涉及医学、金融等各个方面，从而敦促我不断地拓展自己的知识面。不仅如此，这对我现在的教学也有很大的帮助。比如我在给学生上翻译课的时候所使用的训练材料，都是我当时做兼职时的工作内容。因为这些素材都是一些活生生的案例，不是死板的书本知识，学生们都很感兴趣，从而取得了非常好的教学效果。我有时会想，一个好的老师应当是一个善于讲故事并且有故事可讲的人。如果他的人生没有多少阅历，那他也就没有多少可讲的东西了。

其次，我认为一名优秀的老师必须以仁爱之心对待每一个学生，不管他是贫穷还是富有、乖巧抑或顽劣。倘若我们失去了这种仁爱之心，便很难真正地去培育和塑造人。换句话说，教书应当是一件“走心”的事情，它不仅传授知识，还要能够深入到学生的心灵之中。老师对学生的关爱不仅表现在各个方面，同时也是双向度的。还记得我曾带过的一名学生，他自1985年毕业之后每年教师节都会发一张贺卡给我，这听起来只是件很平常的事，但令我感动的是这样一个小小的举动至今他已坚持了31年。而就在前段时间，同样是这一届的一名学生，当与我谈到当年毕业照片上某几个人的姓名记不清时，我清清楚楚地将照片上49人的名字一一写下了。我感到既欣慰又自豪，因为我深知，这正是我对学生“走心”的关爱和教育才换来的今天这份31年的铭记和在乎。在我初中的第一届学生中，有一名学生住在离校30里的偏远山村，每天常常天不亮他就起床，一步一步走着来上学。我感叹着这对于一个才初一的孩子实在是太过艰难了。于是我把他领到我的宿舍，每天跟我挤一张床。这样足足坚持了两年。然而，由于这名学生家庭贫困，最终在高一辍学了。但这并没有让他的人生就此失去希望，他凭着聪明的脑瓜子在当地做起了养殖业，并且发家致富，现在我还能常常吃到他送来的新鲜鱼。这些令我感动的故事太多了。每年春节，我的手机上都会收到上百个学生的祝福。昨天父亲节，许多学生还给我发短信，祝我父亲节快乐，还有一个内蒙古的学生千里迢迢地给我寄了一箱酒。这说明，你在乎学生，学生自然也会在乎你。

除此之外，管理的艺术也是很重要的。因为如何管理、教导学生也是很需要动脑筋的，它需要控制好一种"度"。我想起最近发生的一起处分。我们学校含弘学院的一个大四女学生不请假外出将近一个月，跟着九名社会男子骑行去了拉萨。好在已经及时召回学校了，由于事态严重，本不该让她毕业，但我们考虑到她已经获得国立新加坡大学硕博连读的录取通知，如果不予毕业，恐怕她的未来甚至一生都将会受到影响，于是我们保持了人性化的底线而给予其最严厉的要求。这也就是把握好了这个"度"。另外，对于优生和差生也有不同的管理艺术。优生也有优生的难处，比如我带出的那个文科状元，他不仅家庭贫困，还很缺乏自信，从来没有想过能考上北大。因此，我们除了在生活方面常常照顾他，还在精神方面给他加油打气，并且对他的课程学习进行了很多专项的指导。最后，他终于不负众望地考入了北大。而对于差生，我们也不要戴上有色眼镜，而应尽可能地去关爱他们、肯定他们、发现他们的优点。我敢肯定的是，每个人都有自己的优点，哪怕是经常打架斗殴的学生。记得我曾带过一个很调皮的学生，他文化课成绩较差，但身材高大强壮，又很讲义气。一次因为职高的国防生公开出言调戏了我们班的女同学，他一时不忿，就将职高的学生打了。这件事导致学校对他进行了严厉的批评，并准备将他开除学籍。我想，出于保护同班同学安全的角度，这名同学的行为是见义勇为、维护正义的表现，因此我顶着两所学校的压力为他申辩，并在班里进行表扬，还安排他担任我班体育委员，发挥他的长处。后来，他虽未考上大学，但他觉得他所受到的认可和尊重是刻骨铭心的。今天的他已经成了部队里的一名师长，而他始终铭记着我这个老师。因此，我们不仅要以仁爱之心对所有的学生一视同仁，也要对每个学生因材施教，更要在必要的时候有一种骨气和硬气，敢于顶着压力，坚持一些我们认为正确的东西，或许这将使教师这份职业更有意义吧！

2. 人生感悟

其实，作为一个中等师范学校毕业的学生，我的起点是比较差的，那么我是靠什么走出来的呢？回头想想，在很长的一段时间里，我的求学和工作是交叉的，也就是说，我要同时面对学习和工作的双重压力。但因为我有重回大学读书的梦想，因此才能在勤奋踏实工作的同时，不断地努力学习，提高自己。然而，光有梦想也是不够的，因为求学的过程充满了枯燥和艰辛，一个人如果没有毅力和坚持，很容易半途而废。当然，无论学习还是工作，都要讲究方法。比如我作为一名英语教师，不仅要熟练地掌握这门语言本身，还要掌握这门语言背后所承载的文化，所以我不仅对英语专业的大学课程进行了认真系统的学习，还对英美国家的历史、文化、文学等进行了大量系统的学习。正是在这种方法的指导下，我积累了大量的知识，由此不仅在教学上取得了成功，还轻而易举地高分通过了研究生考试，直到现在我仍受益于这些知识。

排除万难，攀登高峰

刘德森

与之前的诸位老师不同，刘德森老师主要从科研的角度给予了青年教师一些建议，他认为，科研人员要怀有艰苦奋斗、求真务实、排除万难的精神及严谨的学风。

1. 给青年教师的建议

1958年至1996年，我先后在中国科学院物理研究所和西安光学精密机械研究所（以下简称“西安光机所”）从事光学领域的研究工作。1996年8月至2007年10月，在西南大学物理学院从事微小光学研究，并担任本科生、研究生的教学工作。退休后，仍继续坚持科研工作。回想自己50多年的科研和教学工作，真是感慨万千，一言难尽。以下是我在多年工作中的一些感悟，希望能对广大读者尤其是现在的青年教师们有所启发。

（1）科学研究要艰苦奋斗、务实求真。青年时代，我喜欢读一些革命英雄故事。《钢铁是怎样炼成的》《把一切献给党》《红岩》等，书中主人公的高尚革命精神和道德品质成为鼓舞我前进的动力。长期以来我思考着一个问题，这些英雄模范人物，为什么没有他们克服不了的困难？为什么只要革命事业需要，他们就能自觉地放弃自己的一切？经过长时间思考，我才认识到是因为他们都有坚定的理想和信念，他们将自己的工作看作为实现中华民族伟大复兴宏伟事业的一部分，是自己对祖国、对人民应尽的职责。他们认为自己的一切都属于人民，为人民服务是自己的荣幸。因此，为了中华民族的伟大复兴，任何困难险阻都不能阻挡他们前进的步伐，这表现了中国人民的大无畏革命精神。我们新中国的科研人员就应该是这样的人。

1962年，中国科学院西安光机所成立，著名光学专家、中国光学工程的创始人之一龚祖同院士担任所长。他高瞻远瞩地提出为了发展我国的高新科技，要开展纤维光学研究。光学纤维，美国在20世纪50年代中期才研制成功，将它作为光信息传输介质的可能性引起了国内外学者的高度重视。龚所长抓住这一新的契机，带领我们开展纤维光学研究。当时，我作为研究室负责人，和课题组同志在所长的直接领导下，决心攻克难关，为祖国争光。当时，工作条件很差，有用的资料很少，也没有设备，我们谁也没有见过光学纤维，但祖国需要光学纤维，我们该怎样办?这时，我们重温了毛主席“自力更生、艰苦奋斗”的教导，想起革命英雄的革命精神，我坚信“人是要有点精神的”，不懂就刻苦学习，不会就认真钻研，没有条件就自己动手创造。于是，我们反复研究已有的一点资料，开“诸葛亮会”，提出方案，利用旧铁架做成简易的拉丝机，利用电炉丝做成拉丝的高温炉，选取现成的光学玻璃作为光纤材料。经过很多个日日夜夜的奋斗和无数次失败，我们并没有灰心，也没有退缩，对祖国的强烈责任感使我们斗志更旺。就是凭借这种“自力更生、艰苦奋斗、敢于登攀”的精神和“失败、总结、再实验”的毅力，终于在

1963年初，拉出了我国第一根光学纤维。

在开始制作光纤传像束时，分辨率只有每毫米5线对，应用有困难。提高传像束的分辨率，是一个重大的理论和技术问题。我们认为，光纤传像束分辨率低的主要原因是传像束两端面的像元间没有实现一一对应的相干关系。因此，解决问题的办法就是要对10微米的光纤进行精确排列。于是，我们分工负责，对提出来的三种不同的排列方法同时进行实验，最后终于找到了一种利用重力作用的斜面溜丝排列工艺，解决了光纤细丝的整齐排列问题，采用这种排列工艺制作的光纤传像束，分辨率可达每毫米35线对以上。这种方法，很快推广到全国，该方法至今还在国内一些单位使用。

拉出光学纤维后，我们从实践中进行总结，从干中学，从学中干，边干边学，边学边干，经过较长时间的努力，我们先后研制出拉制光学纤维的粗、细拉丝机，在国内率先做出光纤传光束、光纤传像束、光纤面板和微通道板，使西安光机所成为全国公认的纤维光学研究中心。

(2)想攀登科研高峰，就要排除万难。1978年，我们开展低损耗石英光纤(即通信光纤)研制，采用化学汽相沉积工艺(CVD工艺)制作石英光纤时，由于设备条件较差，氯气泄漏，刺激味很强。对这一工作，组内同志面有难色。在这种情况下，群众看党员，党员看干部。作为研究室主任、课题组长、共产党员，我的态度对工作的开展十分重要，于是我挺身而出，亲自操作。在我的带领下，大家争先参与，工作进展非常顺利，很快就做出了石英光纤预制棒，完成了预定的计划。但我由于实验中毒，大病一场，住院治疗一年多。虽然这样，但并不后悔，因为我在艰苦工作面前做到了把方便和安全让给别人，把困难和危险留给自己。

1973年，我们研制自聚焦透镜，这是一个涉及在我国开展微小光学研究的关键工作。工作的第一件事就是熔制铊系光学玻璃、铊是巨毒元素，在熔炼玻璃时，会有大量铊的蒸汽挥发，工作人员很容易中毒。

在当时的条件下，我和熔炼同志采用了简单防护方法，戴着防毒面具、穿上高筒胶鞋，全副武装上阵，精心准备，大胆去干。经过多次试验，终于炼出了可用的铊系特种光学玻璃。事实证明，科研工作不会是一帆风顺的，而总是存在困难和危险，科研人员一定要有不怕困难和危险的大无畏精神，敢于挺身而出，才能克服困难，取得科研工作的胜利。

长期科研工作实践教育了我，一个科研工作者，肩负着祖国和人民的重托，在科研工作中要自觉地将自己承担的工作任务和中华民族的伟大复兴及为人民服务结合起来，首先想到的是自己要对祖国、对人民负责，这样就会有一种强烈的责任感，责任感会给自己很大的压力。一方面，压力是好事，会鞭策你努力奋斗、勇往直前，在危险面前挺身而出；压力会使你想办法克服困难，做好工作，完成任务。另一方面，有了这种压力，自己就会有一颗报国之心，就会一心想为祖国科学技术的发展、为中华民族的伟大复兴做出自己的贡献。在为祖国争光的鞭策下，你就会在平凡的科学实验工作中体会到不平凡的意义，从普通的生活中感受到不普通的价值。

(3)严谨的学风是搞好科研和教学的关键。我们科技工作者、人民教师对待科研和教学的态度应当是刻苦钻研、实事求是，具有严谨的科学学风。2003年，为了改善自聚焦透镜的折射率分布，改善像差，我指导研究生开展二次离子交换工艺研究，根据实验数据拟合成折射率分布曲线。最初，我们得到的修正曲线在理想折射率分布曲线的上面。2004年，我指导另一名研究生对二次离子交换工艺再次进行深入研究，当和自聚焦透镜的像差结合考虑时，发现原来得到的结果应是枕形畸变，只有当修正曲线在理想曲线下面时，才会是桶形畸变。像差的实验结果告诉我们，我们制作的自聚焦透镜是桶形畸变，这和以前的理论分析出现了矛盾，说明我们过去根据干涉实验得到的数据拟合成折射率分布曲线时的理论分析明显有错。但错在哪里，我反复对实验数据和拟合方法进行检查，又让研究生重做实验，结果还是一样。我又查阅资料，对问题做深入思考，最后发现我们以前思考问题的思路有错。人们要想取得工作的预想结果，一定要使自己的思想合乎客观世界的规律性，如果不合，就会在实践中失败。我们以前错在仅考虑了离子交换结果的折射率分布曲线的四阶系数和六阶系数，而忽略了二阶系数。其实二阶系数的影响是非常重要的，于是我们在重新考虑了离子交换对折射率分布曲线二阶系数的影响后，利用同样的测量数据，发现拟合的折射率分布曲线就位于理想曲线的下方，从而得到了像差是桶形畸变的正确结果。事实告诉我们，科学研究是一个深入钻研、探索真理、实事求是的工作，必须要有严谨的科学态度，要善于发现矛盾，牢牢抓住矛盾，认真解决矛盾，而不能回避矛盾。发现矛盾是件好事，是进一步做出创新工作的开始。抓住矛盾，深入分析产生矛盾的原因，找出解决矛盾的办法，矛盾解决了就有正确的结果，科研工作就会前进一大步。科研工作的成绩是建立在付出的辛勤劳动的基础之上的，你付出的劳动越多，一般来说，你取得的成绩就越大。

以学生为本位

罗庚荣

教学相长。罗庚荣老师以自身的经历说明，教育并不仅仅是教师对于学生的单向输出，而是师生双方的相互影响。而在给青年教师的建议和教学感悟中，无论是“注意教书育人”“把握教学的大方向”“重视课堂组织管理”，还是“知识的追求没有止境”，均体现了罗庚荣老师以学生为本位的教学观。

1. 对自己影响最大的人

说起对我教学生涯影响最大的人，我觉得应该是学生，因为是他们改变了我的职业理想，使我最终成为教师队伍的一员。这还得从我的童年说起，我幼时的理想其实是成为一名电子工程师。我记得自己从小学三年级起就开始学装收音机，从矿石机、单管机、再生式机、来复式机到六管超外差式机，我逐一装了个遍。我无比沉醉于将一个个繁复琐碎的零件从拆卸到重新组装的过程，因为这个过程并不是无意义的，通过不断的细微调整、组合，收音机的性能往往能够得到极大的改善。在这个过程中，我对电子产品的兴趣也越来越大，成为电子工程师的决心也愈发强烈，因此我最初的梦想是进入当时的成都电讯工程学院（即现在的电子科技大学）做一名电子工程师。但是1975年，我被推荐到西南师范学院读书，与成都电讯工程学院失之交臂。当然，西南师范学院也是很好的学校，而且在那个年代能上大学是非常幸运的，但一想到自己自此可能会离电子工程师的梦越来越远，我又深感遗憾。

1978年初，我被派到重庆一所中学进行教育实习。这时“文革”刚结束不久，中央提出要“提高整个中华民族的科学文化水平”“向四个现代化进军”的目标。我们当时的实习分为“试教”和“试作”两部分，我的“试教”部分是给一个“快班”（基础好的班）上物理课；“试作”是和三位女同学组成实习小组，承担一个“慢班”（基础差的班）的班主任工作，我是小组长。与“试教”相比，我认为“试作”的难度更大，它考验的是我们的管理能力，而管理比单纯的教学要难得多。我们第一次到这个“慢班”参加欢迎会时，就看到一个小男孩儿坐在讲台旁的一个“十字架”上，这个“十字架”是把一张普通的凳子翻过来，用棕绳绑在凳子的四条腿上扎成的。原班主任告诉我们，这个小男孩儿非常调皮捣蛋，这是对他的惩罚。“欢迎会”结束后，原班主任给我们布置了实习任务。当我们提出将那个小男孩儿交由我们管教时，她明确地拒绝了，原因是那个孩子太调皮了，她怕我们管不住。

后来，通过我们带队老师的交涉，她才同意把小男孩儿交给我们。我们开第一次班会时，原班主任没在现场，学生们像“忆苦会”那样历数班主任、科任老师对他们的种种惩罚。我们在“欢迎会”上见过的针对那个小男孩儿的惩罚叫“坐飞机”，这种惩罚还算是轻的，他们还有“面壁”（面向墙壁站着）、“留学”（带到其他班去丢脸）等各种花样的惩罚方式。我和另外三位女生都认为这种管理方法过于严酷，甚至有些不人道，因此我们一致决定要改变这种严苛的方法，革除那些不人道的惩罚方式，以理服人。

在班会上，我们先是用一种平等温和的姿态给他们把道理讲清，然后问他们：“愿不愿意听新老师的话？”他们齐声回答：“愿意！”我们又问：“我们班从现在开始把纪律搞好，把学习成绩搞上去，愿不愿意？”这次他们的声音更齐，回答也更响亮，“愿意”的声音响彻整个班级。这令我们既感动又诧异，因为这些孩子们的表现完全不像原班主任说的那样难以管教。这使我们认识到，只要老师有耐心，能把道理讲清楚，孩子们还是非常善解人意的。从这天开始，我们把全班分成四个小组，每天下午放学后再给他们补习1小时的功课。我们四个惊喜地发现，孩子们对我们几个新老师完全没有“敌对情绪”，表现得特别听话，包括那个“调皮”的小男孩儿。我们发现他实际上很聪明，而且能吃苦、重情意。就这样，班级纪律好了，人心齐了，学生们学习也越来越努力，班级的状态一天比一天好。学校修校门需要到嘉陵江边运河沙，我们班是全年级运得最多的；运动会上，我们班也取得了非常不错的名次；更令人感到惊喜的是，一个月后的考试中，我们班的平均成绩提高了30几分（原来基础分太低了）！孩子们高兴极了，作为奖励，我们四个老师组织全班同学到北温泉游玩。路上，也不知道是谁开的头儿，惹得全班的男生、女生都从路边采下一朵朵野花，跑到我们面前要献给“亲爱的新老师”，有的还要跪着献花。孩子们被压抑了的天性毫无遮掩地释放出来，活泼极了，可爱极了！

转眼间，六周的实习时间就要结束了。在我们的“欢送会”上，原班主任要那个“调皮”的男孩儿发言，他站起来后，一分多钟说不出话，然后突然“哇”的一声大哭起来。在他的带领下，全班学生瞬时哭成一片，几分钟没一个人说话，场面一时间难以控制。这时，原班主任站了起来，她的眼里也噙着泪，只听她用颤抖的声音说道：“我们要化悲痛为力量……我原来没有把工作做好,我要向新老师学习。”她的发言并不流畅,甚至还有些口误,但她内心真实的感动是显而易见的。感动而自豪的情感在我和三位女同学心间涌动。通过这一个多月来与学生的朝夕相处、全心投入、努力工作,我们感受到了教育工作的意义和乐趣。尊重“差生”人格,以平等姿态和诚心对待学生,并获得学生发自内心的信任,这是教师有效实施自身教育理念的先决条件。

这次教育实习对我的影响和教育很大,与学生的相处使我慢慢改变了对原先职业选择的想法,我开始调整理想和现实的差距,以适应社会发展和国家需要为基本前提,做着怎样当教师的思想和业务准备。所以我觉得对我教学生涯影响最大的人,应该是那群可爱的学生们。

此外,我毕业留校工作后,得以更深入地接触学校的领导、教师和实验技术人员,他们对党的教育事业的忠诚,对专业精益求精的追求,对学生细微的关怀和以身作则的表率,对工作认真负责的态度,对同事大度宽容、团结互助的品格,克己奉公的集体主义思想等,也对我产生了极大的影响。我身边有好几位熟悉的老师,因坚守教学岗位,不愿落下学生的课程,导致自己的病症未能及时治疗,从而失去了自己宝贵的生命。我从他们的身上深深体会到教师“鞠躬尽瘁,死而后已”的无私奉献精神,这种精神激励我更加珍惜和热爱教师这份职业。

2.给青年教师的建议

参加学校本科教学督导工作后,会时常听一些青年教师的讲课,我觉得现在的青年教师在专业知识方面基本没有问题,在教学方法方面还需要多学习、研究和进行经验积累。提几点建议供参考。

首先,要注重教书育人。个别青年教师,特别是专业课教师,很容易忽视这个问题。“教书育人”这四个字既不是套话,也不是空话。“教书”是一种手段,“教书”的目的是“育人”。个别青年教师只重视“教书”，而忽视了应承担的“育人”责任。说什么“18岁以上的学生已是成年人了，有完全民事行为能力，是非对错自己负责，我只要教好书就行了”。这是十分错误的。我们现在的青年教师，都具有博士以上学历，专业基础好，科研能力强，与学生年龄差距小，共同语言多，很容易被学生当成“偶像”模仿。在教学过程中，分析处理问题的观点和方法、对待工作的态度、对社会的责任感、对国家的感情等，无一不对学生产生潜移默化的影响。这就是“为人师表”的作用，“育人”的作用。很多时候，一名教师对学生的影响不只是专业课程方面，甚至是对学生整个人生的影响。所以我希望青年教师能在日常教学与生活中为学生做出好榜样。如果只把“教书”当成挣钱吃饭的工作，不承担为国家“育人”的责任，就太渺小了！

其次，要把握教学的大方向。学校有办学定位，专业有培养方案，课程有教学大纲。个别青年教师备课只看教材，不看教学大纲，更不看培养方案，这是不对的。所有课程的教学都是为培养目标服务的，没有目标就没有方向，课程教学就不可能搞好。因此我建议，承担一门课程时，要先在培养方案中查清楚课程属性，厘清其与前后课程的关系，再依据课程教学大纲编写教案，组织教学内容。教材只是主要参考书，而不一定包含了全部内容。把握住了教学的大方向，就能通过自己的教学为后续课程扫清“知识障碍”，而不留下“后患”。

最后，要重视课堂组织管理。课堂组织管理的水平直接影响教学任务完成质量的高低和教风学风的好坏。个别青年教师不太重视这个问题。看到学生靠后排坐得很分散，前排座位空着，上课过程中玩手机、玩平板电脑、说话、做与本节课无关的事情等现象，都视而不见。自己讲课像放录音机那样从上课到下课，有时有点“自问自答”。表面上完成了教学任务，可教学效果在哪里呢？在计算机系统里，是靠“同步时钟”协调各部件工作的。教师在课堂上应该起“同步时钟”的作用。

第一，要建立良好的课堂教学环境。第二，组织、引导学生积极参与教学活动，如记录讲授要点、主动回答问题、积极参与课堂讨论等。教师还要把握教学进展速度，让大多数学生能跟上教学进度。第三，及时记录教学过程，如实考核成绩，如出勤、回答问题、参加讨论等。务求公平公正，这对形成良好学风、提高教学质量至关重要。

3. 教学感触

我最大的感触是：教学工作是个无底洞，你永远都探不到底，需要不断追求。

首先，对知识的追求没有止境。以信息技术为例，这个领域知识更新的速度快，元器件升级换代的速度也快，不学习就会被淘汰。我常对学生说："你们选择 IT 行业，其实是最时尚又最痛苦的，因为科技更新的速度快得让人措手不及。"从分离元件、小规模集成电路到超大规模集成电路，从计算机单机使用到互联网时代，从有线通信到无线通信，无线通信从 1G 到 4G，哪种技术都持续不了多长时间！俗话说"不进则退"，在这里不一定准确，因为，新知识发展速度太快了，学习慢了也等于退步！不断学习、更新知识，对学生如此，对教师更是如此，学习永无止境。

其次，对教学方式方法的追求没有止境。从原始的板书教学到多媒体辅助教学、计算机网络远程教学等，新的教学工具和教学方式在不断发展变化，这就需要教师的学习和适应。探索课堂教学中如何引导学生参与教学过程就有做不完的功课。教师和演员最大的不同在于，演员需要观众的掌声，表示对他塑造人物的肯定，而教师需要看到学生一双双"求知的目光"。如果在课堂上看到的是漫不经心的目光、满不在乎的目光，甚至不屑一顾的目光，你还有心情讲课吗？怎样才能让学生把"求知的目光"投给你？需要教师的启发和引导，需要你的人格魅力和渊博学识，让学生信服你能给他知识和力量，觉得你这个老师还“有点意思”，还有“可取之处”。只有这样，你才可以实施教学设计，享受课堂带来的成就和快乐。否则，你会觉得课堂像窒息的地窖一样透不过气来，从而产生逃避的念头。为了获得学生“求知的目光”，教师需要不断学习和应用好的教学方法，了解学生最需要什么，精心设计教案，每堂课都要准备点“包袱”，以满足学生对知识的渴求。但教师在给“食”的同时，还要教给学生“获得食物”的方法。所以，我一直坚持同一门课程在不同班级教学时，运用不同的教案与授课方式，坚持创新。在课堂上我还会根据学生的状态进行“微调”，以便取得更好的教学效果。

不忘伯乐，延续真情

罗洪铁

真情见于微时。从林业工人到大学教师，罗洪铁老师这一路走来不易。也正因此，李青孟老师的慧眼识才和无私帮助才尤为温暖可贵。在给青年教师的建议中，罗洪铁老师同样展现出了明确的学生本位观，显示了对学生的无限爱护和关怀。

1. 对自己影响最大的人

我觉得对我人生影响最大的人是1974年任阿坝藏族自治州壤塘林业局副局长的李青孟老师。1966年我初中毕业时，正值“文化大革命”初期，因此刚一毕业，我便去了阿坝藏族自治州壤塘林业局当林业工人。我做工人做了8年，8年后，正是李青孟老师率先注意到了我在写作上的才能，将我调到林场机关当青年干事，两年后又把我调到林业局宣传科任新闻干事和理论干事；在当工人时，我的工作十分繁重，每天只有晚上两三个小时的时间读书学习；成为干事以后，我才算有了集中的阅读和学习时间，知道这个机会来之不易，我几乎读完了当时资料室里所有的书。可以说，这是我人生的一个重要转折点，而这个机会正是李青孟老师给予我的。到了局机关宣传科后，李局长也没有减少对我的关注，除了鼓励我继续读书外，他还建议我不要把目标仅仅停留在写新闻稿和发稿的工作上，而要将主要精力放在理论的学习和研究上，提高自己的理论素养，争取有更大的作为。他的这一席话对我后来的影响很大，也使我的学习由文学转向马克思主义理论 。由于他的热情关怀和积极支持，我这一阶段的理论学习产生了质的飞跃，为高考成功和后来从事理论工作奠定了基础。

2. 给青年教师的建议

在我看来，老师的最大成果不是他的专著和论文，而是他的学生。我们写专著，其一是为了追求真理，发展科学理论；其二是把新的理论转化到学生的身上去，而这点是最为重要的。我们所有的教学育人也好，科研也罢，都必须要把自己的思想和知识转化到学生素质的提升上去。提高学生的素质要注意针对性，要根据每个人的具体情况来进行，不能盲目进行。在平时的工作和生活中，我们要经常与学生接触，常和他们进行交谈，观察他们的变化。在交流的方式上，不光要有显性的交流，还要有隐性的交流，即通过自己的为人、治学、处事的榜样示范，潜移默化地去感染、激励和引导学生，促使他们成人、成才。

恩师如父，爱徒如子

罗鉴银

常言道："恩师如父。"这句话还有一层隐藏含义，那就是爱徒如子。罗鉴银老师即着眼于此，认为"学生之于老师，正如孩子一般"，因此教师需像父母一样，以"爱"来爱护、宽容学生，建立平等和谐的师生关系。

1. 对自己影响最大的人

如果说对我的求学和教学生涯影响最大的人，那一定是我的老师了。我的老师现在都还健在，不过有的已经八十多岁了，有的已经九十多岁了。这些老师在我求学和刚刚工作时在各方面都给了我很大的支持和帮助，比如我刚刚毕业工作时，经济条件很差，留校置办住房很困难，老师们对本地较为熟悉，就尽心尽力帮助我找住房。受他们的影响，我对待自己的学生也是他们有困难就尽量帮助。在工作方面，老师们从不迁就我，他们会严格要求我、指导我，对我更加严厉，这造就了我在工作上严谨认真的态度。由此,我也非常反对靠父母或者其他人际关系来获得工作机会的人,我认为如果一个人自己没有本事,无法自己立足,这种人家赠予的职位,终究也要失去。总而言之,正是受到了老师们的影响,我才有机会锻炼自己的能力,成为一名优秀的老师,我很感谢他们。

2.给青年教师的建议

首先,最重要的一点是——教师要爱学生,这个“爱”包括对学生的关心、爱护和宽容。在古代社会,老师总是高高在上、不怒而威的,学生一旦犯错,总免不了一顿严厉的责骂。如今,人们渐渐意识到师生之间的关系应当是和谐平等的,“人非圣贤,孰能无过”,学生犯了错,老师要能够理解、宽容和教育学生。我在几十年的教学生涯中,从未当面批评过哪个学生,其实我不是一个脾气温和之人,但我尊重我的学生,并能给予他们最大的宽容,这是我的基本原则。换句话说,学生之于老师,正如孩子一般,父母能原谅自己的孩子,老师也应能够原谅自己的学生。这里要强调的是,我所说的平等和谐的师生关系,绝不是建立在物质之上的毫无底线地与学生交好,这种和谐的关系是要靠老师的知识、能力、责任心和工作的态度来建立起来的。

其次,教师需要不断更新自己的知识库,不断丰富自我,因为若无知识,何谈教师?教师讲课的效果与他的知识储备量有直接的联系,如果一名教师学养深厚,对教学内容具有深刻的领悟和提炼,就可以极大地提升教学质量。如今书籍资源、网络资源都很丰富,学生们可自学完成很多内容,因此教师更加不可照搬课本。可以说,现代社会对教师的要求更高、更挑剔,一名教师对自己所教的内容绝不能够仅仅停留在知道的层面,更需深刻地消化和理解,只有这样,才能真正地吸引学生。李商隐的一句诗常被用来比喻教师:“春蚕到死丝方尽,蜡炬成灰泪始干。”我却认为老师不应是蜡烛，而更应是汩汩不绝的清泉，不断吸取新的雨水充盈自我，永不干涸。尤其是在科技飞速发展的当今社会，教师作为传授知识的人，更需及时补充新鲜的知识和理念。

3. 教学感触

30多年来，我一直在教学岗位上与学生打交道，对教育这个职业可谓感触颇多，现在我虽然已经退休了，但是依然在学校从事着与教学相关的工作。我认为教师是一个很好的职业，很多年轻人由于风华正茂，心怀远大抱负，希望闯出一片天空，就认为教师没有乐观的前景，清贫辛苦，无法追求名利。但是真正走上教师之路的人，到头来都会觉得教师这个职业令自己的人生无憾而且意义非凡。至于原因，我认为主要有三点。

首先，教师的心态永远都是年轻的，因为教师打交道的对象是学生。小学和中学的老师能与纯洁无邪的生命共处，感受到孩童们旺盛活泼的生命力；大学老师与大学生打交道，大学生充满创造力和想象力，可以激发教师的工作潜力，让教师有更新的工作目标和生活目标，因此工作和生活也充满了活力。

其次，教师的人际关系简单而轻松。外界社会充斥着权和利的纠纷，比如商场、官场，都充满了激烈的利益关系，而师生之间的关系则是融洽、和谐与纯粹的，因为师生之间传递交流的是知识和美好的品德，知识和品德不需要争抢，只需要分享和共品。因此，师生之间能够以诚相待，学生与老师能够互相信任。并且，向学生传播知识是一种快乐，是教师人生价值的体现，因为学生向教师提问或同教师一起讨论问题是对教师的信任，任何一位老师都会因为学生发自内心的一句“老师好”而感到满足。

最后，教师可以走自己的圆梦之路。不似浩浩官场，圆梦的道路有时需要人际关系等种种复杂的条件，梦想的实现十分困难，教师的人生道路基本掌握在自己的手中，教师可以从自己的特点和能力出发，凭借自己的努力去实现梦想。

教研并重，以研引教

宋乃庆

教书育人固然为教育之本，但进行科研创新以满足国家与社会之需要，亦是高校教师的职责所在。据此，宋乃庆老师从教育和科研两方面提出的建议，皆为中肯之言，足发青年教师之思。

1. 对自己影响最大的人

我在求学和教学生涯中，曾受到许多老师的照顾和影响，如小学阶段的张碧英老师，中学阶段的党佩坤、杨茂勲、陈光琼、姚裕複等老师，大学阶段的王秀泉和陈重穆老师。这些老师都堪称教书育人的楷模，都有着极高的教学水平和精湛的教学艺术，他们上课往往是滔滔不绝、脱稿而谈。更令人感动的是，这些老师都爱生如子，我记得自己经常被叫到他们的家里，学习、交谈甚至用餐。

大学中的陈重穆和王秀泉两位老师对我教学的影响尤其大，他们对我的工作提出了许多有益的建议。比如，当我遇到如何处理教学与科研之间的关系的困惑时，是他们建议我在坚持教学与科研并重的同时，用科研引领教学，使我取得了教学和科研的双重成效。陈老师还给我提出了“三不唯”的学习和教学准则。1992年，陈老师带领我在深入开展中学数学教改实验研究的基础上，大胆提出“淡化形式，注重实质”的主张。该主张一经提出，国内就出现了许多反对的声音，这一度使我们面临着很大的阻力。但随后，我们发表的《淡化形式，注重实质》一文，不仅在学界引起很大反响，还荣获了中国高校人文社科奖。这一事件对我影响很大，坚定了我“不唯上、不唯师、不唯书”的原则，也验证了陈老师的“三不唯”的正确性。王老师和陈老师在生活上勤俭节约，在工作上兢兢业业、恪尽职守，最后均因身患癌症而去世，但二老在去世前仍未停止工作。两位老师无论在教学科研上，还是在为人处事上，都给了我极大的影响，我永远不会忘记他们。

2. 给青年教师的建议

首先，高校有四大功能：人才培养、科技创新、社会服务、文化传承与创新。这就要求我们高校教师在教书育人、科学研究、服务社会、推动文化创新与发展方面都应有所作为，有所突破与创新。其次，教师的基本职责在于教书育人，所以在教学工作中应当做到：站好三尺讲台，备好每一节课，上好每一节课，改进每一节课。同时，无论在课堂上还是课堂下，青年教师都应积极成为大学生的知心朋友，引导他们继承和发扬我国的优良传统，帮助他们树立正确的世界观、人生观和价值观。在科学研究上，青年教师要把科学研究作为自己的重要职责，要有创新精神，瞄准国家科技前沿，了解国家的需要，积极争取课题支持，以科研引领教学，以教学促进科研。最后，青年教师也应当尽力参与社会实践和社会服务活动。为此，对于青年教师，我个人有几点不成熟的建议。

(1)要有理想追求。德国著名哲学家黑格尔的一句名言值得借鉴:“一个民族有一些关注天空的人,他们才有希望。”而我们的青年教师们,应当成为“关注天空”的人,不仅仅是关心个人生活,更应关注国家发展、人才培养,更应充满理想、充满追求。

(2)要重视道德修养。不可否认的是,青年教师学问再大,若道德修养不高,也难以做好教书育人的工作,难以做出流芳百世的学问。因此,青年教师要特别注意师德、师风和学风,做到师德高尚,学为人师、身正为范,处处为学生做表率;要爱教育事业,爱学生,爱三尺讲台。

(3)要勤奋,坚持不懈。“天才出于勤奋”,即使是天才也需要勤奋。做学问是一件很辛苦的事情,需要付出很多努力。要想有所成就,就必须勤奋专注,甘于吃苦,甘于“坐冷板凳”。

(4)要选好方向和导师,甘当导师们的助手。需要强调的是,科研不以数量取胜,所以当今青年教师尤其应当注意避免急功近利和浮躁。青年教师一开始就要选好自己发展(教学、科研)的方向和引路的导师。选择方向要从国家需要、学校(院)需要、自己的基础及爱好出发。一旦选好方向,就要坚持在教学、科研上深入下去。在教学、科研上选一个能引领自己发展的教授作为导师,甚至是人生导师,这很重要。有一位好导师的引领会少走很多弯路,可以站在巨人的肩膀上看得更远、发展得更好。

(5)要学会合作,在团队中成长。当今社会若想要在一个领域有所突破和发展,往往需要靠团队的合作奋斗,很少有重大成果或突出成绩是仅靠个人独立完成的。因此,青年教师首先应该在团队中学习成长,在团队中互助互进,并学习团队研究,学会构建团队。

(6)要积极申报和参与课题研究。要积极参与课题研究,同时也需主动申报课题。参与课题和申报课题都要把国家需要、社会需要、自己的研究方向和研究基础结合起来,进行团队攻关。

(7)要勇挑重担,变“压力”为“动力”。年轻人要抢事情干,争重活干,在教学与科研的重担中锻炼自己,同时把压力变成动力,促使自己更快成长。

(8)要学会感恩。感恩是一种美好的品德,是道义上的净化剂、事业上的助推剂。作为青年教师,应当感谢父母,感谢他们给予了我们生命,给予了我们强健的身体和聪慧的头脑;感谢老师,感谢他们给予了我们知识、能力和学术生命,给予了我们学习方法和发展动力;感谢学校(院),使我们寻觅到一方成就自我的天地。教师是“爱满天下”的职业,是用爱激励爱、感召爱、培育爱的职业。只有我们教师常怀感恩之心,才能让我们的学生学会感恩,使其人格得到完善。

鞠躬尽瘁

谈锋

当我们终于走过人生的某一阶段，回首往事之时，不必多言，因为一句“我尽力了”便已抵得上千言万语。

转眼我已经退休6年了，回顾45年的教学生涯，如果用一句话来概括，那就是：“我尽力了！”

在我的教学生涯中，最令我欣慰的是，退休前赶上了职称评级的重启，2008年初我被聘为二级教授，这是对我教学人生的最好诠释。另外，学校对我的付出给予了充分肯定，这具体体现在我所获得的三个重要奖励上：一是1993年获得曾宪梓高等师范学校教师奖的三等奖；二是1996年获得国务院颁发的政府特殊津贴；三是获得2009年9月30日学校为庆祝新中国成立60周年在全校评选的突出贡献奖。最后，我衷心地感谢西南大学在我的教学生涯中为我创造良好工作环境和成长条件，成就了我的师道之路。

诗以言志，不离不弃

王俊瑶

诗以言志。王俊瑶老师以诗歌作结，表达了对教学的理解、对学生的希冀。

我在给2006级本科生上课时，曾给学生们读过一首诗——《见与不见》，学生们很喜欢。起先我以为这首诗是17世纪的六世达赖仓央嘉措所作，后来冯小刚在电影《非诚勿扰2》中引用此诗，作为片中人物李香山的女儿在其临终前的人生告别会上为父亲朗诵的诗。由于电影引发的效应，该诗受到了广大群众的热烈关注，而该诗的作者是谁这个问题，也引起了很大的争论。作者其实另有其人，她是一位名叫扎西拉姆·多多的当代女诗人，该诗出自其2007年创作的作品集《疑似风月》，原诗题目是《班扎古鲁白玛的沉默》。扎西拉姆·多多是个广州女孩，是位虔诚的佛教徒，现追随十七世噶玛巴大宝法王在印度菩提伽耶修行。“班扎古鲁白玛”其实是梵文的音译，意思是“金刚上师白莲花”，也就是“莲花生大师”（莲花生大师是第一个将佛法传入西藏的人，被认为是第二佛陀）。而莲花生大师的心咒就是：“嗡阿吽班扎古鲁白玛悉地吽”。扎西拉姆·多多在起名字的时候，说：“我就是从这个心咒中取的……这一首《班扎古鲁白玛的沉默》的灵感，其实是来自莲花生大师非常著名的一句话：‘我从未离弃信仰我的人，或甚至不信我的人，虽然他们看不见我，我的孩子们，将会永远永远受到我慈悲心的护卫。’”一般人把此诗理解为“爱情诗”，但我以为这是一首充满“哲理”的诗，扎西拉姆·多多想通过这首诗表达上师对弟子不离不弃的关爱，跟爱情、风月没有什么关系。此诗意境极深，构成格式美，因是僧人所写，所以我认为它是“禅理诗”。仿照此诗格式所写的诗，我认为可命名为“仿禅诗”。一个年轻姑娘，能写出这样睿智而又饱含爱意的诗，确实使人敬佩！这种博大的爱意，俗人可以理解，圣人也可理解。受此启发，我也写了一首诗歌——《教学感悟》——来表达我对课程教学的理解和认识。这首诗其实是对扎西拉姆·多多《见与不见》的仿写，也分五节：课程理解、教学时机、教学实践、教学答疑、教学关系，分别表达了我对课程教学五方面的认识。

附原诗两首：

<table>
<tr>
<td>
班扎古鲁白玛的沉默
作者：扎西拉姆·多多
你见，或者不见我
我就在那里
不悲 不喜
你念，或者不念我
情就在那里
不来 不去
你爱，或者不爱我
爱就在那里
不增 不减
你跟，或者不跟我
我的手就在你手里
不舍 不弃
来我的怀里
或者
让我住进你的心里
默然 相爱
寂静 欢喜
</td>
<td>
教学感悟（仿禅体）
——送给我的学生们
西南大学文学院　王俊瑶
你学，或者不学
课就在那里
不浅 不深
你听，或者不听
我就在那里
不怒 不急
你做，或者不做
功就在那里
不练 不精
你实习，或者就业
我的手机和座机
不变 不弃
来做我的弟子
或者
我做你的父亲
默然 和谐
QQ 联系
</td>
</tr>
</table>

走进学生心里

魏晓娜

教学以育人为本,走进学生心里;不后悔自己的选择,认真走好每一步。这既是魏晓娜老师的经验之谈,亦是颠扑不破的人生真谛。

1.给青年教师的建议

我认为教师这个职业,育人总是第一位的。尤其是我从事的是师范教育,师范生从我身上感受到的关爱将会直接影响他将来的教学情感和态度。育人优于教书,师德高于师技。技巧是可以训练的,是后天的。很多时候,只要有了育人的情怀和高尚的师德,那些技能性的东西自然会顺理成章地出现。并且,你也会愿意为了学生去锻炼自己、提高自己。但是,如果一个人眼里只有功利性的东西,那么一切工作做起来就都会很没意思了。这样的话,教学质量也会受到影响。比如,教师有时候会私下找学生谈话,这个举措实际上是无利可图的。从功利的角度来看,教师只要负责上课那短短几十分钟就好了,谈话还有什么必要呢？但事实上，私下的谈话是很重要的，因为老师必须把教学落实到每个学生身上，这样必然会关注到一些个体性的，甚至是学生比较私密的话题。这样的东西不能公开说，只能利用私下谈话时间去单独了解和解决。这样一来，不仅能够提高教学质量，也能走进学生心里。然而，如果把这种事视为多此一举的话，即使课上讲得再好，学生也是学不进去的。像这样的情况，就很考验一名教师的情怀和师德了。这也是我个人很看重的一个部分。

至于中学教师是否需要读研深造，其实我觉得如果需要，你就去做；如果不需要，可以不做，不是所有人都必须考研的。很多事情只有需要你才会有动力，不要漫无目的去学习。记得我准备考研的时候，同时教着四个班的语文课，还当着班主任。早读的时候，学生读他们的，我就在上面默默地背单词。现在回忆起来的确很累，但当时的我心里却很单纯，一点也不觉得累。因为我是抱着坚定的目标去考研的，我从来没有怀疑过自己的决定，因此始终是乐观而积极的。

2. 人生感悟

其实我也刚进入不惑之年，对于“人生”二字还在不断地探索与反复咂摸之中。只是有时候会想，人生有一时一事的收获，也有更为永久的收获。而这两者表面上往往是很矛盾的，经常需要我们有一种修养和眼光来做出判断、进行取舍。就我个人来说，我的家庭和事业的发展过程，也就是我不断做出判断的过程。事实上，我曾经做出过很多看来是很吃亏和犯傻的选择，但是这些选择在现在看来，却恰好是奠定我家庭和事业发展的重要基石。我从不后悔当初所选择的道路，因为时间已经证明了我的判断和选择。或许，即使当时失去了一些重要的机遇，我最后也有可能依旧坚持在教师岗位上。然而不管怎样，我是过去的我，也是现在的我。未来的我会怎样，我不知道，但我相信，只要认真地走好每一步，人生就从来不会让我们吃亏。

心怀理想，勇于挑战

吴能表

正如严羽认为学诗首需“立志”一样，吴能表老师认为，一个人首先要有理想，因为“有理想的人生，活着才有盼头”；其次，一个人更需要有一种越挫越勇的精神，以及不断挑战、超越自己的劲头。唯有如此，我们才能不断地学习进步。

1. 给青年教师的建议

我认为，对于高校老师来说，最重要、最基本的就是对教学的态度。因为能力不够虽可怕，但最可怕的还是能力强却忽视教学，光把能力用到科研上了，或是用在了其他事情上了。我们作为一名老师，就要对得起“老师”这个称呼，不能戴着“老师”的帽子却不管学生。说得过一点，我认为教师不给本科生上课是不道德的，为什么呢？因为老师的成长从某种程度上说是以牺牲部分学生的成长为代价的。我们刚刚成为老师的时候各种能力还很欠缺，而当我们在学生中不断成长起来之后，又不给学生上课了，那就是不道德。不关注学生成长的教育既不真实，也不道德。这就涉及教师的教学态度问题。我们在这个岗位上就应该对得起课堂，对得起“教师”这个称谓，对得起学生。所以很多人说，教学是个良心活。我很赞同。当然，我们更希望从正面去引导，让老师们加快脚步，站上去。要知道，这个讲台始终是神圣的。

其次，教学只有激情和爱心是不够的，还需要智慧。老师的智慧需要积累。怎样积累呢？要通过不断反思。为什么每次上课都没有进步？这是因为你没有一次次地反思和总结，然后去努力提高。在教师培训时，常常有老师问我要课件。我总是毫不犹豫地拷贝给他们，因为这是对我下一次更大的挑战，我会努力让下一次和这一次不一样，而且要有所提升，以此激励我自身的成长。

最后，教学应当有方法。可怕的不是无知，而是自己不知道自己无知。很多老师满足于自己的专业知识却轻视甚至忽视了教学。在中国，教师的地位从整体来看并不是特别高，其实很大程度上在于我们自己不够专业，而不是国家的问题。什么是专业呢？简单地说，专业就是不可替代，而不专业就意味着可以替代。比如，我讲一堂课，一个没有经过这方面训练的公务员一看就能懂，并且他能花半个小时讲得比我好，这就说明我不专业，我可以被替代。既然可以被替代，那么地位就不会太高。我常对学生和老师们讲，咱们要经常思考在某个团队和某个学院里，自己的专业性和个性在哪里。如果别人都可以替代我，那我的价值就要大打折扣了。但当别人无法替代我的时候，我的价值自然就很高。现在全世界普遍存在着教师不专业的现象，大部分原因要归结于老师们不重视这个问题，而是搞经验教育。所以我觉得还是要努力提高自己的“个性”，真正去思考“学习是怎样发生的”，以及我的教学在哪些方面能够对学生有所促进。

2. 教学感悟

我一直在西南大学（原西南师范大学）学习和工作，从辅导员到专任教师，又从专任教师到兼职管理干部，从学生工作到教学工作，从工会工作到教学管理，从教学管理到科研管理，从科研管理到教师能力提升……但我始终坚持干一行爱一行，无论我做什么，都很“用心”，而不仅是“认真”。而我也正是出于对教育事业的热爱，才能不断地钻研业务，不断地完善自己，心甘情愿地为学生奉献自己的心血。

在教学方面，我对自己的评价是：好学、善思、敬业。我希望用宁静的心境塑造年轻的灵魂，用高尚的品质塑造教育的生命，并且在教学艺术中追求完美，在人生道路上追求卓越。我相信，教师最大的本事就是学生因你而爱上学习，以此成就卓越人生。

其实我觉得，教有教法，但教无定法。只要看到学生的笑脸，看到学生对知识的渴望，看到学生助人为乐，看到学生孜孜不倦，老师再苦，心也是甜的。勤思、善思、乐思也算是我的一个优点。我始终相信：“集中精力做一件事，不想成功都很难。”正是因为我把主要精力聚焦于人才培养，不断地计较教学的“得”与“失”，所以我常常因为一堂课焦头烂额，为了一个名词博览群书，也因一堂课的不满意彻夜难眠，或因一堂课的精彩而手舞足蹈。但无论课上得是好还是差，我都喜欢反思。反思已成为我的一种生活习惯。也正是因为我常常喜欢总结得失，并善于从中汲取营养，我的课程才得到学生们的广泛肯定。

3. 人生感悟

在我这个年纪回过头去看，人这一生有很多东西都是一个过程，并不是一步就能到位的。我也常常跟学生讲“过程”是很重要的，但很多学生现在还不能理解，因为人生阅历不够。我总觉得，人在一定的阶段得做一定的事情，这是有一定的规律的。而我们自然不应当错过任何一个阶段。

但是无论如何，一个人首先要有理想。然而，很早就确定一个方向，对于大部分学生来讲也是不现实的。我想强调的是，我们一定要有积极向上的心态，这很重要。无论在什么情况下，遇到多大的挫折，咱们都要有一种愈挫愈勇的精神，绝不能被困难打垮。我就是一直在不断地往前走，我往前走的目标就是不断提高自身的素质，而不管将来做什么，这总会有用的。我说过了，综合素质高才能成就人的一生，就是说只要我的素质在那里，不管做什么，我都会有立足之地。理想不一定从一开始就要很清晰，但是至少得对自己抱有期望。正是这种期望，往往能引起一种积极向上的心态，以激励自己不断学习、不断进步。

在这之后，我们剩下的就是要不断挑战自己、超越自己了。很多时候，我们在不断地挑战和超越中也会获得一种满足感，从而让自己越来越有动力。比如，我在无意中看到学生对我的评价就会受到很大激励，后来也一直看到、听到学生和老师们对我的认可，会感到非常有动力。因为当别人觉得你做得好时，你下次肯定不会做得更差，而是会越来越努力，不断奋斗，推着自己往上走。等你到了另一个阶段之后，你就会有更加清晰、明确的目标。我一直认为，有理想的人生，活着才有盼头。虽然也有人说，活着不需要理由，但我觉得若给自己一个理由，会活得更加愉快。

辩证教学

许子清

要想提高教学质量，首先要用科学的思维方式来指导自己。通过对“一堂课与一门课”“一门课与相关学科”“教学与科学研究”的辩证关系的论证，许子清老师从宏观上阐述了提高教学质量的方法，相信定能给青年教师们一些启发。

1. 给青年教师的建议

“古之学者必有师。师者，传道、授业、解惑也。”韩愈把教师的职责归纳为“传道、授业、解惑”三种功能。从今天的观点来看，为人之师既要教书又要教人，通过最基本的传道、授业、解惑，培养具有报国之志、建国之才、效国之行的社会主义建设人才，实现国家民族复兴大业。这一光荣而艰巨的任务，对于一个刚踏上教学岗位的青年教师来说是很难的。仅凭大学期间学习或研究某专业获得的理论知识，要教好一门课是远远不够的。只有在教学实践中经过少则三年，多则五年的辛勤耕耘，才能说你可以教好一门课了。像我们这一代老人，在读书与工作期间，因政治运动经常“停课闹革命”，特别是“文革”期间，大学招生都停了，哪有教学实践的锻炼机会？直到20世纪80年代，风云突变乾坤转，一切回归正常，我被派往教育部在西北大学办的“文艺理论教师进修班”学习。面对全国专家学者的学术报告，面对知识的海洋，面对信息时代的新理论与新实践，我如饥似渴，如牛吃草一样吸收着来自各方面的信息。当时，从全国各高校而来的学友们分为几个组，白天带着录音机上课，晚上回到寝室，分头整理讲课内容。除此之外，还要挤出时间钻图书馆，查找、积累资料。经过一年不分昼夜地辛勤学习，我汇集了几大本文艺理论、美学理论以及诗歌、小说、戏剧、电影、音乐、舞蹈等门类的资料带回学校，这极大地丰富了我的教学内容。此后，通过几十年的教学实践，我逐渐摸索出一些提高课堂教学质量的经验教训，现加以简要回顾，与青年教师交流共勉。

提高教学质量，首先要确立科学的思维方式，用科学的思维方式指导自己，才能使教学工作有序进行。所谓思维，是人们解决思考、认识、行为的途径或程序。科学的思维方式具有辩证性、系统性、当代性。教师要明确提高课堂教学质量是一个系统工程，要把教学中各环节、各要素放在提高课堂教学质量这个教学系统中，全面地、辩证地、与时俱进地、有层次地思考，制订出切实可行的计划和路线图。如此，方能有序地在教学实践中不断提高自己的教学水平。经过几十年的教学实践，我体会到，虽然要提高一门课的教学质量，从微观上讲要做的事情很多，但从宏观上讲主要是处理好几对辩证关系。

（1）一堂课与一门课的辩证关系。一堂课是一门课的有机组成要素，是提高教师基本理论、基本知识、基本技能的必要基础。每一堂课都上好，就能实现 $1+1>2$ 的整体效能，就能提高这门课的教学质量，因而一个教师要重视一堂课的教学。一堂课可以简略地分为几种类型。

其一，青年教师初为人师踏上讲台的第一堂课，院系有关领导和教研室老师会参加听课，这是考查是否能胜任这门课的教学任务的一堂课。因此，老师要认真准备，弄清楚这堂课的理论知识，力求产生最佳效果。其二，一门课的第一堂课，就是我们常讲的序论，这是一堂宏观的讲授课，要求教师深入浅出地讲解这门课程的性质、总体结构、内在联系、学习目的和要求，让学生从总体上把握这门课。教师要讲好这堂课，必须熟悉并把握这门课的总体结构和内容。其三，一堂教学检查课一般有两种形式，一种是有计划地期中教学检查，另一种是根据需要不定期随堂抽查。这类课要求教师经常注意上好每堂课。

1991年11月26日，我就碰上了一次教育部抽签随堂检查课。平时不告诉你要听谁的课，临上课前在教务处随意抽签而定。当我上课上到10分钟时，国家教委教育司温司长、学校校长、党委书记、教务处长、中文系主任等20余人，鱼贯而入，坐在教室后面听我的课。当时我正在讲授文艺的阶级性，这是一堂比较枯燥、学生一般不爱听的课。在讲授这个命题时，我深入浅出地举例讲解，受到学生的欢迎。这堂课得到教育部、学校和中文系领导、老师们的肯定，国家教委教育司温司长还给我写了一个鉴定交给学校教务处："用马克思主义理论深入浅出地讲授文学的阶级性，结合文学著作加以分析，讲授中插入文学实例，并在课堂上有问有答，教学效果好，并能集中同学们的注意力，把内容比较深刻的课，讲得比较生动。"可见应对这种课教师平时就要注意备课，力求上好每堂课。根据系统论的观点，"整体大于各部分之和，部分离开整体就会发生质变"的原则，上好每堂课就会产生"1+1 > 2"的整体效果，这就是一门优质课。如果仅仅是应付教学检查而上好一堂课，不重视每堂课的教学质量，那么"1+1 < 2"，这门课就是既误学生又害自己的劣质课。所以一个教师应该在上好一堂课的基础上，保证每堂课的教学质量。

任何一门课都是一个整体、一个系统。按其理论、知识、实践之间的科学性、层次性、相关性、动态性，分章、节有机排列组合而成。一个教师应全面理解、熟练掌握运用系统中各要素、各层次、各章节内在与外在的结构与内容。通过系列的课堂教学，有序地、深入浅出地讲授好这门课。我在讲“艺术概论”这门课时，首先从宏观上系统地剖析这门课的组成结构，教材共六章可分为两大部分：第一章艺术本质，每二章艺术门类，第三章艺术发展，这三章为第一部分，这部分是从哲学、历史的深度、广度探讨艺术本质、本源、特征和各门艺术的审美特征以及艺术生成与发展规律，是该学科的总纲和理论基本框架，也是这门课的立论基础。第二部分：第四章艺术创作，第五章艺术作品，第六章艺术接受，这三章是深入艺术本体，系统地研究创作主体、创作活动、创作成果，以及艺术创作与欣赏的普遍规律。把教材整体把握住之后，按章节制订教学计划，上好每堂课。

在总体把握教材的同时，还要注意科学思维的当代性。每门课的理论与知识信息，都是由一定时代的理论与艺术实践概括总结而成的，有一定的时代性，因此讲课必须与时俱进，不断补充、更新教学内容。教师应在忠于教材的基础上，不断吸取该课程的最新科学成果，更新、优化这门课的教学内容。几十年来文学、艺术领域出现了许多新兴的理论，诸如系统论、控制论、信息论、心理批评、原型批评、结构主义批评、形式主义批评、比较文学、接受美学、现代丑学等，教师应普遍阅读，吸取其合理内核，不断丰富自己的课堂教学，深化这门课的内容和层次结构，让学生获得更多的理论知识。

（2）一门课与相关学科的辩证关系。科学思维具有相关性，任何事物都不是孤立、静止的存在，任何一个合理存在的系统，也不是孤立的、封闭的整体。要提高一门课的教学质量，必须把它放在相关的学科中去，吸取相关的理论知识，不断完善、丰富、更新这门课的教学内容。如我教的“文学概论”这门课，我在两到三年时间内熟悉并掌握这门课的教学内容后，不断学习美学、哲学、中国美学史、西方美学史，以及美术、音乐、舞蹈、戏剧、诗、词、小说、摄影、园林、建筑等各种艺术的理论与知识。这些门类的理论与知识，通过我的吸收、借鉴、配合、结合、分解、综合，极大地丰富了我的教学内容，提高了“文学概论”这门课的教学质量，让学生感到收获很大。同时，在教好这门课程的基础上，由于理论知识的不断积累，不断排列组合，我开设了更多的课程，如“艺术概论”“美学”“艺术美学”“旅游美学”等，我还担任四川省、重庆市自考办的“艺术概论”的主要命题教师。

又如，1983年随着国家形势发展，要开设“秘书学”课程，由于我有一定的行政工作实践，就开始担任这门课的教学任务。几十年来，我不仅给本科生上课，还给区县在职干部上培训课，给兄弟院校上课，担任重庆市“秘书学”自考主命题教师和国家教委“秘书学”全国自学统考的命题教师。在此基础上，我还给重庆科技学院开设了“行政管理学”“公文写作学”等课程。可见，一个教师在上好一门课的基础上，学习承担多学科的教学，会极大地丰富一门课的教学内容，必然会提高教学质量和教学水平，受到学生的欢迎和尊重。

(3)教学与科研是一对相辅相成、相得益彰的辩证统一体。这是每位教师都明白的问题。虽然这个问题大家都明白，但在教学与科研实践中，在职称晋升与评优中，我们往往只重视科研。实际上，教师把精力和心思放在写文章、发表文章方面，就自然减少了对教学工作的精力投入，更不用说去提高教学质量了。这方面的问题太复杂，无法深入探究，这里我只想就自己在处理教学与科研的关系方面谈一点体会。自1980年从教开始，当我还未掌握一门课的系统理论知识时，看着别人写文章心中很急，也想能尽快写出文章，但绞尽脑汁写出来的文章总不满意，无赖只好作罢。为什么呢？因为当时初为人师理论不深，知识不厚，虽然知识量有所增加但没有达到量变到质变的程度,欲速则不达。为此我制订5年计划:三年站稳讲台,五年之内写出文章走向社会。在三年之中我围绕"文学概论"这门课,从整体宏观把握到各章节的重点、难点,进行系统微观的学习,围绕教材所涉及的诗、词、音乐、舞蹈、戏剧、电影等艺术门类,日以继夜地补充、完善"文学概论"这门课所需的主要理论知识。功夫不负有心人,三年之后在理论知识储备比较丰厚之时,头脑中的各种理论知识、实践要素,根据专业课程的系统,按比例、层次、结构有序地构成了一门课程的系统理论知识,这让我在讲解重点、难点时常有新的见解。于是,我在积累丰厚的基础上开设了新课程"艺术概论"。

那些储存在头脑中的理论知识不是静止的,而是动态的。在你需要解决一个问题时,头脑中相关的各要素,经过想象、联想、分析综合、判断推理、排列组合,产生一种新质。这个质可以说是一个结论、一种创新、一个观点或一篇文章的论题、论点、论据。这时,只有在这时,搞科研写文章就不是一篇,而是多篇或一本书、多本书。几十年来,我围绕教学编写了几十万字的教材、辅导书、自学指南,撰写了《关于文学艺术大众化与大众化的思考》《辩证思维与文艺批评》等数十篇文章,成为四川省、重庆市自考办"文学概论""艺术概论""秘书学"三门课的主命题老师,还主编了《全国毛泽东文艺思想论文集》。我想这就是教学积累到一定时候的科研成果吧,它反过来又提高了我的教学质量和水平。

(4)教学有常规常法与合规律合目的的法无定法。方法是指从实践上、理论上把握现实,从而达到某种目的的途径、手段和方式。根据认识论学者的见解,方法可按概括程度与适用层次不同,分为哲学方法、一般科学方法和具体科学方法。其中,辩证唯物主义方法层次最高,概括的范围最广,适用于一切科学研究。把课堂教学的方法置于辩证唯物主义哲学方法统率之下,来解决教学方法问题是正确的。本文谈及的《科学思维与提高教学质量》一文,正是在辩证唯物主义哲学观指导之下写成的。

从常规教学方法讲，在教学中常用比较、分类、类比、分析与综合、归纳和演绎等逻辑方法，以及由系统论、控制论、信息论等学科转化而来的横向思维方法，并且按课堂教学科研的需要搜集已有研究成果积累的储存方法，欣赏艺术作品获取感性材料、加工感性材料的理论思维方法等。常用的宏观与微观、深入与浅出、全面与重点、科学性与趣味性、讲授与提问、庄严与诙谐、师生互动等辩证思维方法，都应用在教学中。根据不同的教材、教学对象，不同的接受水平灵活运用，才能产生最佳的教学效果，因此，可以说教学有常规常法，然而法无定法。但是必须明确，法无定法不是乱讲胡扯，法无定法有一个前提是必须“合目的合规律”。符合教学规律，符合教学大纲和教材内容的规定性以及教学内容的需要，符合培养社会主义建设人才的目的。比如，我在讲艺术创作过程“积累素材”的重要性时，接连上了三节课。同学们有些倦意了，我便给同学们讲了一个“秀才与秀才娘子”的故事。秀才写文章三天都未下笔十分痛苦，秀才娘子关心丈夫说道：“相公，你怎么写文章比我生娃儿还难啊？”秀才回复妻子说：“娘子啊，你生娃儿哪有我写文章困难啊！你生娃儿，肚儿里有嘛，我现在肚子里一点墨水也没有啊！”可见文艺创作必须积累大量素材，才能创作出好的文艺作品。同学们在笑声中集中精力继续听课，我也愉快地完成了教学任务。

要搞好教学工作，还有许多关系要注意，诸如继承与创新、课内讲授与课外作业、艺术欣赏与评论等，这些与提高教学质量都有重大关系。希望我们把重视教学工作提到重要议事日程上。尊重教学规律，全面提高教学质量，培养出更多的社会主义建设人才。

2. 教学感触

从教几十年了，经历的大小事数不清。然而，最快乐、最难忘、深有感触的是：在校内，看到学生们朝气蓬勃的样子和写满天真、幸福的脸庞，看到他们点点滴滴的进步和取得的优异成绩；在校外，有家长对你的无比信任，有来自社会对教师发自内心的尊重，有国家给予的崇高荣誉。作为一名中学教师，对孩子的尊重与理解、珍视与期许其实就是教育的公平、正义、宽容和智性的表现。我应该把家长和孩子的期盼和希冀，渐行且行，一步步地变成现实。

乐学、乐教，以身作则

张藩

经师易得，人师难求。在张藩老师看来，欲为“人师”者，一需“乐学”，二需“乐教”，三需“以身作则”。

经师易得，人师难求。乐学、乐教、以身作则，是我在工作和教学中的最大感悟，也是我终身秉承的人生信条。

“乐学”，即乐于学习。学习是我的一大爱好。我一生喜欢看书学习，长年累月，乐此不疲，因此我乐于去书店看书买书。我对教育、历史、政治、诗歌、名人名言、名人传记等书籍都很感兴趣，这些书我都买了不少。学习不仅可以增长知识才干，开启心智，还能养性怡情、愉悦身心。列宁曾经说过：“要理智地、自觉地、有效地投身于革命就必须学习。”毛泽东同志也说：“情况是在不断地变化，要使自己的思想适应新的情况，就得学习。”这些革命领袖、名人对学习的精辟论述，对我有很大的启发。尤其是在社会不断发展、科技不断进步、知识不断更新的今天，努力学习更是十分必要的。

“乐教”，即乐意从事教师工作。教育是我的一大乐事，我从小就对教师这个职业情有独钟。教师工作是一种崇高的、光荣的、豪迈的事业，中外许多名人对教师工作都有很高的评价和赞誉。如夸美纽斯说：“太阳底下没有再比教师这个职业更高尚的了。”高尔基说：“世界上最美好的职业就是做一个人民教师。”孟子说：“得天下之英才而教育之，三乐也。”徐特立说：“教师工作不仅是一个光荣重要的岗位，而且是一种崇高而愉快的事业。”中外名人对教师的这些赞誉，使我刻骨铭心，也更加坚定了我终身做一个教师的理想和信念。我要永远忠于教师这一个工作，从理想信念到实际行动永远做一个人民教师。

最后，我深知身教的力量远远大于言教，无论是对待学术、对待工作或者是对待生活，我希望用以身作则的态度影响学生，呼吁在任何时代、任何国家都要做一个正直的人。我是一个喜欢并且习惯记录的人，天天关心着国家大事。我每天都要看《新闻联播》，阅读《参考消息》，还是《重庆日报》五十多年的忠实读者。用文字记录下每天的阅读和体会，早已成为我生活中不可或缺的重要部分。十年树木，百年树人，投身教育事业需要永远保持热情，铁肩担当道义，这源自内心深处对国家、对民族、对人民最质朴和深沉的爱。

恪守师德,授人以渔

张诗亚

“授人以鱼,不如授人以渔。”在信息化时代尤其如此。因此,教师不能只做知识的传声筒,而应传授给学生做学问的方法。据此,张诗亚老师在给学生的建议中特别阐述了做学问的“三条腿”——文献、考古及田野,给大学生提供了一条清晰的研究路径,因此极有价值。

1. 对自己影响最大的人

我在读大学期间,遇到了一位让我终生难忘的老师——马骥雄老师。老师平时话不多,为人十分正派,学问也做得很扎实。老师曾给我讲过他是怎么读书、做学问的,给我的启发特别大。他说自己上学时,假期不回家,而是到食堂打工,这样可以有一份饭吃;开学了,就跟着教授学习外语,到世界各地去做调查,今年到法国,明年到德国,后年到英国,就这样跟着教授学习了七年,既锻炼了英语水平,又学会了如何去做学问和做研究。我发现虽然老师不太会说英语，但是他能看也能读懂，因此他研究外国教育时都是自己查阅外文资料，而不是去抄袭现有的已经翻译过来的资料。

老师非常希望我能留在上海，不过直到我毕业离开上海之前去他家里同他告别时，他才告诉我他原本是想要让我留在上海的，但从平日和我的交谈之中他发觉我本人其实并不是很想留在上海，因为我家里还有妻子和年幼的孩子需要照顾，于是便只字未提，不想因此扰乱我的心思、影响我的决定。单凭这个例子，就可以看出老师心思之细致，为人之体贴，他不是从自身出发来考虑问题，而是站在学生的角度考虑问题，这令我十分感动。老师不擅交际，也很少参与外面的学术会议，总是一心一意做学问、教学生，他的精神、他的态度，让我深受教育，获益一生。

2. 给青年教师的建议

作为教师，第一，要知道“师”这个字的含义，师德不立，是不配成为一名教师的。“仰不愧天，俯不愧人，内不愧心。”一个人最可悲的就是欺骗自我，明明知道自己的品质，却还要哄骗自己，丝毫没有自知之明。作为教师，要有师德，要对得起天、对得起地，更要对得起人，不愧于内心，才能称为“老师”。第二，教师要孜孜不倦，乐于学习。孔夫子有说：“知之为知之，不知为不知，是知也。”教师要踏实，只有多学多积累才能提升自我素养，才能更有资格和实力成为人民的教师。第三，作为教师，也要学会打破学科的束缚，视野要开阔，脚踏实地。教师所传授给学生的知识是开不得玩笑的，必须真实有效。道听途说来的知识不能够相信，除非自己真正验证过。我给我的学生上课，所讲授的知识都是亲自验证过的。做学问是需要将书本上的知识和生活细节上的学问相互融合、相互贯通的，这样教师在各类知识掌握上才能够游刃有余，才能够思想开放、精神自由，才能够做到像陈寅恪老师所说的“独立之精神，自由之思想”。教师做学问尤其需要注意将自己的思想解放出来，不能受到教条的束缚，也不能过分专注于功利之事。如果说形而上是学，形而下是气，从形而上到形而下，两者能做到融会贯通，那就是一个很高的学习境界了。总之，作为教师要怀着一颗真诚的心去从事教育事业。

3.给学生的建议

在我平时上课的时候，我常给我的学生提到几点：做学问要靠三条腿——文献、考古及田野。

古代的、现代的、西文的、中文的、祖上的、各个学科的，都可以说是文献资料，这些文献资料只能说是学习的一个来源。要弄懂这些文献，第一，有两门语言功夫需要搞定，一是中文，中文的掌握从源头上来说，我一般要求学生们掌握甲骨文，也就是说，汉字的功夫应当从甲骨文抓起，这样对中文的了解和认识才能够更加扎实；二是西文，西文的掌握要尽可能致远，甚至要到拉丁文、希腊文，同时要学会使用字典词典之类的工具书，如陆谷孙的《英汉大字典》等。总之，具有一定的语言能力，更有利于知晓如何查阅资料、如何学习，这样也更有利于对付文献学习，文字功底达到一定水平才能进入各个门类，使用专业术语时才能够恰到好处。第二，知晓流派，弄清各个学科的体系，摸清它的方法、概念、范畴、学术群体以及它的来龙去脉。比如说，学习哲学中的存在主义的相关知识，要知道存在主义是怎么来的，德国除了有海德格尔之外，还有雅斯贝尔斯，再往以前追溯，还有法国的萨特等。把这些知识的来龙去脉弄清楚，了解的就不仅仅是一个人、一句话，而是整个流派了。我们不能面面俱到，但是我们可以把在一点、一篇问题上所掌握的方法用到其他方面去。第三，了解学术动态。拥有广阔的视野，能够知晓这个学科最新研究的群体有哪些人、有哪些演变、有哪些新的热点和争论等。第四，要建立国内国际交往，完善各个学科之间的交流网络。大学本身就有许多机会，我们可以无偿参与各种讲座，自由接触各个学科，可以利用这个开放的平台，形成一个交往的学习网络。

文献学习好了，也为"地下文献"的学习奠定了基础，也就是我们所称的考古。中外的考古都能为我们带来很多新的发现，比如说在南昌发现的西汉海昏侯墓，出土上万件珍贵文物，并且有很多文物都是第一次出现，以前并未见过。从新闻上知道了这些消息之后，可以主动地去通过书籍、网络了解这些知识。虽然不能达到研究这一水平，但是总会有一些新的认识和发现。海昏侯墓中出土了很多古文献，因为当时还没有发明印刷术，因此所出土的古文献都是简牍手抄本，可以说海昏侯墓出土的古文献很多都是最早，也就是说最有真实价值的。比如说，《老子》这本书的根据是什么，不能只看宋代印刷版本的资料，而更应该参考更早朝代的出土文物，像西汉马王堆出土的《老子》《孙子兵法》之类的手抄本就是目前发现最早的版本，因此价值是更大的。了解考古不是要我们实地挖掘，而是让我们学会了解这类知识，然后和书上所学的知识相互映证。王国维提出了"二重证据法"，就是把发现的史料与古籍记载结合起来考证古史。他曾经用出土的刻有商朝王名字的龟板和司马迁的《史记》中记载的商王的世系进行对应，证明了商朝王系的真实存在，也就反驳了有人所提出的"不存在夏商周"的观点。由此可见考古的重要性，它可以证词证文献，所以作为学生，了解考古知识必不可少。

此外，田野调查也是一大重要学习方法，尤其体现在人类学上。人类学有很多田野的东西需要去考察、去研究，才能印证书本上文献的记载是否正确。学习人类学，我们都是要求学生去调查，我们有遍布全国各地的工作站，因此学生要实地调查一段时间再做研究、做学问，可以说他们的论文基本上都是“跑”出来的。有一年牛津大学邀请我去讲授与蚕丝相关的知识。所谓蚕丝,我们俗称为“板板丝”。我们到乡下去的时候就发现有农民将蚕放在木板或者石板上,摆很多条,纵着的、竖着的都有,让蚕在上面爬,这样下来蚕不会结茧,直接吐成一条一条的丝,也就省去了从茧抽丝的步骤。当时我们发现这个现象之后,就带着学生去考察、去研究。不懂的人可能会觉得热闹,但是了解这一价值的人就会明白现象背后所蕴藏的学问。我和向仲怀老师讨论这个问题的时候就谈到,有关于蚕基因研究在我们学校已经算是王牌学科了,技术也已经是比较领先的,但是有关家蚕的部分研究在实验室还是很难完成,所以得去人类学中寻找答案,去乡野里实际考察。中国自古以来就是农桑大国,农和桑离不开蚕,这究竟是如何起源的就是一大疑问。农桑教育、农桑立国是我国几千年来教育的根本,远远不只是现代学科教育的那些知识。农桑文明能够回答文明的源头,也能够回答我们的教育之根,因为有了桑、有了蚕,才能把蚕吐的丝织成绸,才能够有后来的“礼”。比如,百姓只能穿麻,而官员却能穿绸缎,这也正体现了礼教的起源。人类学研究这类知识,就能够帮助我们回答很多问题,帮助我们和国际接轨与交往。

做一个进取者

张永红

如何构建自信心、如何建立良好的人际关系以及如何取得成功等问题，是每个大学生都会遇到的困惑。对此，张永红老师特别提出了“五位一体”的观念，颇具启发性。此外，同张诗亚老师一样，张永红老师亦为学生提供了许多学习及做研究的实际方法。

1.给大学生的建议

说起给学生的建议，我经常对我的学生说，我们每一个人，不论是作为教师还是作为一个普通人的角色，其实都不外乎有五个方面：

第一方面是现在的体验，即人的直观感受和情绪体验。比如，对一个人的第一印象、对味道的第一感受、对自己喜好的判别等。

第二方面是我们做某件事的意义和价值所在。这种意义常常不仅限于个人意义，也包含扩散的团体意义、社会价值等。

第三方面是我们必须回到我们自身这个客体，看到自己的优势。或许有的人善于写作，有的人善于表达。每个人都应该去寻找自己的优势。以前我们老讲木桶理论，要弥补短板，而现在我们则更加关注优势，因为一个人要达到全方位的完美是很困难的。我前段时间构思的一篇文章中就对此进行了更正，将“发现并且利用优势”，改为“构建并且使用优势”。的确，可能有少部分人一生下来就具有某些天赋，但还有些人的突出能力是后天培养出来的。

第四方面，由于没有一个人是一个孤岛，就涉及人际关系的问题。而人际关系内部又有两个层面，即积极的人际关系和消极的人际关系。比如说，我们主动去接触对自己成长有利的人，这就是积极的层面；但有时候也会对身边长得漂亮、成绩好、家庭条件也好的同学产生嫉妒，这就是消极的层面。现今很多大学生不爱惜自己的生命，有时候就是因为没有一种正确的比较方式，不能够去挖掘人际关系中的正面力量，去促进彼此的成长，而是充满了大量嫉妒、愤怒等负面因素。

第五个方面就是，每一个人在他的位置上必须要有自己的成就。这不仅是个人层面的，更是社会层面的。比如，一个人可能在事业上没有太多成就，但他(她)是一个好父亲、好母亲，这也是一种成功。

总之，我希望学生们都能够把如何构建自信心、如何寻找人生的意义、如何构建和使用其优势、如何建立积极良性的人际关系以及如何使自己在自身领域中取得更大的成功的“五位一体”的观念融入自己的生活中去，这样一个人的人生才能过得圆满而充实。

我还常常跟我的学生讲，以后你们出去一定要把握好这样几件东西：第一是专业知识。因为作为这个专业的教师或这个领域的专业人员，首先要培养专业上的高素养。第二是方法。因为每个领域的方法论是很关键的，经验只能在某个小范围内适用，而方法才是通用的。第三是专业的解读。这是别人判断你是否专业的一个标准，不论是从学科专业角度来讲，还是从教师这个职业的角度来讲，都是可行的。

我也总喜欢叫我的研究生去自学五门课。第一门课叫“资料搜集”。我希望他们不论是看书、听讲座、阅读文献甚至出去旅游，都能够提前进行资料搜集。第二门课是“调查和实验设计”。第三门课是“对资料的归纳、整理、分析和统计”。第四门课是“表达、表达过程中的处理、感受和行动”。表达分为两种方式：口头表达和书面表达。在口头表达上，我要求他们能在三分钟之内把一个专业概念口头表达清楚。在书面表达上，我要求他们每天写500字的文章，内容包括他们看到的、听到的、触摸到的等他们所收获的。“表达过程中的处理”就是说自己在表达处理中的思考过程。孔子说：“学而不思则罔，思而不学则殆。”其实我还认为：“感而不思则罔，思而不感则殆。”因为你只关心自己浅层的喜怒哀乐而不去思考，就会陷入迷茫；你不在乎自己和别人的感受，只有理性的思维也不会有所得。第五门课叫“生活实验课”。我希望我的学生们能够主动学会去观察、去研究我们的生活和学习，也包括我们身边的同事和朋友，因为这样才能让生活更加丰富而精彩。

2. 教学感悟

我一直觉得，教师和学生的成长是相互的，因为教师站在课堂上面对学生，常常会受到来自学生的挑战。比如，我曾经开过一门“人际关系心理学”的课程，主要是为了帮助性格比较内向的学生解决人际交往中遇到的一些问题。在这门课上，我设置了一个活动环节——选一对男女生站在讲台上，相互对视一分钟。这个环节源自我在做研究生时组织过的一个活动，目的是为了增进男女生之间的交流和了解，消除男女生之间的羞涩和隔膜。当时我是组织者，但因为现场少了一个男生，所以也被迫参与到了活动中，这对于我来说完全是一个突如其来的巨大挑战，因为那时我的性格非常内向，完全不敢正视对方的眼睛。这次活动使我深刻意识到自己在性格和人际交流方面的缺陷，这也是我开设“人际关系心理学”这门课程的原因。这告诉我们，教师教导学生的过程其实也是发现自我问题的过程。后来，在上“人际关系心理学”的课程中，每到这个活动环节，经常会有学生主动站起来说：“老师，我要和你对视。我来看你，你来看我！”这时，再面对学生的挑战，我不会觉得惊慌，反而觉得这非常有助于活动本身的开展，因为学生的挑战实际上也给了我一个发现自身问题以及克服自身问题的机会。

总之，我们作为老师，最首要的当然是热爱自己的学生，和学生一起成长。这样，我们也能不断地带给他们最新的观点，适应他们的需要。其实，我们与学生之间更多的还是一种协作关系，我也更希望自己能够在这种互动的体验中与学生共同成长。

3. 人生感悟

在我毕业的时候，我的导师黄希庭老师说过这样一句话，让我至今铭记于心：“要做一个自信、自立、自尊、自强的幸福进取者。”我知道，这句话其实并不仅仅是对他的学生说的，他是希望他的学生乃至他学生的学生，以及他们所接触到的各行各业、各个领域的人都能够成为这样的人。这样，整个社会就会充满正能量。什么是进取者呢？所谓的“进取”是什么意思呢？从某种程度上讲，我们可以把人分为两种，有些人是进取型的，有些人是表现型的。表现型的人会觉得取得成绩是为了证明自己的能力，即证明给父母或者同事看。而进取型的人则会因为自己喜欢去做，并认为在做的过程中体现的是自身的价值，甚至为自己的角色而感到幸福。“进取”意味着“自发”，“自发”意味着“幸福”。我们不论是要获得一个学位、完成一项任务，还是要为人父母、为人朋友等，可能都是带着某个共同的目的，希望能有一种幸福的感觉。因为每个人的背后总是站着很多人，幸福更需要我们人与人之间互相传递。我在教学时，不仅希望我教过的学生能幸福地成长，也希望我没教过的学生都能与我有所交流并获得幸福。我现在还常常收到我学生的朋友的电话或者消息，向我咨询心理或心理学方面的问题，而他们是来自陕西、云南、贵州等全国各地的。

学会放手

张跃光

“沉舟侧畔千帆过，病树前头万木春”，随着时间的推演，新事物逐渐取代旧事物，是一种无奈却又不争的事实。对此，张跃光老师表现出了可贵的退让精神，他认为当老教师到达一定年龄后，应主动退出行政管理岗位、交出学术权力，把自己掌握的学术资源适时地交给年轻教师。只有这样，才有利于整个团队、单位以及事业的发展。

1. 对自已影响最大的人

在我的教学生涯中，对我影响最深、帮助最大的人，主要还是那些老教师们，如施白南教授、罗泉笙教授、何学福教授等。这些老教师为人出色，工作上也一丝不苟，给予了我很大的帮助。如施白南老师是一位非常有名的大家学者，但是他始终保持着谦逊的气质，对待年轻人尤其亲切。记得施老师80岁大寿时，我告诉老师，自己一定会从老家赶回来给他祝寿,结果却因为交通不便,未能在中午之前赶到。令我意外且深受感动的是,当下午我终于赶到老师那里时,老师首先端出一块蛋糕给我吃,原来他特地留了一块蛋糕给我。这件事至今使我记忆犹新。施老师作为一位德高望重的教师、学者,对待学生却能如此亲切,这种品质对我的影响是终身的。当时我就下定决心,等到自己成为教师的时候,一定也要像施老师一样对待自己的学生。

施老师对学生如此,对普通人亦是如此。老师终身研究鱼类,在搜集鱼类标本的过程中,和龙凤溪附近一位姓张的渔民建立了深厚的友谊,并成为了至交。非但如此,老师的骨灰也被安葬在了这位老渔民旁边,这是他的遗愿。老师作为一位大家学者,能和一位普通的渔民成为至交,可见他对普通人亦能以真诚的平等之心相待。

施老师其人对我的影响是非常深刻的,他用自身的行为告诉我,人没有三六九等之分,每个人都有自己的独特之处,都能够拥有帮助他人的一面,一位渔民搜集标本的行为,同样也是在为科研学术事业尽一分力量。

2. 给青年教师的建议

我认为青年教师首先要做到脚踏实地,一步一个脚印地坚持下去;其次是不能泄气,要千方百计地克服困难,迎头向前看,要始终坚信只要努力总会有所收获的;最后,要坚持把学生放在第一位,这不仅有利于学生的发展,更有利于教师自身的突破和改变。

3. 教学感触

第一,我认为教学工作是一件无比重要的事,打个比方,其重要性是与天等高、与地齐深的。因此,一名教师,无论自己遇到了多大的困难,都应把学生、教学作为头等大事。第二,在新老教师的问题上,随着年龄的增长，我认为老教师应对年轻教师给予更多的关注、帮助和培养。除此之外，我还坚持这样一个观点，即老教师在达到一定年龄后，不仅要交出行政权力，也应当主动交出学术权力。也就是说，老教师应把自己掌握的学术资源适时地交给年轻教师，这样才有利于整个团队的发展、整个单位以及整个事业的发展。因为一项事业只有得到一代代青年人的接续传承，才能够经久不衰，持续不断地发展下去。如果老一辈的教师们始终把握着学术权力不想放手，年轻教师就很难拥有成长的空间。老一辈的教师也要相信年轻教师，古话说得好："青出于蓝而胜于蓝。"我们要相信年轻人更有激情和创造力，也具备更宽阔的视野，能够在老一辈的基础上更上一层楼。

深入自然中去

钟世理

通过对自己多年教学工作的总结，钟世理老师亦对青年教师们提出了5条建议，除“敬业执教”“为人师表”“教学相长”“实践与思考”外，他更结合自身的专业，提出自然学科的教师要多对大自然进行探索。

我于1956年在西北大学生物学系植物学专业本科毕业，同年分配到西南农学院担任植物学教学工作，至1989年2月20日离岗退休。我在岗教学34年，讲授过“植物形态解剖学”“植物系统学”“植物分类学”“地植物学”等课程；编写过《植物学实验与实习指导》一书，参加过野外植物考察。从以上的教学工作中，我获得了一些肤浅的感悟，在此献给年轻的教师们，希望能对他们有所裨益。

（一）敬业执教：作为人民教师，首先要爱岗敬业，热爱本职工作。任凭风云变幻，都要像清代郑板桥在《竹石》一诗中所说的：“咬定青山不放松，立根原在破岩中。千磨万击还坚劲，任尔东西南北风。”立足教师岗位不动摇。只有用充沛的精神去钻研教材，对难点、疑点融会贯通，才能深入浅出地讲解教材内容，才能使学生容易接受。例如，植物细胞学中的有丝分裂与减数分裂是难点，把两种细胞分裂对比讲解，前者是营养细胞(或体细胞)分裂，一次分裂染色体纵裂为2，分裂成两个细胞，每个细胞染色体数目不变，常在根尖、茎尖进行细胞分裂；后者是连续两次分裂，第一次染色体不纵裂为2，形成两个细胞，每个细胞染色体数目减少一半(即1/2)，第二次分裂与有丝分裂相似，染体纵裂为2，形成4个细胞，染色体数目均减少1/2，是生殖细胞的分裂。植物学属于自然科学中的一门学科，有很强的实物性、实用性和生活性。在讲授植物分类学时，利用学生已有的感性知识，用植物图片、植物标本示范各部分形态，如禾本科用小麦、水稻做代表，重点讲小穗和颖果的结构，效果会更好。植物学学完后，还须去缙云山教学实习三天。在教师的指导下，识别植物，接触大自然，拓展知识面，这是学生们非常喜欢的。我认为，教学实习环节只能加强，不能减弱。

(二)为人师表：唐代韩愈的著名文章《师说》有言：“师者，所以传道授业解惑也。”这即是说教师要先传授伦理道德，教学生怎样做人、做事，然后才是传授知识与技术、解答疑难问题。我们今天讲的德育其实就是《师说》中的“传道”。所谓正人先正己，教师作为处于上位的教育者，应该严格遵守师德，随时随地规范自身的言行，如在课堂上不讲低俗的语言和故事；对成绩优秀者可适当表扬，对差生要耐心帮助和鼓励，也即教导别人从善，不能要求过高，应当使他能够跟从；不收学生和家长的礼金、红包、礼品、纪念品；对家庭经济困难的学生可向学校领导反映情况，争取校方减免学费、书费、杂费；在同仁之间不说长论短，不争名夺利，与同事和谐相处；注重仪表，衣着俭朴，乐观大方，平易近人，高风亮节。

(三)教学相长：孔子曰：“三人行，则必有我师。是故弟子不必不如师，师不必贤于弟子。”今天教师面向众多的青年学生，他们来自五湖四海，各有所长，因此教师与学生之间交流互动、取长补短，是切实可行的。学生的想象力、好奇心以及勇敢无畏的精神都值得教师学习，因此通过教学，不但学生得到进步，教师自己也得到提高，这就是教学相长。

（四）实践与思考：教师要善于实践、善于思考。南宋著名诗人陆游写给小儿子的诗《冬夜读书示子聿》中曰：“古人学问无遗力，少壮工夫老始成。纸上得来终觉浅，绝知此事要躬行。”这是说知识的获得是要费力气的，书本上的知识是有限的，要想深入透彻地辨析事物，必须亲自去实践、思考。韩愈说：“业精于勤，荒于嬉；形成于思，毁于随。”即学业的精深造诣是由于勤奋，做事成功是由于思考，做事失败是由于随意、贪玩。伟大的科学家、思想家爱因斯坦说：“想象力比知识更重要，因为知识是有限的，而想象力概括着世界上的一切，推动着进步，并且是知识进化的源泉。”中国杂交水稻之父、中国工程院院士、西南大学杰出校友袁隆平，他在湖南工作期间观察栽培水稻时，发现水稻生长高、低、强、弱差异的植株，书本上和专家都说杂交水稻无优势，因而他产生怀疑，并进行实践与思考。他在海南岛找到野生稻，利用野生稻与栽培稻杂交，获得高产优质的杂交品种。他主持的超级杂交稻2000年亩产700公斤、2005年亩产800公斤、2008年亩产900公斤、2011年亩产926.60公斤、2014年平均亩产1026.70公斤，创造了新的世界纪录。

（五）探索大自然：身为自然学科的教师，不仅要有深厚的书本知识，还要到大自然中探索新事物、新知识。大自然是一个知识宝库，马克思说：“在科学的道路上没有平坦的大道可走，只有不畏艰险，沿着陡峭山路攀登的人，才有希望达到光辉的顶点。”毛泽东说：“天生一个仙人洞，无限风光在险峰。”即是说知识要经过艰难险阻和刻苦奋斗才会获得。1973年至1976年间，我连续四年参加中国科学院成都生物研究所组织的川西高原山地植被考察队。当时考察的场景，至今仍历历在目。川西高原山地位于四川西部甘孜、阿坝、凉山少数民族自治州，一般海拔2000米至4500米，植被类型、植物种类十分丰富。我们穿过浩瀚的森林，踏过草甸，淌过沼泽草地，爬上海拔4600米的流石滩，采集了许多珍稀植物（如水母雪莲花）、新分布植物及新种。其中新种——芒苞草，是一项重要的发现。由此，一个新科——芒苞草科得以建立（《四川植物志》9:483-507,1989）。它与非洲、南美洲，阿拉伯半岛产的翡若翠科近似，引起了国内外植物学者的高度关注。我把这些新发现编入教材，并把探索过程中的故事作为教学故事向学生讲演，激励他们攀登科学高峰。

寓教于乐

周鸿

《论语·雍也》载:“子曰:知之者不如好之者,好之者不如乐之者。”此言“乐”对于学的重要性,可谓“寓教于乐”的开端。时至今日,“寓教于乐”更成为社会各界的共识。在此背景下,周鸿老师亦提倡此主张,但他对于“寓教于乐”的解读却别具一格。此外,周鸿老师对于教学理论亦有独到之理解与反思。

1. 对自己影响最大的人

在我的求学和教学生涯中,对我影响最大的主要有张敷荣、吴祥祯、张藩三位老师。首先是张敷荣老师。张老师是一位具有强大而独特的人格魅力的人。他曾作为清华大学的公派留学生到美国学习,学成之后,因为对祖国的热爱而回国。他的生活极其简朴,所有的积蓄都无私地捐给自己的家乡用来办学。他也是原西南师范大学第一个获教育部批准的博士学位点的代表人，他的学术课程叫作“课程与教学论”。他还非常乐于给予年轻老师教导和帮助，我经常和他交流探讨，受他的影响很深。其次是吴祥祯老师。吴老师是20世纪80年代到90年代初原西南师范大学教育系的系主任，专业是教育学，主攻教育学原理。他是我的直接指导老师，指导我的科研工作，和我一起编写教材、一起上课。吴祥祯老师工作极其认真负责，在学术上高度严谨仔细，坚持科学研究和教学指导。最后一位是张藩老师。张老师是一位具有高尚人格品质的教师，对待任何事情都认真负责，且富有这个时代少见的牺牲精神。他特别强调“教学具有教育性”的理念，也就是说，教育要能够育人，能够培育出具有优秀伦理道德品质的人，因此他平时除了完成固定的教学任务外，还会拿出相当一部分时间去关心学生们的生活和成长。

回顾当初，如果没有这三位老师，我是不能够留在学校的，也是不能够发展到今天，取得今天的成绩的。我非常感谢他们。

2. 给青年教师的建议

建议其实有很多，这里我就谈一点：寓教于乐。今天我们都在倡导“寓教于乐”，倡导创设“快乐课堂”。学生的学习是否幸福关键在于课堂，教师在课堂教学上应善于“寓教于乐”，这是一种教育艺术，也是广大教师的职业追求。“快乐课堂”所强调的快乐绝不是一种简单的、纯粹的感官上的快乐，也不是给予学生更多的自由时间，而是教师通过更新教育理念和改变教育方式使学生在课堂上能够愉快而轻松地学习，并在此基础上让课堂教学模式的改革朝着能提高学生幸福感的方向前进。为了在实践中形成这种“快乐课堂”，首先，教师从思想上就应该树立培养学生自主学习的意识，从学习目的、方法和能力上引导和训练学生，真正使学生行动起来；其次，教师不能把分数作为课堂教学的目的，而应努力树立大教育观和正确的人才观。当然，在注重成功教育和愉快教学的同时，不可忽视一种挫折式的打击。“挫折教育”不仅能够使学生从外界给予中得到快乐，而且能从内心激发出一种自导快乐的本能。毕竟，不能否认的是，作为教师，我们的职责不仅仅是向学生传授书本上的知识，更重要的是使学生具备面对现实、承担责任的能力和勇气。

3. 给大学生的建议

我做学生的时候，不管教学还是上课，都坚持抢在前面发言，将自己的观点表露出来，不断锻炼自我。这也是我想告诉现在的大学生们的一点，要学会展现自己，让别人注意到自己，不要害怕出错丢脸，因为只有这样自己才能够给人留下深刻的印象和好感，才能够得到更多的机会去提升自己。

4. 教学感悟

44 年的教学生涯，给了我很多深刻的感悟。“国运兴衰，系于教育。”当今世界，科学技术突飞猛进，知识经济方兴未艾，综合国力竞争日趋激烈。我国要赢得和不断增强战略主动地位，核心是提高科技创新能力，关键是要培养和拥有善于创新的人才，而基础在教育，尤其在高等教育。百年大计，教育为本；教育大计，教师为本。教师是教育事业的支柱，是提高教育质量和水平的关键所在。30 多年来，我们立足于教师工作，辛勤耕耘，开拓进取，不断创新，为高等教育的改革和发展做出了应有贡献，得到了党和人民的充分肯定。但是，在新的历史时期，我们要“老马识途”，志在千里，要进一步振奋精神、发扬优点、再接再厉、努力工作，决不辜负党和人民的殷切期望。

第一，我们要以人为本，关爱学生。要热爱教育事业，以人为本，关爱学生，不断增强社会责任感和使命感，自觉地把自己的发展同培育学生成长紧密结合起来，在深刻的社会变革和丰富的教育实践中履行好培养人才的神圣职责。教育完善人生，教师生命应有益于他人，有益于社会，人生由此增值，生命由此升华而崇高。教育是推动人类文明进化的力量，从事教育工作，从事阳光下的职业，应是最优秀、最专业、最创新的人，我们要向这个目标靠拢，否则无以进步和发展。

第二，我们要教书育人，为人师表。我们必须全面贯彻党的教育方针，满腔热情地做好育人工作，全心全意搞好教育与科研工作。全面提高自己的师德水平，做到“学为人师，行为世范”，自觉率先垂范，为人师表。我们尤其要注重弘扬和培育伟大的民族精神。

中国人民抗日战争的胜利，促进了中华民族的大团结，弘扬了中华民族的伟大精神，并表现出民族自觉品格、民族英雄气概、民族自强信念、民族创造精神、民族奉献精神等诸多鲜明特点。伟大的民族精神是抗日战争留给我们的最宝贵的精神财富，我们一定要结合新的时代条件和教育实践大力继承和发扬，并通过教书育人把它转化为学生的精神内涵。

第三，我们要终身学习，锐意创新。终身学习已成为当今教师职业的本质特点和内在要求。因此，我们要坚持学习、善于学习、不断改革、不断创新，要善于育人、精于教学，不断提高教学质量，使我们自己的观念、知识、能力与时俱进。

我们深深地懂得：只有教育的升华，才能实现人的全面发展；只有人的全面发展，才能振兴中华。中华民族的伟大复兴呼唤着与国际同步的先进的教育理念，祖国的繁荣富强期盼着教育的改革和发展，铸造适合未来发展需要的人才资源，满足社会对优质教育的需求，为提高中华民族的综合竞争力，为人类社会的文明进步，贡献出我们的全部力量！

回首过去，30多年的教育生涯，冒风冲雨，春华秋实，桃李芬芳，祖国花园万紫千红。教师地位今非昔比，我们无限自豪，无比骄傲；展望未来，我们的发展正面临着难得的历史机遇，以人为本，前景美好，我们的国家更加繁荣昌盛，我们的学校明天比今天更加辉煌，我们充满信心，激情燃烧。让我们更加紧密地团结起来，为全面建设小康社会、实现中华民族的伟大复兴而努力奋斗。为建设一个特色鲜明、国内外知名、高水平、综合性的西南大学而努力奋斗。

5. 对于教学理论的看法

说起理论性质的东西，很多老师和同学就会觉得枯燥乏味，认为理论没有实践重要。但是我们不能忽视的是，理论和实践二者缺一不可。教育理论也是不可忽视的，当然我所推崇的并不是死板的书面文字理论，而是一种突破学科的创新性教育理论。

一直以来，我国的教育科学都是沿着“学科建设”的思路进行理论创新的，这样的教育理论创新，更多的是平面的、单向度的，缺乏对国内外教育科学资源进行有效开发和利用、有效整合并服务于现实教育的改革和发展，缺乏对教育理论进行综合创新的意识，这在客观上削弱了教育理论功能的发挥，影响了人们对教育理论正确性的认知和接受。因此，今天的我们，应当继续从教育的实际出发，坚持以教育科学的发展和对教育规律的认识与运用为宗旨，大力进行教育理论破学科的综合性创新，这样才能充分、有效地发挥教育理论推动和指导教育改革与发展的功能。

为了真正充分发挥教育理论的功能，我们应该大力地进行教育理论破学科的综合性创新。从很早以前，我就对教育理论创新有所研究，我认为，教育理论突破学科，需要一种综合性质的创新，主要可以归纳为以下几点：第一是要破学科界限，加强多学科交叉的综合性研究，拓展学科基础，为教育理论创新注入新的活力；第二是要破学科的一元化文化视域，进行跨文化多样性、互补性研究，为教育理论创新开发新资源；第三是要破现代科学的困境，变革思维方式，突破理论与实践的依存关系，为教育理论创新提供新思路。

这里我想重点提一下思维方式，这是我想提醒当今老师乃至学者所应该注意或反思的。现代科学研究的迅速发展是有一定弊端的，它的专业化分工使人对事物的整体认识越来越困难，而精细的学科划分则使人的专业知识面日趋狭窄。面对着当代科学的挑战，当我们进行教育研究的时候，就必须变革自己的思维方式，如从实体思维到关系思维、从客体思维到主体思维、从单向思维到多向思维、从静态的直观思维到动态的变革思维等。

教育理论创新也应当突破理论和实践之间依存关系的路径。平时生活中，我们往往遵循一种理论与实践相互依存关系的路径，这种路径其实是把实践归结为理论的源头，把理论的功能简化为对实践的指导，进而归纳出一种从实践到认识再到实践的路径。不得不承认，这种路径具有一定的作用，然而不可否认的是，它依然存在一些问题是值得注意和反思的，例如：(1)忽视了人的活动的复杂性。人的活动尤其是教育活动是复杂的、多样的，而实践和理论仅仅是人类活动整体世界多样性中同时存在的两个独立的部分，它们不能代表人类社会活动的整体和全部。(2)忽视了理论活动和实践活动之间的分离关系。理论与实践有依存的一面，但是在现代社会的条件下，两者更重要的是分离的一面，但它们绝不能是对立的关系。(3)忽视了理论活动发展的独立性。随着社会的发展，理性的认识活动不仅仅成为人类社会中理性思考者的职业活动，而且在人类历史整体构成中的比重也日益增高。英国著名的历史学家威尔斯曾经说过：“人类的历史越来越成为灾难和教育的历史。”也就是说，人类历史本身的发展是取决于人类社会理性的思考活动本身。(4)忽视了人类理性个体差异和多样化的内在潜力。人的个体和群体的理性是充满着无限的潜力的,但是这种潜力是只相对于人类社会个体差异和多样化才有可能存在和不断被发掘出来的。当今理论演变的事实证明了重大的理论创新和理论发现并不一定出自人类社会的实践活动,而是出自人类社会中理性思考的个体所拥有的理性能力。平时在教学生活过程中,作为教师,就应该通过突破理论和实践相互依存的路径,去不断寻觅教育理论创新的新兴途径。

以上就是我这么多年来,经过这么多的研究和实践,对教育理论的一部分看法,以及我对教育理论创新的建议和看法。总体来说,教育理论对于一个教师的成长是必不可少的,在此过程中,教师要学会借鉴和吸收前辈的教育经验,同时要创新,发掘出属于自己的理念或方法。

转益多师，谦恭好学

周鸣鸣

人为社会之人，每个人在社会中都会承担许多不同的角色，且会因不同角色构建不同之关系圈。父母、同事、先贤、长辈、学生，这些分属不同关系圈、身处不同领域的人，却同被周鸣鸣老师纳入“对自己影响最大的人”中，足见老师之谦恭好学。

1. 对自己影响最大的人

首先，对我影响最大的人当属我的父母。人们都说，父母是孩子最早的老师。我的父母亦如是。我的母亲是一名小学教师，她正直善良，对待工作兢兢业业，一丝不苟。在对子女的品德教育上，她的要求尤其严格，比如她从小就教育我们撒谎是最不能容忍的缺点，这让我养成了诚实做人的好习惯。我的父亲曾经是川东地下共产党员，这个身份既带给了他至高无上的荣耀，也使他在很长的一段时间内都不为人所知，他的党籍问题一直到20世纪80年代才解决，但他从来也没有失去对党的信任和信心。父亲是一个极有原则的人，在各方面都谨守着作为一名共产党人的操守。作为他的儿子，我从小到大从未沾过他的光，所有的一切都是靠自己努力得来的。记得1971年，知青开始返城招工时，身处农村的年轻人各使其招，或走后门，或找关系，都想尽快地离开农村，返回城里。他们身在城里的父母也是绞尽脑汁，动用各种可以动用的关系帮助自己的孩子。当时我的很多朋友都回城了，只有我的前途还没有丝毫着落，在这种情况下，我忍不住给父亲写了一封信，向他恳求道："您能否也去开个后门，将我和妹妹调离农村？"父亲很快就回信了，然而信里却写道："开后门是不符合毛泽东思想的，我们只能依靠组织解决问题。"其实这个回答是我意料之中的，但我的眼泪还是不争气地流了下来。回城后，我被分配到仓库当工人，父亲依然没有伸出任何援手，只是告诉我："三百六十行，行行出状元，仓库工作也富有创造性。"大公无私，说起来容易，但要真正做起来，太难太难！父亲是我见过的能把这项原则贯彻得如此彻底的人之一，虽然当时的我不免对他有些怨恨，但时过境迁，我对他老人家剩下的唯有敬畏和感激而已。在我人生最为迷茫、困惑的关键时期，是父亲用他看似冷酷的原则将我引向正道，使我免入歧途，这一点，我无论如何也不会忘记！

其次，在教学方面，我的同事赵伶俐教授对我的影响也很大。尤其是她提出的审美化教学，将所有的教学因素（诸如内容、方法、手段、评价、环境等）转化为审美对象，使整个教学过程转化成为美的欣赏、美的表现和美的创造活动，使整个教学成为静态和动态、内在逻辑美和外在形式美高度和谐统一的整体，从而大幅度提高教学效率，减轻学习负担，使师生的身心都获得充分的愉悦，促进学生素质全面和谐发展的一种教学思想、理论和操作模式。我认为，审美化教学是教学的最高境界，是科学、技术、艺术三位一体的完美结合。审美化教学在美学自由、创造的精神中，让教和学两方面都变成人类最愉快、高尚和智慧的游戏，并实现了学生全面和谐发展的教育改革目标。在此基础上，赵伶俐教授还提出了视点结构教学原理，建构了教学学科知识体系点线面体的内在逻辑美方法，这对培养教师和学生认识世界严密、精准的逻辑思维，提高教学效率和教学质量，起到突破性的作用。审美化教学的一个重要特征，也即与以前各种类似说法的最显著不同之处在于，它强调教学的科学性与审美性的内在统一，也就是学科教学内容内在逻辑的清晰化和整个教学实施过程逻辑的清晰化，这种逻辑清晰化的基础就是学科知识的科学系统性和教师思维的科学性，以及教师带领学生去对这种学科知识进行认知、理解以至欣赏、体验，进而去表现和创造的科学性。审美化教学首先建立在这样的追求真理、追求科学美的高级境界基础上，学生在教师的示范引导下，像欣赏美、表现美、创造美那样去欣赏各门学科的真理，去尝试体验表达真理、发现真理和创造真理的美感与快乐。根据赵伶俐教授的审美化教学原理和模式，可以演变出各种审美化教学模式的变式，广泛地运用于各学科、各类型的课程教学中。我提出的审美化德育研究、化学美育研究的各种审美化教学模式，都是根据赵伶俐教授提出的审美化教学原理和模式演变而来。当然，要运用这个理论和方法，对教师的素质有较高的要求，尤其是审美素质的要求，因此，做起来也有较大的难度。这些年以来，我一直在教学中按照审美化教学思想、原理和方法在探索和实践，很有收获，很有乐趣。前面讲的很多内容都是在探索过程中的思考，我还将继续探索下去。

再次，在教学思想方面，卢作孚老师是对我影响非常大的一个人。我虽然没有见过他，却被他的思想深深折服。我是在寻求企业联合办学的资料中找到他的，第一次看他的书我就熬了个通宵，因为一旦拿起他的书就再也放不下了。他因为被毛泽东赞誉为发展民族工业不能忘记的企业家而闻名中外，但他对自己的评价却是："我现在是办企业的，但实际上是一个办教育的，前半生的时间直接从事教育，现在办民生公司，也等于是在办教育，是为了把公司里的人培养出来。"他还说："我之所以喜欢北碚胜过我自己创办的企业，因为北碚是一个培养人的良好环境。"这些话并不仅仅停留在口头上，他对教育的重要性，教育的数量、质量，教育的内容、教材、课程、环境、教育方法等各方面都有很多论述，而且思想非常超前，如："教育为救国之不二法门""中国什么都不缺，只缺经过训练的人""教育的普及就是科学与艺术的普及""最重要的教会学生两点：科学和艺术""让凡是有人进出的地方都有教育意义"等。卢作孚老师的教育思想和教育方法对我影响很大，他的主张——"学校不是培育学生，而是教学生如何去培育社会""教育的主要目的，不在给学生以知识，而在训练学生的行为"——提出了训练学生的家庭行为、政治行为、经济行为、交际行为、游戏行为的具体内容，这五个方面的行为内容其实就是素质教育中所涵盖的人的成长的全面素质。现在，我虽然退休了，但我根据卢作孚老师的教育思想和实践，深入到农村，探索农村的社区教育，编写农村社区儿童《乡村美育》教材，探索校地结合，用社会主义核心价值观引领农村文化建设的创新模式。

另外，父亲的入党介绍人揭祥麟老师也是一位很了不起的人。他是四川省《红领巾》杂志的创始人，是很有名的儿童作家，他的很多作品被翻译成多国文字发行。但他却是一个残疾人，手不能拿笔，只能用手指夹着，把笔绑在手上写字；他的脚也是跛的，每行走一步都很艰难。童年时代，父亲经常带我们去他家里做客，他当时住在农场创作和体验生活，我们去他家，听他的故事，看他创作的作品，深受教育。"文革"中，对我影响最大的人是赵义熙老师，他是我好朋友的父亲，也是陶行知老师的学生，我小时候经常到他家里去玩。"文革"时，他也挨了批斗，但他一点也不悲观，对党的信念很坚定。他还给我们讲了很多陶行知的故事，给我的感触很深。因此，从那个时候，陶行知“千教万教教人求真，千学万学学做真人”的教育思想就深深地影响着我。父亲、揭祥麟老师、赵义熙老师，他们都是真正的共产党员，他们所具备的品质和坚守一生的品德操守，既让我敬畏又让我汗颜。建党70周年时，我给学生做了一个讲座《那些照亮我生命历程的普通共产党员》，讲的就是这些我身边的普通共产党员对我产生的真实而巨大的影响。

最后，学生对我的帮助也非常大。“教学相长”，这绝不是一句空话。尤其是在信息爆炸的时代，学生接收信息的来源已远远超出了教师、教室和课堂，无所不在。学生不仅在对信息技术的掌握上称得上是我们的老师，在接收信息的广度和速度上更是超过我们。他们年轻，充满活力，创造潜能一旦被激发，是一种不可估量的力量。一个优秀的老师一定是善于向学生学习的老师。亦师亦友的师生关系更能体现现代教育的精神和特点。

我手里这本作业集——《让化学插上诗意和灵性的翅膀——化学美育课程作业设计及作业选》是《化学美育》课程建设的重要资源，是2003级学生在我的指导下编辑的，我任主编，副主编是两个学生，有九位同学参与编辑。在大学临近毕业的阶段，大家忙着毕业、找工作，同学们竟能静下心来编辑、排版、校对，其工作量是十分大的，这是一件很不容易的事情。最让我感动的是，当同学们已经纷纷离校后，任毅华、曾祥燕两位同学，还继续留在清寂的校园，冒着重庆的炎炎酷暑，继续完成编辑任务。当时，她们俩毕业后寝室也交回学校了，是住在租的房子里工作的。整个7月过去了，编辑工作还是没有完成。一直到第二学期，由留在学校读研的任毅华同学又继续做了几个月，到12月底才最后完成。他将这本作业集作为毕业纪念礼物，送到了学院的资料室里。没有学生的参与和努力，是根本不可能完成这些工作的。学生的很多优秀作业也被选入编写的教材中。我的每一门课程，都是和学生共同建构、创造的结果，尤其是学生的作业对课程建设的贡献很大。科研工作也不例外，就像怀特海说的："大学是老师带领着学生一起去探险，探索人类的未知领域。"

2.给青年教师的建议

第一，要树立"老师是学生人生幸福的引领者"的教育观念。教师从一站上讲台开始，就给学生展示了你对人生、对生活、对专业的态度，你的人生观、价值观，你的言行和形态都对学生有很大的影响，你要通过知识和技能的传授，将人生价值观的教育融入其中。"道"与"器"、"家"与"匠"的本质区别在于，前者是人类生存状态对生命和世界本体意义大觉大悟的智慧，而后者则是人类为改善生存状态必备的工具和技能。我们的理想是：要当教育家，不做教书匠。第二，要做一个真人，才能教学生求真。备课要备好两头，一头把握学科前沿，吃透教材；另一头吃透学生，其关键是，用真实的问题点燃智慧、激活教材、激活学生，找到与学生对话的感觉，激活学生的学习潜能和创造潜能。让教材与学生都"活"起来，推动学生的思维、情感和创造的发展。第三，联系实际，解决问题，学以致用，重视实践，"教学生培育社会的能力"。第四，终身学习，重视学习除自己专业之外的各学科知识，重视提高自己的审美素质。审美化教育是教育的最高境界。我认为，当每一个教育工作者都成为美育工作者之时，就是最完美的教育到来之日。当这个理想真正实现之时，也便是《决定》提出的这场伟大的教育变革胜利之日。那也必定是我们伟大的民族充满欢乐和幸福、生机和创造，人才和大师辈出的时代。我们应该为这样的教育理想而奋斗！

师傅领进门，修行在个人

邹显春

常言道："师傅领进门，修行在个人。"教师可以教给学生学习的门径，却不能代替学生学习。因此，邹显春老师认为，教师对于学生，主要应起引导作用。当然，这并不是说教师就不需要关心学生。实际上，邹老师之所以能从逆境中一次次站立起来，实赖王明康、杨朝义两位恩师的无私陪伴与细心呵护。因此，邹老师亦格外强调教师对学生的真心关怀与雪中送炭。

1. 对自己影响最大的人

在我漫长的成长过程中，有两位恩师让我此生都难以忘怀。他们就是岳池中学的王明康老师和杨朝义老师。

虽然如今已经时隔三十多年了，但当我穿过时空的隧道，曾经的一切又仿佛历历在目。我清楚地记得，我的第一年复读生涯的第一堂数学课就是王老师给我上的。当时我坐在讲台下，只见一位瘦瘦高高的老师出现在我的视线里。他戴着深度近视眼镜，厚厚的镜片仿佛承载了某种智慧之光的重量。他身着古朴而庄重的中山装，手里仅拿着几页稿纸和一个粉笔盒，就那么干净利落地走上了讲台。我听得出他的口音并不是本地人，但他在课堂上处处谈笑风生的那种潇洒风度以及对数学知识融会贯通的能力，总是很快地引领着我们随他进入“思考”的殿堂。而同时也是这样一位其貌不扬的老师，处处都在用真心关爱学生，点燃了我们这些农村贫困孩子的希望之光。

那是1984年7月，我第二次参加高考。但意外的是，我竟然直接晕倒在了数学考场上，当下就被紧急送去医院了。王明康老师得知消息后马上与杨朝义老师一起立即赶往医院，对我始终不离不弃，关爱有加。那一刻，回想起来，我真是永生难忘。也可以说，正是他们无私的陪伴和真诚的鼓励，才让我从逆境中又重新站立起来。虽然第二次高考就这样以失败而告终，但是我鼓足勇气又开始了第三次复习生活。而这一年幸运的是，王明康老师和杨朝义老师都成了我的任课老师，我也有幸能再次品味老师们“传道授业解惑”之风采。然而，直到1984年12月的一天下午，我记得很清楚，当时王老师刚上完课，把我叫到一边悄悄告诉我，他正在办理回老家宁波市镇海中学的调动手续，不能陪我走完高考备战的最后一程了。他非常遗憾而又语重心长地让我要做好准备，以适应新老师的上课风格。我真的为老师对我的关怀感动万分，因为我深知，这是王老师对我这个屡屡遭受挫折的农村孩子的牵挂。

于是1985年3月，王老师离开了原本战斗生活了20年的热土，转移到新的工作岗位去了。20世纪80年代是没有移动电话和网络的，当时最主要的联系方式就是书信。王老师去到新的工作单位——镇海中学后，私底下仍然心系我的个人成长，不断地写信来鼓励我、指导我，希望能多多缓解我高考的压力。而我最后也终于不负恩师重望，在1985年考上了西南师范大学。我第一时间将这个好消息告诉了老师，那时的激动与两年复读的心酸交织在一起，是难以言表的。

而最近一次偶然的机会，我竟然在网上看到王明康老师的一篇文章《庆祝母校建校六十周年——数60级校友分会的通讯文章——人生在线》，从中得知王老师又回到了家乡继续从事教学工作。平心而论，王老师业务精湛，对中学教学一直有着深刻而独到的见解，在四川省岳池县挥洒了20年青春，培养了一批又一批优秀的学生，是孩子们真正不可多得的良师益友。

此外，我的另一位恩师——杨朝义老师，和我一样生于农村贫寒家庭。他曾经告诉我，当1978年高考的曙光照耀着他时，他已是两个孩子的父亲了。可是，为了梦想，他仍毅然决然地选择了高考，并成功考取了西南师范学院的外语系。1982年，他回到老家岳池县中学任教。而那时正在岳池县中学读书的我，有幸成为杨老师在这所学校的首届复习班弟子。杨老师与王老师一样，对我的学习生活总是处处照顾。记得有一天下午，杨老师在课间叫我晚上去他家里，不要吃饭，直接过去。我当时怀着非常忐忑的心情，鼓足勇气到了杨老师家。刚一走进不到20平米的房间，就看到稀饭、泡菜已经摆在桌上。杨老师见我到了，满面笑容地说："小邹，老师家条件差，就请你吃点稀饭泡菜吧！"当时我心里只有满满的感动，一句话也说不出来。用餐的时候，老师一直对我问寒问暖，还侃侃而谈他自己的生活学习和成长经历，并以此鼓励我努力学习。从那以后，我就成了杨老师家的常客。不得不说，长久以来，杨老师待我如父如友，关怀备至。而之后的20多年里，我每年都会回到老师身边，亲自向老师汇报我的成长感悟，并陪老师聊天、钓鱼。现在回想起来真是十分快乐，也难以忘怀。

每当我回顾自己的求学之路，总是忍不住带着30多年前的那份记忆和牵挂，怀着对老师们的无限想念和敬意，一直在寻师路上艰辛而幸福地期待着。这份坚持之心，也将成为我一生的美好回忆。

2. 给青年教师的建议

作为教师，我们必须针对不同的对象、不同的教学情境，致力于课程设计与建设，要努力为学生备好课、站好台、服好务。其实，具体的教学过程说起来是很死板的。

首先，切实备好课，也就需要我们很好地去思考课程的定位，能够动态地建设好课程资源，包括课堂PPT、学生自主学习任务、教学活动形式以及过程考核方式等。而我的每门课程也都会按照不同对象、不同学期，将所有的课程资料、教学活动过程全部记录下来，这是最基础的教学工作。其次，我会特别看重我的第一堂课，也就是课程导学。我通常会在第一节课的时候向学生讲述我对教师职业的理解，即所谓真正的“传道、授业、解惑”。在我看来，“传道”，即“传做人做事之道，传做学业之道”；“授业”，即“授构建终身学习之业”；而“解惑”，或谓“解做人、做事、做学业之疑惑”。此外，我还会谈到对同学们的认知以及对本门课程的认识、要求以及考核方式等。最重要的一点是，我会要求我的学生以邮件的形式写一份成长感受、课程认识和学习规划给我，并且我也会一一回复，因为这能让我更进一步地去了解我的每一位学生，去体会一种文化与技能的融合。在教育中，我十分注重人文教育，即重视做人做事。我总觉得我不仅仅是向我的学生传授技能的，更重要的是把各种内在的、文化的东西注入他们的人生之中。比如，我对我的研究生就非常严格，就像发一条短消息，凡是忘了带上称呼的，我都会教育他们，要注重基本礼仪，因为在这个人文社会中，人是有情感的。我们做人做事应当从点滴做起，不能说大话。做学问讲究智商，而做人做事则讲究情商。我常说做学问的人一定要怀有知识情怀，正是此意。

此外，在我父亲40多年一丝不苟的教学态度的影响下，同时也在我高中复读遇到的两位恩师的影响下，我一直认为，我们做老师的，必当要以爱真正地去关心学生。不仅从年龄阶段来讲，因为我们是父辈，所以我们必须像父辈关心自己的孩子一样，把学生当成自己的孩子来看待。更重要的是，我还希望能把学生像朋友一样用真心、真情来对待，在他们有需要的时候及时伸出温暖之手。所以我对待学生，就尽可能地走进他们的心灵世界，尤其是对于那些有困难的、需要帮助的同学。不论是物质上的还是心理上的困难，都需要我们用爱去打动他们，让他们真正感受到关心和爱护。并且对于学生，我也一直主张不要总持相同意见。因为我的主张对学生只起引导作用，或者说只是适当监督。像很多西方学校，以及香港、台湾的一些学校，老师与学生之间的关系也是开放性的，老师的主要作用只是引导。我们老师对于一门课程，首先是课程定位，要达到什么目的，在内容上点到为止，然后就是引导学生怎么去走路，但上路之后就是学生自己的事情了。我们现在的教育总讲究因材施教、个性化教育，但学生数量庞大，资源有限，在这种情况下如何去实施个性化呢？比如研究生教育，以前会有一对一的情况，但现在基本上是一对多了。对于数量更多的本科生，当然会更侧重引导，也就是我将做人、做事、做学业的道理说清楚，让学生在感知里去发现和塑造自己的兴趣和爱好，并加以发挥即可。当然，我引导的这个路，有的同学接受，有的也会不接受。但按照我这个引导去做了的人，一定是会有所感悟、有所收获的。因为不能否认，在当前的教育机制下，中国的教育仍然有些许缺失。除了一部分学生存有功利心之外，更多学生刚进入大学时基本上是盲目的，甚至不知道自己要干什么。如果我们开设一门课程对他们而言只是能过关就万事大吉，其实是害了学生。所以我上课一直都坚持这种理念——我的价值就是引导，并适当进行监督。孔孟时期的师徒关系就是十分明确的，老师对学生也非常严格，达不到要求还可能受到惩罚。

在教育中，我遵循的理念就是：认真诠释教师的职责——传道、授业、解惑。这些年我把精力都用在了教育上，我自身也经历了很多艰辛。例如，在创新人才培养上，我与其他几个老师一起探索出了一条路子。我自费在校外租了一间房子作为我们的工作室，并免费邀请了几十名学生，进行人才模式探索，希望能通过这种方式找到学生与社会的衔接点。

3. 教学感触

作为一位普通教师，我认为自己只不过是在平凡岗位上，全心全意诠释着何谓“师者”。而支持我履行好这一天职的根源正在于我对计算机教育的深厚情感。其实，在对教书育人尽心尽力的过程中，学生对我的厚爱和鼓励也让我时时感动不已。教学不是单向的，而是互动的，我也能够从这互动的回馈中获得更大的满足与快乐。有的学生问我，老师为什么总是那么快乐呢？我想告诉他们：

快乐就是感兴趣；

快乐就是有激情；

快乐就是有智慧碰撞的火花；

快乐就是有发现、有收获、有效益；

快乐就是帮助别人、成就别人；

快乐就是与人快乐，自己快乐。